Roland Heinzel

Die Wiederentdeckung der Zuversicht

Roland Heinzel

Die Wiederentdeckung der Zuversicht

In schwierigen Zeiten
Vertrauen finden

Kösel

FSC

Mix
Produktgruppe aus vorbildlich
bewirtschafteten Wäldern und
anderen kontrollierten Herkünften

Zert.-Nr. SGS-COC-1940
www.fsc.org
© 1996 Forest Stewardship Council

Verlagsgruppe Random House FSC-DEU-0100
Das für dieses Buch verwendete FSC-zertifizierte Papier *Munken White*
liefert Arctic Paper Munkedals AB, Schweden.

Wer sich zur Bejahung bekennt
und nichts von der Verneinung weiß,
wer sich zur Ordnung bekennt
und nichts von der Verwirrung weiß,
der hat noch nicht die Gesetze des Himmels und der Erde
und die Verhältnisse der Welt durchschaut.

Chuang Tzu

Für Erika, Stephan, Oliver
und meine Mutter

Inhalt

Prolog

Als ich den Rohentwurf dieses Buches abgeschlossen hatte, berichtete mir eine Analyse-Patientin, selbst Psychologin, im zweiten Jahr der Therapie folgende Begebenheit:

»Ich bekam im Alter von 24 Jahren nach einer überstandenen lebensbedrohlichen Erkrankung eine akute Leukämie. Nach Stammzellentransplantation und Hochdosis-Chemotherapie war ich sehr infektanfällig und bekam eine Bauchfellentzündung mit furchtbaren Schmerzen, gegen die selbst starke, morphinhaltige Infusionen wenig ausrichteten.

Als der Dienstarzt eines Abends keinerlei Darmgeräusche hörte, ließ er mich in die Chirurgische Klinik bringen, wo ich von Assistenzärzten untersucht wurde. Als sie laut über eine Not-OP sprachen, bekam ich Angst und spürte die Gewissheit, dass ich eine solche OP nicht überleben würde. Ich hoffte inständig, dass sie sich dagegen entscheiden würden. Dann blieb ich mit dieser schrecklichen Angst allein. Stunde um Stunde verging, niemand kümmerte sich um mich. Meine Schmerzen waren kaum auszuhalten – ich versuchte zu rufen – niemand reagierte. Als ich so allein und verzweifelt dalag, tauchten plötzlich an der Zimmerdecke große Buchstaben auf. Ich war nicht sicher, ob sie nur vor meinem inneren Auge waren, aber dann las ich langsam ein Wort: Vertrauen.

Im gleichen Moment hatte ich das Gefühl, als verstünde ich dies mit jeder Zelle meines Körpers. Meine Schmerzen und meine Angst verschwanden völlig, ich wusste, dass ich wirklich darauf vertrauen durfte, dass alles einen Sinn hat. Ich weinte lange, fühlte mich demütig und klein, aber aufgehoben. Am nächsten Tag wurden alle Medikamente abgesetzt, ich brauchte nur noch ein einfaches Kopfschmerzmittel.

Als ich am Nachmittag meiner Mutter unter Tränen berichtete, was geschehen war, sagte sie mir, dass dies eine tiefe spirituelle Erfahrung gewesen sei.«

> *Der wahre Zweck eines Buches ist, uns hinterrücks zum eigenen Denken zu verleiten.*
>
> Marie von Ebner-Eschenbach

Vorwort

Viele Fragen:

Warum leiden immer mehr Menschen an Depressionen und Ängsten?

Warum streben so viele nach Sozialprestige und nach Reichtum?

Warum laufen sie jeder Mode nach und suchen ihr Glück bloß noch im Konsum?

Warum lassen sie sich laufend durch Medien und Unterhaltungselektronik berieseln?

Warum haben so wenig Menschen Mut zu einem echten Nonkonformismus?

Warum haben sie so wenig Geduld, z. B. bei der Partnersuche und in Partnerschaften? Und warum bekommen sie so wenig Kinder?

Warum wird die Liebe mit Erlösungssehnsucht überladen – und oft enttäuscht?

Warum streben die meisten nach Sicherheit und Macht?

Warum haben viele Menschen so wenig Vertrauen in das Unvorhersehbare?

Warum haben »Wellness« und »Fitness« eine solche Konjunktur?
Warum fällt es arbeitslos gewordenen Menschen so schwer, sich zu solidarisieren?
Warum können viele Menschen immer weniger Spannungen aushalten?
Warum halten wir heutzutage fast alles für machbar und wollen es auch umsetzen?

Wir stehen zu Beginn dieses Jahrtausends vor etlichen schweren Problemen: der einsetzende Klimawandel, die wachsende Kluft zwischen Arm und Reich innerhalb der Nationen und zwischen der nördlichen und südlichen Hemisphäre, die (meist der Globalisierung angelasteten) Verwerfungen auf dem Arbeitsmarkt, die die Zahl sicherer Arbeitsplätze schrumpfen lassen und bei den (noch) Arbeitenden die Arbeitsüberlastung und die Angst um den Arbeitsplatz steigern, die Verschuldung von Staaten und Haushalten und vieles mehr. Wenn man dies alles betrachtet, möchte man fast resigniert aufgeben – oder auf eine gute Fee hoffen, die alles richtet. Aber die Zeiten, wo das Wünschen noch geholfen hat, sind ja vorbei, oder? Menschen, die etwas hinter die Kulissen des oberflächlichen Wachstums-Fetischismus, des Medien-, Konsum- und Polit-Spektakels sehen, erkennen mehr und mehr, dass es sich dabei weniger um einzelne ökologische, soziale oder wirtschaftliche Krisen handelt, sondern um eine einzige Krise, ja wahrscheinlich Sackgasse des abendländischen Geistes, in der viele Aspekte, Lebensbereiche und Dimensionen miteinander verwoben sind.

Aus meiner Sicht ist es vor allem *eine Krise des Vertrauens –* in Staat, Wirtschaft, in uns selbst, in unsere Fähigkeiten, unsere Kreativität, unsere sinnstiftenden Institutionen und Werte – unseres Vertrauens auf Werte, die nicht auf unserem Besitz, unserer Leistung und der Anerkennung durch andere beruhen.

Bei der Annäherung an existentielle Themen wie Liebe, Glaube und Vertrauen stellt man fest, wie sehr individuelle und kollektive bzw. gesellschaftliche Faktoren ineinandergreifen. Wenn man nicht an der Oberfläche bleiben will, kann man deshalb Verständnis für Hintergründe und Zusammenhänge sicher nicht gewinnen, ohne das komplexe Wechselspiel zwischen »innen« und »außen« im Blick zu haben – aber das ist eine große Herausforderung für Autor und Leser. Deshalb muss ich – auch als Psychoanalytiker, der immer mehr mit Depressionen und Ängsten seiner Patienten konfrontiert ist – in diesem Buch neben den individuellen auch etwas auf gesellschaftliche und wirtschaftliche Zusammenhänge eingehen.

Wie wir also – notfalls auch gegen den Strom des »Zeitgeistes« – wieder ein Stück Boden gewinnen und uns, wie Picasso sagt, »im Ungeborgenen geborgen fühlen« könnten, wie wir mit Gegensätzen, Spannungen und Enttäuschungen leben und gleichzeitig etwas von dem wiederfinden können, was wir im Zuge von Aufklärung, Technisierung und Globalisierung verloren haben, wie wir wieder mehr Zuversicht und Vertrauen in die Selbstheilungskräfte in uns, in die Natur und vielleicht auch in eine tiefere, uns alle tragende Dimension wiedergewinnen könnten, davon soll dieses Buch handeln.

1. Annäherungen

*Vertrauensbildende Maßnahmen
und Brückenbau*

Gedanken über das Vertrauen

Vertrauen ist gut, Kontrolle ist besser. Manche meinen, Lenin habe es umgekehrt gesagt. Fest steht: Je weniger Vertrauen, desto mehr Kontrolle. Und wir ahnen alle, dass Kontrolle kein gleichwertiger Ersatz für Vertrauen ist. Wenn zwei heiraten, sagt man, »sie trauen sich« – ein Begriff, der in diesem Zusammenhang einen dreifachen Sinn hat: Neben der »Trauung« als Synonym für Hochzeit heißt das auch, »sie vertrauen einander« und »sie haben den Mut dazu«.

Zum Ver-Trauen, zum »Sich-etwas-Trauen« braucht man also Mut, denn ebenso wie »De-Mut« (»Mut zu dienen«), An-Mut und Weh-Mut hat auch Vertrauen etwas mit Unsicherheit zu tun. Wenn alles sicher ist, brauchen wir kein Vertrauen. Vertrauen hängt also nur zum Teil von äußeren Bedingungen ab, von anderen Menschen, Partnern, Gruppen oder Institutionen. Der andere Teil besteht aus einer inneren Haltung, die kein Gegenüber braucht, ähnlich wie die Dankbarkeit.

Vielleicht haben Sie auch gelegentlich solche Momente:

Manchmal schaue ich aus meinem Gaupen-Fenster und lasse den Tag oder die letzten Jahre an mir vorüberziehen. Dabei überkommt mich oft ein Gefühl der Dankbarkeit – einfach so, ohne konkreten Adressaten. Und so wie sich die Dankbarkeit aufs Vergangene richtet und keine Begründung braucht, richtet sich das Vertrauen in die Zukunft – es schließt die Ungewissheit mit ein. So erging es mir auch, als ich mit dem Schreiben an diesem Buch anfing: Parallel dazu stellte sich heraus, dass ich mich einer größeren Operation unterziehen musste – und schon war ich mitten im Thema »Vertrauen«. Wenngleich mir als Jung'schem Therapeuten solche »sinnvollen Zufälle« vertraut sind, so hat es mich doch berührt, wie auch hier Schreiben und (Er-)Leben ineinandergreifen – wie bei der Erzählung meiner Patientin im Prolog.

Fast alle Patienten, die zu mir in Therapie kommen, haben zu wenig Vertrauen: in ihren Partner, ihren Arbeitsplatz, ihren Chef – und vor allem in sich selbst und in ihre Zukunft. Und hinter vielen ihrer Symptome, vor allem natürlich hinter Angststörungen und Depressionen, aber auch hinter Zwängen und körperlichen Beschwerden, lauert ein Mangel an Selbstsicherheit. Und wenn sie Opfer widriger Umstände und Schicksalsschläge sind, ist ihr Misstrauen ja verständlich.

Auch in meinen Therapiegruppen sammeln sich viele gebrannte Kinder. Und alle haben, oft in vielen Jahren, Strategien entwickelt, wie sie ihre Unsicherheiten und Ängste überdecken, »kompensieren«. Sie haben oft schon als Kinder Abwehrmechanismen entwickelt, um in einer unfreundlichen Umgebung, bei abwesenden oder abweisenden Eltern, gewalttätigen Vätern oder überforderten Müttern körperlich und seelisch zu überleben. Viele haben die »Flucht nach vorn« angetreten, in

Anpassung, in beruflichen Ehrgeiz – und viele suchen ihr Heil in der Liebe, das heißt: Der Partner soll ihnen die Geborgenheit geben, an denen es ihnen selbst mangelt. Doch in diesem blinden »Vertrauen« ist die Ent-Täuschung schon vorprogrammiert – und dann fühlen sie ihr heimliches Misstrauen in sich und die Menschen wieder bestätigt. Und es fällt ihnen von Mal zu Mal schwerer, wieder neu das notwendige Vertrauen in einen Partner zu finden.

Vielleicht haben Sie Lust, hier innezuhalten und sich an derartige Enttäuschungen in Ihrem Leben zu erinnern. Kennen Sie das grimmige Gefühl, wieder einmal ausgenutzt worden zu sein, wieder einmal den Kürzeren gezogen zu haben? Und passiert es Ihnen auch hin und wieder, dass sie denken: »Ja – wieder typisch, dass das mir passiert!«, und gleichzeitig ahnen Sie, dass Sie so das Pech vielleicht selbst heraufbeschwören?

Die Schwierigkeit des Brückenbauens

Viele Gründe, warum den Menschen heute das Vertrauen ins Leben abhanden kommt, liegen tatsächlich auch in vorgegebenen Bedingungen: Die Unsicherheit des Arbeitsplatzes, die zunehmende Auflösung von Bindungen, die Schwierigkeit, langfristige Beziehungen zu pflegen, die ökologische Bedrohung, die »Schatten der Globalisierung« (Stiglitz) und viele weitere Außenfaktoren tragen zu dieser Verunsicherung bei. Und hier steht man vor einem riesigen »Knäuel« an Einflüssen, an sichtbaren und unsichtbaren Kräften, die alle ineinandergreifen und miteinander in Wechselwirkung stehen. Leider können wir – wie auch in der Medizin und Ökologie – fast nie einen einzelnen »Schuldigen« finden, weder ein Bakterium noch einen Politiker. In einem Netzwerk kann man jeden Knoten hochheben und rufen: »Seht, von diesem Knoten hängt alles ab!« Wenn man sich aber mit Hintergründen befasst, wird man feststellen, dass nicht nur viele verschiedene Ursachen und Bedingungen, sondern auch viele Blickwinkel bzw. Dimensionen beteiligt sind – und man wird in und zwischen diesen Dimensionen Ungereimtheiten und Widersprüche erkennen. So wird ein Ökonom das übertriebene Kaufverhalten einer Hausfrau vielleicht eher mit einem Überangebot erklären, ein Tiefenpsychologe eher mit ungestillten kindlichen Bedürfnissen.

Wir sehen also schon jetzt, dass bei der Frage nach dem Vertrauensverlust mit einfachen Antworten und Lösungsstrategien nicht zu rechnen ist, auch wenn Heilsbringer aller Schattierungen, ob Politiker, Wirtschaftsbosse oder Gewerkschafter, immer noch den Eindruck erwecken, es könne schon eine gute Lösung geben, man müsse sie nur finden (wie z. B. beim Jahrtausendwerk der Gesundheitsreform oder beim Mindestlohn). Das Problem ist, dass man mit der Darstellung von komplexen Zusammenhängen keine Wählerstimmen gewinnen kann.

Dass uns kaum jemand auf die Widersprüche, auf die Vernetztheit unserer weltweiten ökonomisch-ökologisch-soziopsychologischen Sackgasse hinweist, liegt natürlich nicht nur am kurzfristigen Denken vieler Politiker und deren Sucht nach Machterhalt, sondern an dem grundsätzlichen Dilemma, dass man dazu Informationen aus mehreren Sachgebieten, zwischen denen man Brücken bauen will, dem Wähler, Leser oder Zuhörer erst einmal nahe bringen muss. Wenn wir uns also auf der Suche nach »vertrauensbildenden Maßnahmen« auf eine Rundreise begeben, müssen wir behutsam mit den Begriffen umgehen – und vorher einige Verständnis-Brückenpfeiler aufstellen.

Dieses Einleitungskapitel vermittelt schon eine erste Ahnung davon, dass das Problem, warum immer mehr Menschen heutzutage Zukunftsängste haben, nach äußeren Sicherheiten suchen, dabei aber weder einander noch sich selbst genug vertrauen können, äußerst vielschichtig ist. Ich werde also im Folgenden immer wieder einmal zwischen der individuellen und der kollektiven Sichtweise hin und her pendeln müssen. Der Leser möge das Ganze wie einen Stoff im Webrahmen sehen: Der Faden der Sprache ist zwar linear, aber das, was daraus entsteht bzw. dargestellt wird, ist ein mehrdimensionales »Gewebe«. Deshalb erscheint es manchmal so, als würde ich mich wiederholen. Das geschieht immer dann, wenn wir an einer bekannten Stelle wieder vorbeikommen – jetzt allerdings auf einem anderen »Kettfaden«.

Deshalb vorab ein kurzer »Reiseführer« durch dieses Buch:
Im 2. Kapitel beleuchte ich einige Aspekte der Entstehungsgeschichte von Vertrauen, v. a. evolutionär, biologisch, psychologisch. Die Fehlentwicklungen, also die Ersatz-Konstruktionen für Vertrauensverlust, die individuell und kollektiv gebildet werden, stelle ich unter den Oberbegriff »Fort-Schritt«.

Im 3. Kapitel sind meine Wegweiser langjährige Erfahrungen mit Analyse-Patienten in Einzel- und Gruppentherapie, die das Vertrauen in sich und die Welt verloren haben oder glauben, es nie gehabt zu haben. Da dies für mich »täglich Brot« ist, werden die Beschreibungen und Bilder von meinem tiefenpsychologischen Hintergrund geprägt und etwas ausführlicher sein.

Das 4. Kapitel soll vorwiegend der kollektiven Dimension, der Gesellschaft und Wirtschaft gewidmet sein – aber auch den psychologischen Mechanismen, die aus meiner Sicht hier vor allem am Werke sind und zum Teil so eng ineinandergreifen, dass die dadurch ausgelösten Prozesse (Wachstum, Arbeitslosigkeit, Umweltzerstörung, Zunahme von Angstsyndromen etc.) eskalieren.

Dann, im 5. Kapitel, sind wir hoffentlich »reif« für den Versuch einer ganzheitlichen Sichtweise. Hier bemühe ich mich, dem Leser kurze Einblicke in die Komplexitäts- und Chaosforschung zu geben, die aus meiner Sicht einen übergeordneten Bezugsrahmen ermöglichen. Wem hier manches tatsächlich zu »komplex« werden sollte, derjenige kann getrost etwas überspringen – im Vertrauen darauf, das Wichtigste auch im späteren Verlauf noch verstehen zu können (oder dann nochmals zurückzublättern).

So gerüstet können wir uns in den Kapiteln 6 und 7 an die beiden wichtigsten Erfahrungsbereiche des Menschen wagen und sehen, wie sie mit unserem Thema des Vertrauens in Zusammenhang stehen: Im Kapitel 6 geht es um die Liebe und Partnerschaft, die »Bühne«, auf der viele Dramen des Vertrauensverlustes und der neuen Hoffnungen gespielt werden. Und im 7. Kapitel nähern wir uns den Tiefendimensionen, d. h. emotionalen und spirituellen Werten und Sinnerleben – Fähigkeiten und Sehnsüchten, die wir besonders heute angesichts der rasanten kulturellen und technologischen Entwicklungen in unserer beschleunigten, »flexiblen« Gesellschaft aus den Augen zu verlieren drohen: Da die Narkotisierung durch die Medien nicht mehr lückenlos funktioniert, meldet sich das geistig-emotionale Defizit in Form von Körpersymptomen, Depressionen, Ängsten, Drogen, Gewaltdurchbrüchen und Scheidungsraten. Es geht also um die Suche nach Inhalten und nach einem tragenden Bezugsrahmen, also letztlich um Sinn und Spiritualität – was auch immer sich der Einzelne bewusst darunter vorstellt.

2. Fort-Schritt?

*Der Vertrauens-Trieb und
seine Gegenspieler*

Nachdem gegen Ende des 21. Jahrhunderts die Nationen Mitteleuropas wegen der Klimakatastrophe verwüstet und wegen des Bevölkerungsschwundes vergreist waren, hatten sie ihr zivilisatorisches Niveau verloren. Nur Finnland und Ungarn hatten Bevölkerungsstruktur und Kultur noch mühsam aufrechterhalten. Kurz vor der Wende zum 22. Jahrhundert startete ein Team von Anthropologen, Historikern, Philosophen und Soziologen der Universitäten Helsinki und Budapest ein Projekt mit dem Titel »Europäischer Zeitgeist zu Beginn des 21. Jahrhunderts«. Sie gaben sich große Mühe, sich aus den noch vorhandenen Zeit-Dokumenten ein Bild zu machen über Lebensgefühl, wichtige Themen, Wertvorstellungen und Visionen der damaligen Bevölkerung, der Intellektuellen, Wissenschaftler und Politiker der zugrunde gegangenen Kulturen Europas. Hier einige ihrer Fundstücke:

>> *Europaweite wochenlange Trauer und Verzweiflung über den Unfalltod der ehemaligen Frau eines britischen Thronfolgers.*

>> *Jahrelange hitzige Debatten über eine sogenannte (oder »so genannte«?) Rechtschreib-Reform, deren verwirrender Ausgang*

nicht mehr zu rekonstruieren ist, und über ein »Dosenpfand«,
das den Forschern Rätsel aufgab.

» *Versuche, in der Bevölkerung das Bedürfnis nach kleinen audio-*
visuellen »Entertainment-Happen« in ihren Funktelefonen zu
wecken.

» *Einerseits zeugen Dokumente vom damaligen Ruf nach mehr*
Arbeitsplätzen, auf der anderen Seite schien man sich ebenso
hartnäckig bemüht zu haben, durch Abbau von Arbeitsplätzen
Geld zu sparen.

Wenn der Deckel nicht mehr hält

Dass wir in unserem näheren oder weiteren Umfeld von dem
Umsichgreifen von Depressionen und Ängsten zunächst nicht
viel wahrnehmen, liegt vor allem an den so genannten »Abwehrmechanismen« (Anna Freud 1980). Der wichtigste ist die
hervorragend eintrainierte Fähigkeit des Homo sapiens, die er
zusammen mit dem Bewusstsein ebenfalls entwickeln musste:
die Verdrängung, die eine Erfahrung bzw. ein Gefühl vom Bewusstsein wieder ins Unbewusste schiebt. Ein weiterer ist *die
Verleugnung*, die einen Inhalt gar nicht ins Bewusstsein gelangen
lässt, so dass er gar nicht erst »wahr-genommen« werden kann.
Manchmal muss ein unerträgliches Gefühl auch in den Körper
verschoben werden, wo es Symptome oder Krankheiten hervorruft (z. B. die »Depressive Somatisierung«).

Ohne diese Strategien hätten wir – angesichts früherer oder
aktueller Traumata, Verluste, Beeinträchtigungen und Bedrohungen – kaum eine Chance, ein normales Leben zu führen.
Die Abwehrmechanismen sind also zunächst keine krankhaften

Vorgänge – es geht um die Dosis und um den Preis, den man dafür bezahlt. Damit meine ich einerseits die Lebensenergien, die man dafür aufwendet, den »Deckel« über diesen Schattenseiten zuzuhalten, andererseits geht es mir um die Schäden, die solche destruktiven Energien anrichten, die man nicht ganz unterdrücken kann – vor allem, wenn sie sich andere Wege suchen: Dies sind die erwähnten Körpersymptome, »Missgeschicke« oder – aber das ist ein heikles Thema – die Projektion auf andere, insbesondere mit Feindbildern.

Als Psychoanalytiker habe ich naturgemäß vor allem mit denen zu tun, bei denen Abwehrstrategien wie Anpassung und Karriere oder potentielle »Drogen« wie Konsum, Alkohol, Medien und »Events« nicht mehr erfolgreich genug sind. Diese Menschen haben deshalb in irgendeiner Form einen »Leidensdruck« entwickelt und sich zu einer Therapie entschlossen. Schicksalsschläge wie Krankheiten, Trennungen, Unfälle oder Arbeitsplatzverlust haben sie auf sich selbst zurückgeworfen. Beim Betrachten ihrer brüchigen Überlebensstrategien werden die bisherigen »Fortschritte« demaskiert als »Schritte fort«. Aber fort wovon? Vielleicht von der eigenen Natur?

Es lohnt sich also, sich zunächst etwas genauer mit dieser »Natur« zu beschäftigen, also mit dem Boden, in dem – wenn überhaupt – Vertrauen entsteht.

Ur-Vertrauen ist wie ein »Trieb«

Wir von der Gattung Homo sapiens haben, wie unsere tierischen Verwandten, alle nicht nur die angeborene Fähigkeit zu vertrauen, sondern so etwas Ähnliches wie einen »Trieb«, jemandem, unserer Umgebung, der »Welt« zu vertrauen. Dies kann man mittlerweile recht gut begründen, u. a. durch Evolutionsbiologie, Tiefenpsychologie, Gynäkologie, Soziologie und Säuglingsforschung.[1]

Die Schutzbedürftigkeit des kleinen Menschen hatte nachhaltige Folgen: Es war schon bei den Jägern für das Überleben günstiger, wenn es um das Neugeborene herum außer der Mutter noch andere Bezugspersonen gab, am besten eine ganze Sippe, einen Clan, später einen Stamm. Für alle war das Wichtigste Zusammenhalt und Solidarität, vor allem mit den Kleinen.

Tilmann Moser weist in seinem Lehr-Videofilm *Vaterkörper* darauf hin, dass unser Gefühl für den »Boden«, auf dem wir stehen, seinen Ursprung nicht im Fußboden hat, sondern in unserem Stand auf dem Bauch und den Oberschenkeln von Mutter oder Vater. Wenn man einen Säugling beobachtet, der auf den Beinen eines Elternteils steht, fest an den Händen gefasst, dann kann man sehen, wie lust- und vertrauensvoll er immer wieder in die Knie geht, sich hochdrückt und die Festigkeit des Bodens unter sich testet. So entsteht das Körpergefühl des Vertrauens in den Boden, auf dem wir stehen – unser »Standpunkt« und unsere »Standfestigkeit«.

Nun kann man sich leicht vorstellen, dass dies alles einen großen Einfluss auf die unbewussten Seelenstrukturen des Kindes hat: Aufgrund des genetischen Programms des Vertrauens »weiß« es, dass es in eine sichere Umgebung hineingeboren wird. Natürlich bauen sich im Lauf der Zeit auf diesem Grundprogramm dann die verschiedensten Erfahrungen und Gefühle auf, je nach der Grund-Sicherheit, die die Eltern dem Kind vermittelt haben, und je nach der konkreten Ausgestaltung der Familie, Sippe und Umgebung, in die das Kind aktiv eingreift (siehe Dornes 1994). Aber generell gilt: Wer bis jetzt am Leben geblieben ist, *hat* das überlebensnotwendige Maß dieses Urvertrauens, gleichsam in allen Organen seines Körpers.

Es muss also in der heutigen Zeit in einer kollektiven Dimension etwas geschehen sein, das immer mehr Menschen diesen natürlichen Schutz- und Haltemechanismen entfremdet hat, so dass weder ihr Körpergefühl noch ihre emotionale Hintergrundstimmung ausreichen, sich im Leben zu Hause zu fühlen. Dadurch laufen sie Gefahr, immer mehr den äußeren Schein-Helfern und Schein-Stabilisatoren zu vertrauen, die uns der Fortschritt in jeder Form verheißt.

Bevor ich diesem Entfremdungsprozess weiter nachgehe, muss ich auch einmal eine Lanze für den Fortschritt brechen: Es ist unbestritten, dass uns die technische und kulturelle Weiterentwicklung viele Vorteile verschafft hat. Niemand, auch nicht ein »fundamentalistischer« Naturschützer, wird kritisieren, dass wir heute besser auf Hygiene achten und für menschenunwürdige Arbeit Maschinen haben oder mehr medizinisches Wissen. Ich selbst stehe der so genannten »Schulmedizin« aus persönlichen Gründen durchaus positiv gegenüber, u. a. seit ich in der Studentenzeit in den Genuss einer lebensverlängernden Herz-Operation kam.

Es geht also – auch individuell – wieder einmal um die rechte Balance: Für den einen ist es wichtig, aus einer Erstarrung endlich in Neuland voranzuschreiten, für einen anderen, die ewige Flucht nach vorn zu beenden und innezuhalten, um mal bei einer Sache, einem Entschluss zu bleiben. Statt »hektischer Stagnation« also »flexible Festigkeit«. Leicht gesagt, aber als Zielvorstellung sicher hilfreich.

Immer wieder sage ich zu meinen Patienten, wenn sie mich fragen, ob sie dies oder das tun oder unterlassen sollten: Es kommt weniger darauf an, *was* man tut, sondern *warum* man es tut – und was man damit vermeidet!

Schauen Sie an dieser Stelle einmal in Ihrem Leben zurück, wenn Sie mögen, und überprüfen Sie bisherige Entscheidungen danach, was Ihre Motivationen waren: Warum haben Sie Ihren Beruf gewählt? War das Ihre eigene Entscheidung oder eine von den Eltern vorgebahnte? Wollten Sie es ihnen recht machen oder eher mit Ihrem Beruf Abstand von »daheim« gewinnen – also vom Elternhaus fort-schreiten? Was motivierte Sie bei der Suche nach einem Partner? Und wenn Sie einen gefunden haben: War es auch, damit Sie nicht allein waren – also als ein »Schritt fort« aus der Einsamkeit?

Nach diesem Exkurs wieder zurück zum kollektiven Fortschritt:

Wenn also der technische Fortschritt dazu dient, den Mangel an Vertrauen in die Natur, das verlorene Wissen um ihre Abläufe und Selbstheilungspotentiale einfach zu überdecken, wenn die Maschinen lediglich Prothesen sind – dann besteht die Gefahr, dass wir den Zugang zu unseren natürlichen Ressourcen, Fähigkeiten und Bedürfnissen mit der Zeit verlieren und von Ersatzobjekten und Ersatzbefriedigungen, von künstlichen Leit-Bildern und Helfern abhängig werden. Die hektische Beschleunigung der »Innovationen« in Wirtschaft und

Gesellschaft überdeckt die zugrunde liegenden Ängste ja bei vielen immer weniger. Äußerlich *Amok*, innerlich *Koma* – ein tiefsinniges Buchstabenspiel!

Leider kann man aus der »Fortschritts-Falle« nur schwer aussteigen, denn, wie Ronald Wright in seinem Buch *Eine kurze Geschichte des Fortschritts* betont: Sie hält sich selbst in Gang. So haben die Industrienationen z. B. durch die Entwicklungshilfe versucht, einen Teil der Schäden, die sie in der Kolonialzeit verursacht haben, auszugleichen – aber dabei haben sie oft in diesen Ländern den Fortschritt so beschleunigt, dass deren Völker zerrissen sind zwischen dem schwindenden Vertrauen in ihre eigenen Stammestraditionen und dem noch nicht etablierten Vertrauen in Technik, Wissenschaft und Demokratie. Aber es gibt keinen Weg zurück mehr – nur nach vorn, gemeinsam.

Um aber eine Umgestaltung der Entwicklungshilfe und der Politik von WTO, IWF und Weltbank in Gang zu setzen, wäre nicht nur ein Umdenken und ein Verzicht auf einige Vorteile der Reichen auf dem Globus nötig, sondern Vertrauen auf die Selbstheilungskräfte dieser Länder und deren Menschen. Wegweisend dafür sind aus meiner Sicht die Vergabe von Kleinkrediten durch den philippinischen Sozialreformer Nicanor Perlas (2000) und die von Muhammad Yunus (Friedensnobelpreisträger des Jahres 2006), gegründete Bank. Besonders wirkungsvoll ist hier die »Global Marshall Plan Initiative« für eine ökosoziale Marktwirtschaft, die inzwischen vom Club of Rome, zahlreichen Nichtregierungs-Organisationen und vielen Politikern und Institutionen unterstützt wird (s. Radermacher 2007).

Vertreibung oder Verlockung?

Das Neue lockt, daher der Begriff Neu-Gier. Allerdings bezieht das »Erobern« neuer Möglichkeiten, Fähigkeiten und »Territorien« oft seine Energie auch aus dem Konkurrenzverhalten (das leider in unseren Breiten meist schon in der Schule gefördert wird): Wenn das Übertrumpfen der anderen mit den Noten nicht gelingt, dann wenigstens durch Belästigung, Bedrohung und Beschämung schwächerer Mitschüler, bis hin zur Körperverletzung. Oft ist der Nährboden für Fremdenhass Fremden*angst* – und deren Ursache ist im Grunde immer ein Mangel an echtem Vertrauen in den eigenen Wert, in die eigene Geschichte. Wenn dieses Vertrauen aber gesichert ist, kann die andere Seite die Oberhand gewinnen – die Neu*gier*: ein natürlicher Trieb, den man schon beim Säugling beobachten kann, der nach Gegenständen greift, sie in den Mund nimmt usw. Kalkuliertes Risiko.

Auch an unseren Söhnen haben wir die Neugier und Experimentierfreude oft mit gemischten Gefühlen beobachtet: Sie wollten immer irgendwo hinaufklettern, Gegenstände »umfunktionieren«, mit Werkzeugen hantieren, bis hin zum Raketen- und Waldhüttenbau. Mich packt immer noch das Grausen, wenn ich an die Kartoffel-Kanone denke oder gar an die »Wachsbomben«, die als riesige Feuerpilze vom Grillplatz hochstiegen. Jedoch sind meine Frau und ich durch unser wachsames Auge (und durch meine aktive Teilnahme) zu der Überzeugung gelangt, dass die beiden im Grunde immer ganz gut wussten, wo sie sich festhalten mussten, wie eine Strickleiter zu befestigen ist, wie lang und hoch die selbst gebastelte »Seilbahn« sein durfte, usw. Ich glaube, dass uns allen (wie allen höheren

Tieren) eine gesunde Balance zwischen Neu-Gier und Neu-Angst in die Wiege gelegt ist. Das Problem ist für die meisten Eltern unter uns eher, ob *wir* dieser Balance vertrauen.

Auf der geschilderten Neugier bauen auch die verschiedenen Ansätze der Reformpädagogik auf, die leider an unseren »normalen« Schulen immer noch viel zu wenig aufgegriffen und oft Privatschulen überlassen werden. Die Oberschulämter sind dabei meist weniger ein Hindernis als die Trägheit vieler Kollegien.

Die wahrscheinlich stärkste Verlockung zum Fort-Schreiten ist die Freiheit, aber leider erwächst damit auch die Mühsal der Eigenverantwortung. Dieses vertrauensvolle Fortschreiten aus dem »Paradies« des Gewohnten betrifft unser aller Bewusstseinsentwicklung. Darum nähere ich mich dieser Thematik erst einmal mit einer komödiantischen Geschichte aus dem Garten Eden:

Die Neugierigen

Nachdem Adam und Eva viele gute Früchte gegessen, den Garten erforscht und den Tieren Namen gegeben haben, liegen sie faul und etwas unschlüssig unter einem Baum, als Gott Vater bei seinem Abendspaziergang vorbeikommt.

Adam: »Guten Abend, Vater.«
Gott: »Guten Abend. Fühlt ihr euch wohl, meine Kinder?«
Adam: »Och ja, doch ...«
Gott: »Was heißt das, och ja, doch ...?«
Eva: »Wir haben alles erforscht – und jetzt ist uns ein bisschen langweilig.«
Gott: »Langweilig ist euch? Dabei ist der Garten so schön!«

Eva: »Hm-m. – Und was gibt es noch auf der Welt?«

Gott: »Was soll diese Frage? Das hier ist doch die Welt!«

Adam: »Und die hört dort hinten bei dem stacheligen Gebüsch auf?«

Gott: »Nnnnein, nicht ganz.«

Eva: »Aha – es gibt also noch was dahinter?«

Gott: »Ach, das ist nicht so wichtig. Gefällt es euch denn nicht hier?«

Eva: »Doch, schon. Es war schön, die ganzen Früchte zu essen und den Tieren Namen zu geben. Aber irgendwie macht das jetzt keinen Spaß mehr.«

Adam: »Genau! Wir haben uns gerade gedacht: Es kann doch nicht der Sinn unseres Daseins sein, weiter hier herumzuhängen und Obst zu essen. Deshalb würden wir gern mal nachschauen, ob es noch was anderes gibt.«

Gott: »Ja, wenn ihr so genau nachfragt, dann will ich euch natürlich nicht belügen. Also: Da gäbe es schon noch einiges.«

Adam und Eva (unisono): »Jaaaaa?«

Gott: »… aber die Gegend außerhalb des Gartens ist längst nicht so schön wie hier.«

Adam: »Was ist da anders?«

Gott: »Ja, also … da gibt es auch hässliche Pflanzen, das Wetter ist nicht immer so gut, da wächst nicht alles von selber – kurzum: Man kann dem Wetter und dem Wachstum der Pflanzen einfach nicht so vertrauen wie hier!«

Adam: »Warum nicht?«

Gott: »Es wächst schon alles Mögliche – aber das, was ihr zum Essen braucht, das wächst da fast überhaupt nicht. Das müsstet ihr erst mal züchten.«

Adam: »Was ist ›züchten‹?«

Gott: »Seht ihr, da geht's schon los! Vergesst es! Hier habt ihr ja alles!«

Eva (nach kurzem Schweigen):»Vater?«

Gott:»Hmm?«

Eva: »Hättest du was dagegen, wenn wir uns da draußen mal umschauen?«

Gott:»Ich? Äh – dagegen? Also, im Grunde nicht – das heißt … Es wäre für euch schon sehr gefährlich, und ihr seid es ja nicht gewohnt, für euch zu sorgen. Aber hier braucht ihr euch um nichts zu kümmern. Das könnte ich nicht verantworten.«

Adam: »Könntest du uns denn beibringen, was wir da draußen können müssten – zum Beispiel dieses ›Züchtigen‹?«

Gott (genervt):»Züchten! Im Prinzip schon, aber da ist eine Schwierigkeit … Um das alles zu lernen, zu verstehen und vor allem, um selbst das Wichtigste herauszufinden, müsstet ihr von dem verbotenen Baum essen … von dem da hinter dem Hügel, den ich den Baum der Erkenntnis genannt habe.«

Adam (perplex):»Ja, aber das hast du uns doch verboten, obwohl wir große Lust auf diesen Baum haben! Warum hast du ihn uns eigentlich verboten?«

Gott:»Um ehrlich zu sein: Weil ich Angst um euch hatte.«

Eva:»Waas? Du hast Angst um uns? Wir haben keine Angst!«

Gott (mit einem ahnungsvollen Nicken):»Kein Wunder – ihr habt ja noch nichts Schlimmes erlebt! Also, das wäre schon gefährlich, weil – eben, weil ihr noch so jung und unerfahren seid.«

Adam: »Na, das ließe sich ja ändern, so nach und nach.« (Und nach einer kurzen Pause:) »War das der einzige Grund?«

Gott (nach längerem Schweigen):»Nein. Es gab noch einen Grund.«

Adam und Eva (unisono):»Jaa-a?«

Gott (kratzt sich am Kopf): »Also – äh – ich hatte euch ja gerade erst gemacht. Das war viel Arbeit gewesen und ich war so stolz auf euch.«

Eva: »Wunderbar! Wir sind ja auch stolz auf uns! Aber das ist doch noch kein Grund …«

Gott: »Doch! Ich wollte doch nicht, dass ihr mir zu schnell aus meinem Garten verschwindet und euch selbständig macht. Ich habe euch doch nach meinem Bilde gemacht, damit ich nicht mehr so allein bin – und dann wäre ich ja wieder allein gewesen. Und deshalb wollte ich nicht, dass ihr durch den Baum der Erkenntnis auf dumme Gedanken kommt. – Übrigens: Wie seid ihr denn auf diese Gedanken gekommen? Hat euch etwa die Schlange …«

Eva: »Keine Sorge – die hat zwar mit mir geredet, und ich hab dann mit Adam gesprochen. Aber eigentlich war die Schlange gar nicht mehr nötig.«

Gott (irritiert): »Wofür war die nicht mehr nötig – und warum?«

Adam: »Die Erklärung ist ganz einfach, du hast sie vorhin selbst gegeben: Du hast uns nach deinem Bilde geformt, also sind auch wir selbstbewusst und neugierig – und wollen die Welt erforschen und Neues schaffen, so ähnlich wie du.«

Gott (in einer Mischung aus Skepsis und Bewunderung): »Da ist vielleicht tatsächlich etwas Wahres dran.« (Und nach einer weiteren spannungsgeladenen Pause:) »Also gut, holt euch einen Apfel!«

(Adam und Eva springen vor Freude auf und umarmen sich)

Gott (jetzt in schärferem Tonfall): »Aber eins sage ich euch …«

Adam und Eva (bewusst unschuldig): »Ja, Vater?«

Gott: »Ich will nachher kein Jammern hören, wenn ihr Angst vor der Zukunft kriegt, wenn euch der Acker Dornen und Disteln trägt, wenn ihr im Schweiß eures Angesichts euer Brot verdient und

vielleicht mit Schmerzen Kinder auf die Welt bringt und dann mit
großer Mühe großzieht – bitte macht dann nicht mich verant-
wortlich. Das habt ihr euch dann alles selber zuzuschreiben!«
Adam und Eva (zögern kurz, aber dann hellen sich ihre Gesichts-
züge wieder auf)
Eva:»Na, das werden wir schon hinkriegen – und du bist ja auch
noch da.«
Gott:»Ach ja? Na gut, ich werde nicht in Pension gehen ... Aber:
Ich bin nicht der Ausputzer, der immer alles wieder in Ordnung
bringt, was ihr verbockt habt. Entweder bleibt ihr hier und ich
kann mich mit euch freuen, oder ihr übernehmt die Verantwor-
tung für euch selbst, für das, was ihr anbaut und anstellt. Kurzum:
Entweder paradiesische Geborgenheit hier – oder Freiheit mit
Verantwortung dort draußen!«
Adam und Eva (nach einigem Grübeln):»Können wir das jetzt
doch noch mal kurz mit der Schlange besprechen?«

Ob Gottes Vertrauen in die sich so emanzipierende Menschheit
berechtigt war, darüber zerbrechen sich wohl bis heute Theologen, Pädagogen und Psychologen den Kopf. Aber geschehen
ist geschehen, die Bewusstseinsentwicklung der Menschheit ist
nicht mehr rückgängig zu machen. Immerhin haben Adam und
Eva uns jetzt zu einem wichtigen Dilemma geführt:
Die *Freiheit* und der Reiz des Neuen sind auch immer mit
Verantwortung verbunden, die uns später noch öfter begegnen
wird. Die zweite bittere Konsequenz ist das Herausfallen aus
der unbewussten, selbstverständlichen Geborgenheit – und die
Quintessenz dieses »Sturzes« ist letztlich die Einsamkeit, die
viele Philosophen, vor allem die Existenzphilosophen, zu einem
zentralen Thema ihres Denkens gemacht haben: das »Gewor-

fensein« des Menschen, wie es Martin Heidegger und Rudolf Bultmann nennen.

Zu der Frage, wie es zu dem ungesunden, blinden Vorwärtsdrängen kommen könnte, das schon so viele Paradiese zerstört hat, gibt es eine geradezu beklemmend exemplarische Geschichte: den Niedergang der Osterinsel – eine etwas andere »Paradies-Geschichte«! Man weiß nämlich inzwischen ziemlich sicher, dass die berühmten Statuen, die »Moai«, auf Grund von Geltungssucht und Rivalität von Clanchefs immer größer gebaut wurden, bis fast alle Ressourcen der Insel aufgebraucht waren und um die letzten Vorräte gekämpft wurde. Die Parallelen zu unserer selbstzerstörerischen Innovationswut und künstlicher Bedürfnisweckung sind erschreckend. Aber was schließen wir daraus?

Offenbar reichte den Osterinsulanern, besonders ihren Clanchefs, nicht die Freude an ihrer Natur, auch nicht das Vertrauen in den Reichtum der Insel, in die Loyalität ihrer Untertanen, in die Fairness und Solidarität der anderen Clans. Es gibt offenbar eine Tendenz im Menschen, die das Vertrauen in die naturhaften Abläufe in ihm und um ihn herum (mitsamt der Fähigkeit, sich ihrer maßvoll zu bedienen) schwächt und ersetzt durch einen geradezu blinden Aktionismus, der ihm wie ein Rausch seine eigenen Kräfte, seine Größe immer aufs neue beweist. Aber wie bei jeder Sucht führen Gewöhnungseffekte zu einer Dosis-Steigerung, was zwar nicht zu mehr Selbstvertrauen führt, aber den Konkurrenzkampf weiter verschärft. Anerkennung, narzisstische Bestätigung, Macht über andere – all das verringert wohl die Fähigkeit, die Konsequenzen des eigenen Handelns rechtzeitig wahrzunehmen. Es hat aber offenbar in der Evolution so oft zu einem Erfolg geführt, dass es sich – neben allen anderen Errungenschaften im Sinne von Kultur und Sozialleben – ebenfalls durchgesetzt hat.

Einer der wesentlichsten Gründe für das *Misstrauen* in die Natur und die »Untertanen«, das alle Häuptlinge dieser Welt, alle Diktatoren und Konzernchefs beherrscht, besteht in einem Teufelskreis: Durch ihr Misstrauen werden sie streng, diktatorisch, manchmal brutal bis zum Genozid (siehe Hitler, Stalin, Pol Pot, Saddam Hussein u. a.), aber dadurch müssen sie auch immer mehr Gegner fürchten, was die Notwendigkeit von Kontrollen wieder erhöht. Etwas Ähnliches widerfährt uns allen mit der Kontrolle der Natur, z. B. in der Medizin: Je mehr wir kontrollieren und eingreifen, desto schwächer werden die Selbstheilungskräfte des Körpers. Wenn wir uns denen überlassen, befürchten wir, sie würden versagen – wieder ein Grund mehr, der »Chemie« zu vertrauen!

Die Vertrauenskrise des Abendlandes

Der »Fortschritt« des Homo sapiens begann, als er aufrecht gehen lernte und sein Großhirn wuchs. Aber in dem Maße, in dem er mit den Händen *hand*elte, musste er auch lernen, vor der Aktion eine virtuelle Probehandlung durchzuführen: das Denken. Leider entfernte er sich durch diesen Abstraktionsvorgang aber von seinen Instinkten, also der unbewussten Steuerung seines Handelns.

Tiere müssen nicht in unserem Sinne »denken«, sie sind geleitet von ihren Trieben und Instinkten. Wie Säuglinge brauchen sie kein Vertrauen in ihre Naturkräfte und Steuerungen, denn sie sind eingebettet in diese unbewussten Prozesse.

Vertrauen ist erst nötig in dem Umfang, wo man sich gerade von diesen Prozessen durch die Bewusstseinsentwicklung entfernt und »herausfällt« – bzw. sich (wie Adam und Eva) herauswagt aus der natürlichen Ordnung, um Verantwortung für sein Handeln zu übernehmen. Mit dieser kollektiven und individuellen »Vertreibung aus dem Paradies« ist natürlich auch eine neue Art von Angst verknüpft: Vor Versagen, vor den Konsequenzen einer Fehlentscheidung, vor Zurückweisung und/oder Strafe. Wir können also konstatieren:

> Vertrauen ist eine Fähigkeit, die uns für den Verlust unserer unbewussten Unbefangenheit entschädigt. Vertrauen ist also die legitime Nachfolgerin unseres ursprünglichen Eingebettetseins in Natur, Gott, Liebe – in einen größeren Zusammenhang.

Unsere riesengroße Aufgabe ist es also, trotz des »Fort-Schritts« weg von der Natur mit ihren unbewussten Selbstregulationen, diesen ursprünglichen Zusammenhang zu bewahren, die Verbindung nicht abreißen zu lassen, auch wenn in den »aufgeklärten« Ländern, die gleichzeitig auch die industrialisierten sind, das Vertrauen in die Natur und ihre Weisheit oft ersetzt wird durch die »Vermessung der Welt« (Kehlmann 2006), durch Prognostizieren, Organisieren und vor allem durch ein sich immer mehr beschleunigendes Tempo des technischen Fortschritts. Und wie auf der Osterinsel kann bei dieser Jagd niemand ganz zurückbleiben. Wir alle können uns an schnellen E-Mails, selbst gemachten Farbdrucken und gebrannten CDs freuen – aber wir (leider vor allem die ärmeren Länder!) haben auch unter den Folgen zu leiden: plötzliche Hochwasser, Hitzewellen und Stürme, Umweltzerstörung und Arbeitslosigkeit wegen der Produktivitätssteigerung, Automatisierung und Globalisierung. Und genau wie bei den Osterinsulanern scheint es bislang kein wirksames Gegenmittel zu geben. Dass unser Globus genauso begrenzt ist wie die Osterinsel, scheinen viele Global Player noch nicht begriffen zu haben – und vielleicht wir »Normalbürger« auch nicht?

Wir sind immer noch zu tüchtig, süchtig und flüchtig.

Tüchtig – ja, diese Diagnose wird wohl jeder von uns sofort akzeptieren.

Süchtig? Einige Komponenten haben wir schon angedeutet, wie die Ersatzfunktion, die Dosis-Steigerung, die Abhängigkeit von Institutionen, Energie und Stoffen – wie z. B. Erdöl (weshalb inzwischen sogar Politiker schon den Begriff »Sucht« für unsere Abhängigkeit von Erdöl gebrauchen!)

Und *flüchtig?* Vielleicht haben wir ja doch intuitiv eine Ahnung, dass wir oft vor etwas fliehen, einer »unangenehmen Wahrheit« (siehe den Oscar-gekrönten Film von Al Gore) aus dem Weg gehen. Wenn das stimmt: Wovor fliehen viele, oder wovor sind sie (oft jahrzehntelang) geflohen? Und was holt uns jetzt nach und nach ein, in Form von zunehmenden Ängsten, Depression und vielem mehr?

Die Angst hat als Gegenspieler der Neugier und des Fortschrittsglaubens auch ihre evolutionären Ursachen. Man kann sogar behaupten, sie habe gegenüber dem Optimismus einen gewissen evolutionären Vorteil: Etwas zu viel Angst zu haben kann das Leben besser bewahren als auch nur einmal zu wenig

Angst zu haben. Die Ängstlichen hatten also etwas bessere Überlebenschancen! Aber da man mit ständiger Ängstlichkeit wenig Neues wagt und den anderen den Vortritt lässt, hatten auch die Wagemutigen eine Chance. Wenn ihr Wagemut belohnt wurde, konnten sie so weitermachen, wenn nicht, haben sie es oft nicht überlebt. Aber mittlerweile überstürzen die Innovationen in Technik und Chemie sich so, dass Gegenregulationen meist zu spät kommen – da wäre etwas mehr Angst vor unabsehbaren Folgen bzw. weniger Vertrauen in die Technik hilfreich.

Generell sind inzwischen etliche unangenehme Wahrheiten auf kollektiver Ebene durchaus bekannt, und nach den Klimaberichten 2006 und 2007 zweifelt kein ernstzunehmender Experte mehr daran, dass sie Folgen unseres Handelns sind. Das erklärt aber noch nicht ausreichend, wie dieses Handeln zustande kam. Al Gore (1992) hat in seinem Buch *Wege zum Gleichgewicht* die Auffassung vertreten, dass es sich dabei nicht nur um eine ökonomische oder politische Krise handelt, sondern um eine geistige Krise des Abendlandes. (Eindringlich beschreibt das auch Werner Mittelstaedt (1997) in seinem Buch *Der Chaos-Schock und die Zukunft der Menschheit*.)

Zum Abschluss dieses Kapitels lade ich Sie nochmals zu einer Selbstreflexion ein: Blicken Sie zurück in Ihre Vergangenheit und versuchen Sie, sich »Schwellensituationen« in Ihrem Leben zu vergegenwärtigen:

Sind Sie eher ein Typ, der am Bekannten festhält, der das Neue mehrmals prüft, bevor er sich darauf einlässt, der Umzüge, Arbeitsplatzwechsel, Urlaube usw. so genau wie möglich plant, um allen Eventualitäten vorzubeugen? Oder sind Sie eher wie Adam und Eva in unserem Sketch, die die Neugier in einen neuen Lebensbereich treibt, also jemand, der sich sagt, »no risk, no fun«? Oder wurden Sie in Ihrem bisherigen Leben meistens eher aus echten oder scheinbaren Paradiesen vertrieben – vielleicht, weil es dort nicht mehr auszuhalten war? Oder brauchten Sie für wichtige Veränderungen »Geburtshelfer«, z.B. einen »Ritter« oder eine »Fee«, die Sie aus einem überlebten und engen (Familien-)System herausholten? Oder sind Sie bis heute meistens hin und her gerissen zwischen der Sehnsucht nach dem Neuen und der Angst davor?

3. »Werde ich wieder gesund, Herr Doktor?«

Wie aus Angst und Depression wieder Zuversicht wachsen kann

> *Wer von Anfang an genau weiß, wohin sein Weg ihn führt, wird es nie weit bringen.*
>
> *Napoleon Bonaparte*

Gerade und krumme Wege

In diesem Kapitel widme ich mich vor allem den Fragen, die mir von Patienten vor und während der Therapie, aber auch von Kollegen und interessierten Freunden immer wieder gestellt werden. Es soll hier also keineswegs nur um therapiespezifische Themen gehen, sondern – gemäß dem Titel dieses Buches – allgemein um das Vertrauen. Und es wird sich zeigen, dass die »Therapie« bloß ein Spezialfall des allgemeinen Seelenlebens und Umgangs mit Problemen ist, nur vielleicht etwas mehr reflektiert.

» *»Wie ist es möglich, dass ein Mensch «nur» durch regelmäßige Treffen mit einem Therapeuten oder einer Therapiegruppe ein verlorenes Selbstvertrauen wiedergewinnen oder gar neues Vertrauen ins Leben aufbauen kann, das er (zumindest nach seiner Erinnerung!) noch nie hatte?«*

» *»Wie kann man durch eine Freundschaft, durch die endlich*

gefundene Liebesbeziehung, durch eine neue Gruppenzugehö-
rigkeit, durch Selbstreflexion oder einfach durchs Älterwerden
einen inneren Boden gewinnen, den man vorher noch nicht oder
nicht mehr hatte?«

» »*Was nützt das Herumwühlen in der Kindheit? Das Vergange-*
ne kann man ja ohnehin nicht mehr ändern!«

Der »Kampf um die Erinnerung« (Mitscherlich 1966), das Auf-
decken von Verlusten, Enttäuschungen und Kränkungen, das
»Nachreifen« von unterentwickelten Fähigkeiten und Erlebensweisen oder das Betrauern von nicht gelebtem Leben ist natürlich ein unendliches Thema. Deshalb will ich mich auf einige
wesentliche Aspekte beschränken. Dabei werde ich dem Leser
(ähnlich wie so manchem Patienten) auch manch Schwerver-
dauliches zumuten müssen. Zum Beispiel, dass ehrlicherweise
der Weg aus einem tiefen Tal in die »Höhe«, zu Gesundheit,
Glück und Vertrauen, selten geradlinig ist – auch wenn das
zahlreiche Heilsbringer immer wieder versprechen, um die Er-
lösungssehnsüchte vieler Menschen zu befriedigen. Natürlich
erlebe ich bei Freunden und Patienten immer wieder auch einmal echte »Durchbrüche« und Befreiungsschläge; aber die sind,
rückblickend betrachtet, meist das Ergebnis bewusster und/
oder unbewusster tieferer Wandlungsvorgänge. Heilung verläuft meist in einem Auf und Ab, einschließlich vermeintlicher
»Rückschläge«.

Deshalb werde ich mich – nach einer kurzen Betrachtung
der »Widerstandskräfte« der Seele gegen zu schwere Beeinträchtigungen – einigen Stolpersteinen und Hürden zuwenden,
die einem Menschen den Weg zu mehr Vertrauen und Selbstvertrauen schwer machen. Dann versuche ich, Hilfestellungen

zu deren Überwindung zu beschreiben oder Möglichkeiten, sich mit ihnen zu arrangieren.

Resilienz: Widerstandskräfte der Seele

Ja, braucht denn jeder Zeitgenosse, der das Vertrauen in sich und das Leben verloren oder noch nicht gefunden hat, Psychotherapie? Schon lange hat die Psychologie sich mit der Frage beschäftigt, warum manche Menschen durch Schicksalsschläge dauerhaft beschädigt werden, während andere sie überwinden bzw. sogar gestärkt aus ihnen hervorgehen. Warum kommt es beispielsweise nur bei ca. zwanzig Prozent der Opfer von Unfällen, Katastrophen und anderen Traumen zu einer so genannten »posttraumatischen Belastungsstörung«, die professionell behandelt werden muss? Warum entwickeln manche Menschen mit einer furchtbaren Kindheit keine Neurosen, während andere, die wohlbehütet aufwuchsen, depressiv, drogensüchtig oder straffällig werden?

Erst in den letzten Jahrzehnten hat man sich außer mit den schädigenden jetzt auch mit den stabilisierenden Umweltfaktoren befasst, allen voran der israelisch-amerikanische Wissenschaftler Aaron Antonovsky (bzw. Aharon Antonovsqi, 1923–1994) mit seinen Forschungen über die »Salutogenese« (1997), also über die Entstehung von Gesundheit. Eine sehr bedeutsame Studie, die Kauai-Studie, bringt interessante Einblicke. In ihr haben die Entwicklungspsychologinnen Emily Werner und Ruth Smith ca. 700 Kinder, die 1955 in schwierigen Verhältnissen auf der Hawaii-Insel Kauai geboren wurden, vierzig Jahre lang begleitet und immer wieder untersucht. Die Schlüsselfragen waren: Welche Ereignisse und Faktoren in der Kindheit machen ein Leben stabil, und welche prädestinieren zu körperlichen oder seelischen Krankheiten? Dabei ergab sich als ein entscheidender Faktor für die »Resilienz«, also die Kraft, den Wechselfällen des Schicksals zu widerstehen, die tragende Beziehung zu wenigstens einem Menschen, vorzugsweise in der Kindheit, aber auch noch später, im Sinne einer Nachreifung. Umgekehrt führte der frühe Verlust wichtiger Bezugspersonen mit einer größeren Wahrscheinlichkeit zu körperlichen oder seelischen Störungen. Die wichtigsten fördernden und belastenden Außenfaktoren der Kauai-Studie sind in Anm. 2 nachzulesen.[2]

Aussagen darüber, ob (und, wenn ja, wie) sich frühe Erlebnisse auf unsere körperliche und seelische Stabilität und unser Vertrauen in die Welt auswirken, sind natürlich nur in Form von Wahrscheinlichkeitsangaben, also statistisch, möglich.

Probieren Sie es einmal bei sich selbst aus und sinnen Sie darüber nach, welche Belastungs- und welche Schutzfaktoren Sie in Ihrem Leben hatten und haben. Vielleicht notieren Sie auf einem Blatt auf der einen Seite das Schwierige, auf der anderen das Stärkende stichwortartig. (Hier finden sich vielleicht auch Enttäuschungen, die möglicherweise Ihr Vertrauen ins Leben beeinträchtigt haben.) So machen es viele meiner Patienten – und in der Gruppe erzählen sie sich von ihren Niederschriften.

Warnungen

Aber wenn all diese Zusammenhänge nur auf Wahrscheinlichkeit und Statistik beruhen, woran kann sich ein Betroffener dann halten? Wie soll ich dann als Therapeut jemand zur mühseligen Arbeit an sich selbst motivieren? Und was soll ich den Menschen antworten, wenn sie mich fragen, ob sie bei mir ihre Depressionen und Ängste überwinden können? Ich kann ihnen ja nichts sicher versprechen; aber falls dadurch ihr »Vertrauen in mich als Fachmann« etwas enttäuscht wird, kann das nebenbei auch zu einer heilsamen Ent-Täuschung werden.

Aber Sie können sich sicher denken, dass ich auch nicht gerade mit leeren Händen dastehe. Denn schon aufgrund zahlreicher Studien über die Effektivität von Langzeit-Psychotherapie, von denen ich Mitte der 90er-Jahre selbst eine an ca. 700 Patienten in ganz Deutschland durchgeführt habe (Heinzel, Breyer & Klein 1997) kann ich diesem Hilfesuchenden sagen, dass die meisten Patienten, die bei einer Therapie »am Ball bleiben«, deutliche Verbesserungen verspüren. Bei meiner Untersuchung hatten die Patienten nach durchschnittlich drei Jahren analytischer Therapie signifikant (also sicher nicht zufällig) weniger Symptome, sie nahmen weniger Medikamente ein, brauchten weniger Krankschreibungen, Arztbesuche und Krankenhausaufenthalte, hatten dafür mehr Lebensqualität und eine bessere Beziehungsfähigkeit. Auch wenn das natürlich nicht für jeden Patienten eine Garantie ist – vielleicht beruhigt es ihn etwas, so dass er nicht gleich aufgibt. Aber ich warne oft die Therapieanfänger auch, und zwar, je nach ihrer Aufnahmebereitschaft, in mehrfacher Hinsicht:

Selbsterkenntnis ist mehr wert
als Symptombekämpfung

Einen Patienten, der allzu sehr auf eine Beseitigung seiner Symptome drängt, »schockiere« ich vielleicht auch einmal, indem ich sinngemäß sage. »Sie kommen nicht zu mir, damit es Ihnen besser geht!« – Das ruft naturgemäß Verblüffung hervor: »Wieso? Wozu komme ich denn sonst zu Ihnen?« Dann antworte ich: »Um herauszufinden, was mit Ihnen los ist!« Und fast ebenso regelmäßig hellt sich das Gesicht meines Gegenübers auf: »Ja – da haben Sie recht! Das möchte ich eigentlich auch gern wissen!« Das ist dann ein echtes »Aha-Erlebnis«!

Manchmal flechte ich im Laufe des Therapieprozesses, wenn der Patient sich wieder einmal gegen ein hartnäckiges Symptom wehrt, noch eine Erfahrung ein, die sicher viele von uns in den unterschiedlichsten Lebensbereichen schon gemacht haben, allerdings ohne sich darüber Rechenschaft abzulegen:

> Man kann nicht »etwas« (einen Menschen, einen Standpunkt, eine Krankheit, Religion usw.) gleichzeitig bekämpfen *und* verstehen.

Wenn man überhaupt beides tun zu müssen glaubt, dann sollte man es hintereinander tun: erst verstehen, und dann – vielleicht – auch noch bekämpfen.

Ebenso ist es mit seelischen Beschwerden: Wenn ich meine Depression, meinen Pessimismus usw. unbedingt loswerden will, betrachte ich sie (wie die Medizin heutzutage leider immer noch die meisten Krankheiten) als »Feinde«. Das ist zwar verständlich, wenn man sehr unter bestimmten Beschwerden leidet. Aber manchmal lohnt es sich bei einem unangenehmen Symptom, es eher so wie ein »Sorgenkind« anzusehen, das man erst einmal fragt, wie es ihm geht und was es braucht. Mir ist natürlich bewusst, dass man als Nichtbetroffener da leicht reden kann. Und wenn ein Patient oder Freund unter etwas leidet, werde ich nicht den Besserwisser spielen. Dennoch kann es immer wieder gelingen, im Gegenüber eine Art Neugier zu wecken, z. B. darauf, warum man jetzt schon den dritten Bandscheibenvorfall hat, warum man in der neuen Firma jetzt auch wieder gemobbt wird oder warum einem schon wieder ein Partner davongelaufen ist usw. Wenn bei einem Leidenden dieses Interesse an sich selbst wenigstens ansatzweise geweckt wurde, gewinnt das Beschwerdebild einen anderen Charakter: Es ist nicht mehr nur ein Störenfried, sondern wird auch zum »Forschungsobjekt«. Erfahrungsgemäß bessern sich die Beschwerden oder verschwinden ganz, wenn man ihre Hintergründe verstanden hat.

»Triage« und Therapieziele

Eine zweite Relativierung eines alles beherrschenden Problems lässt sich mit dem Begriff Triage erreichen, der aus der Katastrophen-Medizin stammt und so viel bedeutet wie »Dreiteilung«. Wenn vielen Verletzten nur eine geringe Zahl von Helfern, Medikamenten usw. gegenübersteht, kann es tatsächlich notwendig werden, eine solche Unterscheidung zu treffen, und zwar zwischen Patienten, 1. die auch ohne Hilfe zurechtkommen, 2. denen nicht mehr geholfen werden kann, und 3. bei denen die vorhandenen Ressourcen noch sinnvoll eingesetzt werden können.

Auch bei vielen psychischen und sozialen Problemen, individuellen oder kollektiven, muss man sich notgedrungen zu einer ähnlichen Einteilung durchringen:

A:der Anteil, den ich sicher ändern muss, schon aus Überlebensgründen,

B:der Anteil, den ich selbst sicher nicht ändern kann oder will, aus welchen Gründen auch immer (was vielleicht andere können oder die Zeit),

C:der Anteil, bei dem sich noch herausstellen muss, ob ich ihn ändern kann und will und welchen Aufwand ich dafür treiben muss.

Deshalb frage ich schon in meinem »Lebenslauf«-Fragebogen, (eine Vorlage, die jeden Patienten dazu auffordert, in Stichpunkten über sein bisheriges Leben zu berichten), was er nicht ändern will oder nicht ändern zu können glaubt.

Wenn Sie ein konkretes Problem haben, können Sie einen Zettel nehmen und versuchen, es »aufzudröseln«: Was ist bei Ihnen A, B, C?

Interessant wird es natürlich zu erleben, welche von solchen vorher formulierten Zielen ein Patient später tatsächlich erreicht, welche er ursprünglich anstrebte und später absichtlich verlassen hat – und welche neuen Ziele im Verlauf der Therapie dazugekommen sind. Gerade dieser Wandel in den Therapiezielen macht eine »Erfolgskontrolle« wie bei einer Medikamententestung fast unmöglich.

In der Tagesklinik, in der ich in den 80-ern einige Jahre als

Psychiater und analytischer Gruppentherapeut arbeitete, hatten wir eine Patientin, die als Kind kaum Gefühle zeigen durfte und mit der wir alle um die Wiederbelebung ihrer Gefühlswelt gerungen hatten. Nachdem sie sich in einem mühevollen Prozess von ihrem Partner, der sie ständig entwertet hatte, endlich nahezu friedlich getrennt hatte, sagte sie in ihrem Resümee am Therapieende einen Satz, der die Vielschichtigkeit des seelischen Wandels zeigt, die man nie mit einfachen Fragebogen »messen« kann: »Jetzt bin ich traurig – und ich bin froh, dass ich endlich traurig sein kann!«

Korrektive Neuerfahrungen

Manchmal fragt ein Patient, was er denn machen müsse, damit es ihm besser gehe, oder auch, wie eine Therapie denn ablaufe. Dann muss ich den Ratsuchenden vorsichtig darauf vorbereiten, dass jeder Selbsterfahrungsprozess anders verläuft – also eine erste Übung in »Vertrauen ins Unvorhersehbare«. Aber ich kann ihn auch beruhigen: Es gibt mittlerweile genügend Forschungsergebnisse in der Therapie- und Hirnforschung, die für große Veränderungs- und Nachreifungsmöglichkeiten in der Psyche und im Gehirn sprechen. Da alte Erfahrungen, vor allem Traumata, nicht ganz gelöscht werden können, bestehen diese Veränderungen vor allem darin, dass alte »Programme« durch neue Eindrücke kompensiert und überlagert werden. Einer der Begründer der Humanistischen Psychologie, Alexander Maslow, nennt das »korrektive Erfahrungen«.

Viele Traumata sind auch im »Körpergedächtnis« gespeichert, so dass ich manchmal versuche, mich ihnen mit körpertherapeutischen Techniken, z. B. der Bioenergetischen Analyse nach Alexander Lowen, zu nähern. Im folgenden Fallbeispiel nutzt ein vierzigjähriger Mann die Chance zu einer solchen Neuerfahrung:

Wir hatten in der Mittwochs-Gruppe einmal einen recht »aufmüpfigen« Patienten, der von seinem Vater (wohl um ihn zu disziplinieren) mit achtzehn Jahren in die Psychiatrie »gesteckt« worden war und danach seelisch nie wieder richtig auf die Beine kam. Jetzt, mit Anfang vierzig, schlug er sich immer noch mit Gelegenheitsarbeiten durch. Trotz gelegentlicher Besserungen fiel er immer wieder in sein Misstrauen zurück: gegenüber der Therapie im Allgemeinen und speziell mir gegenüber.

Als uns allen nichts mehr einfiel, schlug ich ihm eines Tages während einer Sitzung eine körperliche »Vertrauensübung« vor, in die er zu meinem Erstaunen sofort einwilligte: Ich setzte mich hinter ihm auf den Boden und legte meine Hand zwischen seine Schulterblätter. Nun regte ich an, er möge sich ganz langsam nach hinten sinken lassen und mir seinen Schwerpunkt »übergeben«, also sich ganz von mir halten lassen. Er solle das nicht als eine Gymnastik absolvieren, sondern mit seinen Gefühlen ganz mitgehen.

Atemlose Spannung herrschte in der Gruppe, als er sich tatsächlich – immer mehr zitternd und immer schwerer atmend – meinen Händen überließ. Schließlich »bettete« ich ihn auf den Boden. Nun kam es aber (wie oft in der Körpertherapie) zu einer ungeahnten Weiterentwicklung: Plötzlich packte er mich und begann einen Ringkampf. Vor allem die Männer der Gruppe saßen auf dem Sprung, um zu sehen, ob es fair abliefe. Es ging eine Zeit lang hin und her. Mit letzter Kraft rang ich ihn schließlich nieder. Als er – wie es sich beim griechisch-römischen Ringkampf gehört – mit beiden Schultern den Boden berührte, gab er auf. Und nun kam wieder eine Wendung, bei der ich von mir selber überrascht war: Ich begann einfach, dem »Besiegten« langsam über Kopf und Schultern zu streicheln. Das war für ihn eine wirklich unerwartete »Neuerfahrung«. Er war es durchaus gewohnt, niedergedrückt und entwertet zu werden. Aber dass ihn ein »böser Vater« erst besiegte und dann streichelte – das hatte er nicht erwartet. Und so fing er zu weinen an, was mich tief berührte. In einer festen männlichen Umarmung endete diese therapeutische Schwerstarbeit, die von der ganzen Gruppe mit großer Bewegung mitverfolgt und danach ausführlich besprochen wurde.

Es liegt nahe, dass solche Erlebnisse tiefe Eindrücke hinterlassen, bei allen Beteiligten, und dass sie in der Tat neue Weichenstellungen einleiten können. So haben sich durch dieses Erlebnis unsere therapeutische Beziehung und die Stellung des Patienten in der Gruppe grundlegend geändert.

Vertrauen kann durch unerwartete Erlebnisse entstehen und wachsen, wenn etwas Ungeplantes geschieht, das tief auf »organischer« Ebene einen neuen körperlichen »Gedächtnisinhalt« bildet. Gleichwohl – an dieser Stelle möchte ich zunächst noch etwas bei den Herausforderungen am Anfang eines Selbstfindungsprozesses verweilen, die anfangs schwer annehmbar zu sein scheinen.

Das Ziel aus den Augen verlieren

Ich habe schon angedeutet, dass es meist nicht sehr hilfreich ist, ein lästiges Symptom »loswerden« zu wollen. Das ist das Gleiche, wie wenn man das »Glück« oder die Liebe eines anderen erringen möchte – oder sich fest vornimmt, jetzt einzuschlafen: Alles, was mit Gefühlen zu tun hat, ist viel enger mit unserem vegetativen Nerven-, Hormon- und Immunsystem verknüpft als unser Denken und entzieht sich weitgehend unserem Willen. Das hat schon der französische Arzt Coué erkannt, deshalb entwickelte er die Methode der Autosuggestion. Weil die meisten von uns bildliche Darstellungen und Vergleiche besser annehmen können als abstrakte, illustriere ich die Idee, dass es sinnvoll sein kann, sein »Ziel« erst einmal loszulassen, gerne an der Geschichte von den zwei Hennen:

Die schlaue und die dumme Henne

Die Henne Anna sieht durch den Maschendraht das Futter, auf das ich als typisches Beispiel »Glück« geschrieben habe – es könnte auch »Selbstvertrauen« oder »Optimismus« darauf stehen oder ein anderes Ziel, das Sie verfolgen. Anna rennt nun immer gegen den Zaun, sie versucht vergeblich, darüber zu klettern, die Löcher zu vergrößern (dabei blieb sie auch schon manchmal – welche Panik – in den Maschen hängen!), sie gelangt manchmal sogar an die Seitenpfosten und die Anfänge der Seitenwand – aber nie weiter, und zwar weil sie den Napf nicht aus den Augen verlieren möchte. Sie ist fixiert auf ein Ziel, das sich aber leider als unerreichbar darstellt. Denn Hunger, Gier oder Selbstunsicherheit fixieren sie auf diesem erfolglosen Weg zum Ziel und verhindern, dass sie eine andere Lösung findet.

Die Henne Berta hingegen ist ein wenig schlauer als die Henne Anna. Sie ist weniger fixiert auf das Ziel – oder besser gesagt, in ihr wirkt eine gesunde Mischung aus Futtergier, Neugier und Selbstvertrauen: Sie hat (sowohl durch eigene Erfahrung als auch im »Seitenblick« auf Anna) bald die Nutzlosigkeit

Die schlaue und die dumme Henne

von Annas Unterfangen erkannt und beginnt, sich umzudrehen. Das ist eine mutige Aktion, denn dadurch verliert sie das Futter aus den Augen! Natürlich bekommt sie jetzt Angst – vor dem Ungewissen, vor der »Ziellosigkeit«, vorm Verhungern usw. Aber nun bemerkt sie erst, dass der Käfig hinten offen ist und dass sie ihn verlassen kann. Sie begibt sich – wie jeder, der durch Krankheit oder Scheitern zum Umdenken angeregt oder gezwungen wird – auf die Suche. C. G. Jung gebraucht dafür den schönen Ausdruck »Suchwanderung«. Viele Märchen handeln genau von diesem Aufbruch ins Neuland. Es versteht sich von selbst, dass Berta irgendwann im Verlauf ihrer Suche auch zu dem Napf gelangt – aber wir wissen nicht, was sie sonst alles erleben wird und welche Näpfe, Ziele und Herausforderungen, welche anderen Hühner (oder sogar Hähne?) sie vielleicht sonst noch findet.

Angesichts der Hennen lächeln wir und sehen »von oben herab« sofort, was zu tun ist – aber wie steht es mit unseren eigenen Zielen, die wir hartnäckig verfolgen, ohne sie zu erreichen? Mit unseren immer wieder gefassten und verfehlten guten Vorsätzen, bei denen unser »guter Wille« nichts oder kaum etwas ausrichtet, genauso wie beim Einschlafen? Etwas sträubt sich in uns: Wie soll das denn gehen, ein Ziel aufgeben, um es dann doch noch auf Umwegen zu erreichen? Vielleicht verlieren wir es ja endgültig, so wie einen Partner, um den wir vergeblich kämpfen? Für das Abwarten und Innehalten, das Aufgeben eines Ziels, das Loslassen von Vorstellungen, auf die wir fixiert sind (kollektiv z. B. die Illusion vom »Wirtschaftswachstum« als Allheilmittel), für das Ertragen eines Schwebezustandes, einer Krise, bevor man versucht, die Sache »wieder in den Griff zu bekommen« – dafür gibt es bei uns keine Lobby.

Wenn Sie Freude am Fabulieren haben, könnten Sie sich ein Zwiegespräch zwischen Anna und Berta ausdenken, bevor Berta aufbricht (»auf-bricht«!) – oder Sie könnten sich als Henne Carla dazugesellen, die Berta zuschaut und dadurch selbst ins Grübeln kommt usw.

Dieses »Sich-Umdrehen« (das im griechischen Neuen Testament »Umdenken« genannt wird und das Luther mit »Buße« übersetzte), kann man von uns, wenn wir auf ein Ziel fixiert sind, natürlich nicht von Anfang an erwarten. Um das zu können, müssten wir ja genau das schon haben, was wir erst erreichen wollen: eine Art Vorschussvertrauen, irgendwann ans Ziel zu kommen, wenn auch über Umwege! Aber wie soll sich jetzt Münchhausen am eigenen Schopf aus dem Sumpf ziehen? Wie soll ich Vertrauen in den »Erfolg« finden, wenn genau dieses Vertrauen mein Ziel ist – das ich jetzt gerade aus den Augen verlieren soll?

So wie viele Wege nach Rom führen, so hat auch jeder »Sucher« seinen eigenen Weg: Manche rennen so lange gegen den Zaun, bis ihnen der Kopf so wehtut, dass sie es aufgeben. Das nennt man dann »Leidensdruck«. Für viele ist schon der Schritt, sich einen Therapieplatz zu suchen, so ein »Umdrehen« (also das Eingeständnis, Hilfe zu benötigen). Wieder andere sehen einem anderen zu, der sich umdreht, und finden so den Mut, das auch einmal auszuprobieren.

Einmal kam eine Frau mittleren Alters zu mir zum Therapievorgespräch mit dem Wunsch, selbständiger zu werden. Ich wusste lange nicht, was sie wirklich zu mir führte, bis sie berichtete, ihr Mann habe sie nach vielen Jahren Ehe verlassen. Aha, dachte ich, jetzt verstehe ich: Sie möchte den Verlust besser verarbeiten und Vertrauen in ihr »Eigen-Leben« gewinnen. Vielleicht hat sie gemerkt, dass sie sich vorher von diesem Mann zu sehr abhängig gemacht hatte. Doch da erwartete mich eine Enttäuschung: »Ich habe gespürt, dass mein Mann lieber eine selbständigere Frau hätte. Da dachte ich, wenn ich das bei Ihnen schaffe, kommt er zu mir zurück!«

Sie können sich sicher denken, dass das zunächst keine gute Motivation für eine Autonomieentwicklung ist. Gleichwohl geschieht es oft, dass der Einstieg in einen Selbstfindungsprozess gewissermaßen über eine »Fremdmotivation« zustandekommt und man erst allmählich »aufwacht« und die Verantwortung für sich selbst übernimmt. Wenn die Frau tatsächlich bei mir eine Therapie angefangen hätte, dann hätte sie mit der Zeit vielleicht wirklich Geschmack an der Freiheit und am Selbstvertrauen gefunden, so dass es ihr nicht mehr so wichtig geworden wäre, ob der Mann wieder zurückkommt oder nicht – vielleicht hätte sie ihn gar nicht mehr gewollt? Ich höre oft von Patienten gegen Ende der Therapie, dass sich ihre Ziele geändert haben, ja sogar, dass sie mittlerweile ihren Beschwerden von damals dankbar sind, weil die sie »auf den Weg gebracht« haben, nämlich mit einem Wechsel des Blickwinkels sich selber besser kennenzulernen. An einer solchen Stelle kommt es vor, dass jemand in der Gruppentherapie aus der Ecke raunt: »Ja, ja, das Symptom, dein Freund …«

Ob ein solcher Wechsel des Blickwinkels (bei dem es ja – im Sinne C. G. Jungs – um ein Wandlungsgeschehen geht) nun in kleinen Schritten oder in einem großen »Aha-Erlebnis« erfolgt: Fast immer ist dabei etwas Unerklärliches, Unerwartetes im Spiel, etwas, das einen oft anmutet wie ein Geschenk, wie eine Gnade. Gerade Pfarrer oder kirchennahe Menschen erleben oft erst im Lauf der Therapie, was dieser Begriff wirklich bedeutet.

Oder können Sie sich erklären, warum gerade Berta auf die Idee kam, sich umzudrehen, und Anna nicht? Ist Berta besser bebrütet worden? Und vielleicht war ja schon das Umdrehen, der Entschluss, etwas zu wagen, das eigentliche Wandlungsgeschehen? Joachim Ernst Behrendt, der große Jazz-Kenner und spirituelle Lehrer, spitzte es so zu: »Dein Weg wird dich schon finden!« Auf derartige nie ganz kausal erklärbare Veränderungen im Rahmen eines Therapie- oder Selbsterkenntnisprozesses, die manche »Quantensprünge« nennen, werden wir in den Kapiteln über »Komplexität« und »Sinn« nochmals zu sprechen kommen.

Entwicklung auf Kredit

Es ist allerdings leicht einzusehen, dass gerade diejenigen unter uns, die schlechte Erfahrungen im Leben gemacht haben, sei es nun in der Kindheit oder/und später, im Beruf, mit Partnern usw., am wenigsten darauf vertrauen wollen, dass sich solche »Wunder« irgendwann ereignen. Sie wollen wissen, was sie selbst tun können, und warum all das, was sie bisher versucht haben, nichts gefruchtet hat. Sicher erwarten sie von ihren Freunden, von mir oder von anderen Gruppenmitgliedern einen »guten Rat« – leider oft nur, um uns dann zu erklären, dass sie den bereits bekommen hätten – und vor allem, dass er nichts nützt! Die typische »doppelte Botschaft« solcher Menschen an ihre Mitbürger und Angehörigen ist: »Bitte hilf mir – aber du kannst mir ja sicher auch nicht helfen!« (Jedenfalls gebe ich aus solchen Gründen kaum Ratschläge, und in den Gruppen spricht es sich auch immer schnell herum, dass Ratschläge auch Schläge sind.) Wer solche widersprüchlichen Erwartungen an sein Gegenüber hat, ist meist schmerzhaft eingeklemmt zwischen Resignation und Erlösungssehnsucht. Aber ein bewusstes Vertrauen, dass es einmal eine Wandlung wie eine »Gnade« für ihn geben könne – das kann man von ihm wahrlich nicht verlangen!

Aber irgendein Fünkchen Hoffnung muss ihn doch wohl tragen. Bringt dieser Mensch mir oder der Therapiegruppe einen irrationalen Vertrauensvorschuss entgegen – oder erwartet er ihn von anderen? Ein Vertrauens-Vorschuss? Kann es so etwas geben? An dieser Stelle möchte ich doch einmal den waghalsigen Versuch einer Analogie zur Wirtschaft wagen, wobei ich aber sehr darum bitte, diesen Vergleich nicht überzustrapazieren:

Wenn ich für einen Hausbau zu wenig Geld habe, kann ich bei einer Bank, die mir vertraut (weil ich ein sicheres Einkommen habe oder jemand für mich bürgt), dafür ein Darlehen bekommen. So weit, so gut. Was ist aber, wenn ich zum Erreichen eines persönlichen Zieles, z. B. »angstfrei Reisen machen können«, »Mut, mir einen Partner zu suchen« usw., nicht genug psychische Energie, nicht genug sicheren inneren Boden habe? In Therapiestunden passiert es mir immer wieder einmal, dass ich »mich etwas sagen höre«. So ähnlich ging es mir mit der Geschichte von der »seelischen Entwicklung auf Kredit«. Ich sagte zu dem Patienten sinngemäß:

Wenn Sie jetzt noch nicht die Kraft oder den Mut haben, diese gewünschte neue Verhaltensweise zu erreichen, dann gebe ich Ihnen hiermit einen Kredit. Im Moment bitte ich Sie nur, so zu tun, als wären Sie schon so weit, damit Sie einfach einmal erleben, wie sich das anfühlt. Natürlich wissen wir beide, dass das noch nichts bedeutet und dass es ein ungedeckter Scheck ist. Sie sollen sich auch noch keine falschen Hoffnungen machen. Aber Sie könnten diese Haltung einstweilen einfach spielerisch wie ein »Als-ob« erproben. Immerhin sind mit ungedeckten Schecks schon Firmen gegründet worden. Vielleicht gibt es unter Ihren Freunden ja auch welche, die »an Sie glauben« – das ist auch so etwas wie Vorschussvertrauen. Mit diesem Kredit kann man dann erst einmal Erfahrung sammeln und vielleicht sogar etwas »Kapital« gewinnen. Später, wenn die Seele nachgekommen ist, fällt es Ihnen sicher leicht, den Kredit zurückzuzahlen.

Ich muss an dieser Stelle darauf hinweisen, dass es mir bei solchen Aktionen weniger um das konkrete Verhalten des Patienten geht. Mir ist es nicht so wichtig, ob er es »endlich schafft, die

›Vorladung‹ seiner Mutter zu einen Besuch einmal abzulehnen und sich eine erneute Enttäuschung zu ersparen«, oder was sich die Patienten auch immer von sich selber wünschen. Sondern mir geht es darum, dass der Patient neue Erfahrungen sammelt und überhaupt einmal einen Vergleich zwischen unterschiedlichen Erlebnissen hat. Es ist nicht meine Aufgabe, Klienten zu sagen, was ich für richtig oder falsch halte. Sie sollen sich ja selber auf die Schliche kommen.

Somit wären wir beim großen Thema der »Scheinalternativen« angelangt.

Echte und scheinbare Gegensätze

» *»Soll ich am Wochenende zum Geburtstag meiner Mutter gehen, obwohl ich jetzt schon weiß, dass es ein Desaster wird wie immer?«*

» *»Soll ich mich scheiden lassen oder bei meinem Mann bleiben?«*

» *»Soll ich diese Umschulung jetzt in Angriff nehmen oder nicht?«*

Ich muss gestehen, dass ich auch nach Jahrzehnten in diesem Beruf immer wieder solchen »Entweder-Oder-Fragen« auf den Leim gehe. Ich will damit nicht einmal sagen, dass ich selber eine der Alternativen für besser halten würde als die andere, geschweige denn einen Rat geben würde. Aber dass ich mich überhaupt auf solche Fragen einlasse, ärgert mich im Nachhinein oft. Warum?

Weil solche Fragen das (dem Fragenden nicht bewusste) Ziel haben, ihn von den eigentlichen Problemen abzulenken!

Meinen Sie, diese Deutung sei zu hart? Warten Sie ab!

Bleiben wir einmal bei dem lebensnahen Beispiel mit dem Geburtstag der Mutter, das ich schon mit vielen Patienten zusammen »durchlitten« habe. Ich versuche an solchen Stellen im Therapieprozess seit längerer Zeit, die Patienten mit einem Bild vertraut zu machen, das man auf sehr viele derartige Probleme anwenden kann und das auch mir selbst immer wieder geholfen hat. Ich nenne es das »Fadenkreuz«.

Es handelt sich ja bei solchen Alternativfragen typischerweise um eine »Polarisierung« (so wie zwischen dem schon erwähnten Gegensatzpaar »Vertrauen« und »Misstrauen«). Manchmal sind ja Kompromisse und Mittelwege möglich, aber bleiben wir einmal bei den Fällen, wo es auf der Handlungsebene nur ein »Entweder/Oder« gibt, in diesem Fall: »Hingehen« oder »Nicht hingehen«.

Das Fadenkreuz besteht aus vier Quadranten: links oben, rechts oben, links unten und rechts unten. Ich male meinem Gesprächspartner dann üblicherweise zunächst seine beiden Alternativen A und B links und rechts auf, also in unserem Beispiel:

nicht hingehen | hingehen

Damit ist das Blatt in zwei Hälften geteilt. Nun könnte man auf jeder Seite Argumente »für« bzw. »wider« auflisten. Aber an dieser Stelle geht es mir um etwas anderes: Ich zeichne jetzt in der Mitte des Blattes einen waagrechten Strich, so dass eben ein »Fadenkreuz« entsteht und jede der Alternativen A und B in ein »Oben« und »Unten« zerteilt wird. Ich nenne den oberen Bereich beider Alternativen die »Tagseite« und den unteren die Nachtseite.

	nicht hingehen	hingehen
T	1. Positive Erfahrung	3. Positive Erfahrung
N	2. Negative Erfahrung	4. Negative Erfahrung

Jetzt wird es spannend, denn jetzt kann man sich einer »tieferen Wahrheit« nähern. Das heißt – wieder in unserem konkreten Fall – jede Alternative hat einen positiven und einen negativen »Pol«.

1. Links oben:

Man kann z. B. beim Nicht-Hingehen im positiven Sinne stolz auf sich sein, dass man sich endlich einmal »abgegrenzt« hat, dass man endlich mal ein freies Wochenende hat, dass man endlich mal den Verwandten, die immer bei der Mutter aufkreuzen und sich einschmeicheln, ein Zeichen gesetzt hat, dass man endlich »Farbe bekannt« hat usw. So weit die Tagseite.

2. Links unten:

Bei der gleichen Verhaltensweise kann ich aber auch zu Hause sitzen und mich von Schuldgefühlen zerfressen lassen. »Was werden die Geschwister sagen, wenn ich nicht da bin? Werde ich es mir mit denen jetzt für immer verdorben haben? Wie enttäuscht wird die Mutter sein? Und wenn sie übers Jahr stirbt, werde ich mir lebenslang Vorwürfe machen, dass ich an ihrem letzten Geburtstag nicht bei ihr war?« usw. Sie können sich selbst ausmalen, wie man sich auf diese Weise ein solches »befreites« Wochenende gründlich verderben kann. Nun zur Alternative auf der rechten Seite:

3. Rechts oben:

Ich kann beim Geburtstag der Mutter dabei sein, ich kann die alten Sprüche der Verwandten zum hundertsten Mal anhören, ich kann wie immer versuchen, der Mutter etwas von mir zu erzählen, ohne dass sie wirklich zuhört, mich dabei aber gut fühlen, weil ich das ja schon kenne und keine anderen Erwartungen habe. Ich kann mir denken: Immerhin kann mir jetzt keiner einen Vorwurf machen, denn ich bin ja anwesend. Vielleicht treffe ich sogar einen Angehörigen, mit dem ich in ein interessantes Gespräch komme – das wäre nicht möglich gewesen, wenn ich zu Hause geblieben wäre. Und so weiter. Und auf der Nachtseite?

4. Rechts unten:

Man braucht nicht viel Phantasie, um sich auszumalen, wie man zum hundertsten Mal enttäuscht wird, wie alles so zäh verläuft, wie man sich ärgert, dass man wieder schwach war, wieder zu viele Erwartungen hatte, wieder den großen Frust erlebt. Im Schaubild sieht das dann so aus:

	nicht hingehen	hingehen
T	Das Wochenende allein genießen	Das Wochenende bei Mutter genießen
N	Schuldgefühle	Frust mit Mutter u. Verwandten

Fazit:

Es kommt offenbar wirklich nicht darauf an, ob ich hingehe oder nicht. Ich kann in beiden Fällen eine positive oder eine negative Erfahrung machen. Das Problem, vor dem der Patient ausgewichen ist und von dem er sich und mich durch seine Scheinalternative abgelenkt hat, heißt eigentlich: Wie komme ich von der Nachtseite zur Tagseite, von »unten« nach »oben«? Wenn ich mit dem Patienten an diesem Punkt angelangt bin, akzeptiert er im Allgemeinen, dass ich ihm nicht sagen werde, was angeblich »besser« ist – dann habe ich ihn aus der »Scheinalternative« herausgelockt. Dann kann er anfangen zu überlegen, wie er sich selbst das Wochenende gut oder schlecht gestaltet, mit oder ohne Geburtstagsfeier.

Man kann das eben durchexerzierte Beispiel auf sehr viele Alltagsentscheidungen anwenden, von Fragen wie »Arbeitsstelle wechseln oder nicht?« über »In eine andere Stadt ziehen oder hier bleiben?«. In den meisten Fällen wird man für jede der Alternativen eine »Tagseite« und eine »Nachtseite« finden – wobei die natürlich nicht immer streng getrennt sind. Sie könnten also an dieser Stelle zwei Experimente machen:

1. *Versuchen Sie, die Idee des Fadenkreuzes auf die Polarität »Misstrauen vs. Vertrauen« anzuwenden.*
2. *Versuchen Sie, Entscheidungsprobleme aus Ihrem Alltag in ein solches Koordinatensystem einzutragen.*

Polarisierungen und Polaritäten

Leider sind wir bei den Scheinalternativen noch auf der Ebene der Polarisierungen, das heißt: noch nicht an dem Punkt, wo die »Kontrahenten« miteinander kommunizieren können. Sie sind noch in dem Stadium, wo sie sich gegenseitig misstrauen und einander entwerten – und dadurch in einer »Patt-Situation«

gefangen sind, die enorme Kräfte bindet und keine konstruktiven Entscheidungen ermöglicht: ein seelischer Zustand, den man lähmend nennen kann. Auf der politischen und internationalen Ebene kennen wir solche Sackgassen wahrlich zuhauf. Polarisierung meint den Prozess des Auseinanderdriftens. Eine Polarität bezeichnet hingegen das Verhältnis zweier in Wechselwirkung stehender Pole.

Um aus einer Polarisierung eine Polarität werden zu lassen, müsste ein Reflexionsprozess in Gang kommen, etwa in der Art, wie ich ihn bei meinem »Fadenkreuz« beschrieben habe. Auch hier geht es um ein Umdenken, ähnlich wie bei der Henne Berta. Die musste sich um einhundertachtzig Grad drehen, hier dreht man sich um neunzig Grad: Aus der Frage »links oder rechts?« wird die Frage »Tagseite oder Nachtseite?«, so dass man hinter der oberflächlichen Polarität die »wahre« erkennt. Bei vielen Dauerkonflikten (wie zwischen Israelis und Palästinensern) sehe ich die problematische Polarisierung zwischen den Tauben und Falken auf *beiden* Seiten.

Auch auf der individuellen Ebene wird ein solcher Konflikt, der auf einer destruktiven Polarisierung beruht, gewöhnlich »mit verteilten Rollen« gespielt: Bei den Grünen gab es in den ersten Jahren immer Auseinandersetzungen zwischen den so genannten »Realos«, die kleine Schritte und praktikable Lösungen der Umweltpolitik anstrebten, und den »Fundis«, die glaubten, dass dadurch die wirklichen Ideale der Grünen verraten würden. Dabei hat doch jeder von uns einen Realo und einen Fundi in sich – z. B. schon bei seiner Berufswahl: Strebe ich einen Beruf an, damit ich damit genug Geld verdiene – oder soll mein Beruf vor allem meine Zufriedenheit und kreative Selbstverwirklichung realisieren?

Die »Wahrheit« liegt sicher nicht in einem der beiden Extreme, sondern in einer Art von Kompromiss. Genauso geht es uns mit vielen anderen Polaritäten, besonders der beliebten Spannung zwischen »Kopf« und »Bauch«, die viele Partnerschaften überschattet. Wenn man aber (am besten mehrmals) einen Umdenkprozess, wie ich ihn beschrieben habe, mit wachsendem Bewusstsein durchlaufen hat, macht man eine interessante Entdeckung: In den meisten Fällen ist die gesunde Polarität auf der »Tagseite« möglich, während die destruktive Polarisierung auf der »Nachtseite« zu finden ist.

Das heißt, sobald ich meine »Neunzig-Grad-Drehung« geschafft habe, sehe ich eine neue Polarität, nämlich die zwischen »konstruktiv« und »destruktiv«, so dass die frühere jetzt relativiert wird. Ich merke auch, dass die jetzige eher eine Frage des Erlebens und subjektiven Bewertens ist, weniger eine Frage des konkreten Entscheidens zwischen zwei Handlungsalternativen. So lerne ich mit der Zeit, die *Handlungs*ebene von der *Gefühls*ebene zu unterscheiden. Das ist eine der wichtigsten »vertrauensbildenden Maßnahmen«. Denn die Domäne des Vertrauens ist der Gefühlsbereich, das heißt, das »Drama« findet im Kern nie auf der Handlungsebene statt. Vertrauen wird vielleicht durch Handlungen beeinflusst, modifiziert, aber es wird nie durch »Agieren« – weder durchs eigene noch durch das der anderen – wirklich erworben oder verloren. Und auch im Gefühlsbereich sind Polaritäten gesünder als Polarisierungen.

Alle unsere Gefühle sind polar organisiert. »Gesunde« bzw. »natürliche« Gefühle stehen in einem gegenseitigen Spannungsverhältnis, das heißt, sie ergänzen sich, ja sie brauchen und erschaffen einander – so wie Proton und Elektron und viele andere Naturkräfte. So ist es mit Vertrauen und Misstrauen, Freude und Trauer, Angst und Zuversicht, Aggression und Empathie etc. Was »negativ« ist, ist nie ein Gefühl als solches, auch nicht Wut, Minderwertigkeitsgefühl oder Misstrauen. Negativ wird es, wenn die Beziehungen zwischen diesen Gefühlen gestört sind – wie zwischen den Menschen. Das klingt jetzt eher theoretisch. Aber ich kann auch konkreter werden. Denken Sie an die Erfahrung, dass man etwas nicht gleichzeitig bekämpfen und verstehen kann! Hier können wir diese Erkenntnis anwenden – wieder an einem Beispiel aus unserem Themenbereich »Misstrauen vs. Blauäugigkeit«:

Viele von uns haben in sich eine pessimistische Seite, das »gebratene Huhn, das die Pfanne scheut«. Andererseits haben wir eine tiefe (und alte!) Sehnsucht, Verantwortung abzugeben, uns einfach fallen zu lassen, endlich jemand zu finden, der uns sagt, was wir zu tun haben. Natürlich ist der skeptische Anteil eher im Bereich der »erwachsenen Vernunft« zu finden, wo die »Lehren« aus den schlimmen Erfahrungen gezogen und gespeichert wurden, während der andere Teil eher in dem »Kind in uns« verborgen ist, das sich unbeirrbar nach guten Eltern sehnt. Stellen Sie sich vor, eine Frau ist schon zweimal von einem Partner ohne Vorwarnung verlassen worden. Jetzt lernt sie wieder einen sympathischen Mann kennen. Was geht in ihr vor? Sie kann zwischen dem Misstrauen des »gebratenen Huhns« und einer neuen Schwärmerei hin und her gerissen sein. Es gibt meistens drei verschiedene Möglichkeiten:

1. Man kann jeweils einen Teil ganz in den Vordergrund stellen und den anderen völlig unterdrücken (ins Unbewusste bzw. in den »Schattenbereich« schieben): also entweder sich dem »neuen Mann« voll an den Hals werfen und alle

Bedenken beiseite schieben oder ihn gleich vergraulen. Es hat sich allerdings gezeigt, dass sich die in solchen Einseitigkeiten jeweils unterdrückten Tendenzen im Lauf der Zeit in irgendeiner Form bemerkbar machen. Wenn wir z. B. unsere eigene Aggressivität leugnen, können wir Alpträume bekommen von Gewalttaten (in denen wir Opfer oder Täter sind), wir können körperliche Symptome entwickeln (Verspannungen, Migräne, Herzrasen, Magenentzündungen u. v. m.) oder wir »projizieren« die verleugnete Tendenz auf andere – typischerweise auf Partner. Die Frau könnte z. B. sagen: »Ich will ja an eine neue gute Partnerschaft glauben, aber er ist so skeptisch!«

2. Oder man schwankt zwischen beiden Polen immer hin und her, misstraut heute jedem und versucht alles zu kontrollieren (Handynummern durchsuchen usw.) oder blockt gar alle Annäherungsversuche ab, um am nächsten Tag doch wieder auf einen Scharlatan hereinzufallen (um nach diesem Fiasko in seinem Misstrauen wieder bestätigt zu werden).

3. Schließlich könnte diese Frau beide Pole dauernd in sich spüren und sich zwischen ihnen ausgespannt, gelähmt und gleichsam »zerrissen« fühlen (»Ich weiß ja, dass ich ihm trauen sollte, aber ich kann einfach nicht …«).

In allen drei Fällen haben wir im Grunde wieder einen »Kampf«, entweder in Form einer Diktatur, die die Opposition unterdrückt, oder als »Kalten Krieg«, in dem sich die Kontrahenten dauernd belauern, oder als offenen Widerstreit.

Sie könnten wieder einmal selbst ausprobieren, welche »Argumente« im Fall eines solchen Streites die Gegner austauschen könnten, konstruktiv oder destruktiv, rational oder emotional, oder alles zusammen. In unserem Beispiel könnte der Misstrauens-Vertreter zum sehnsüchtigen Kind sagen: »*Du bist doch naiv! Wie oft willst du noch enttäuscht werden? Hast du dir deine Illusionen denn immer noch nicht abgeschminkt?*« *Und was könnte das angesprochene* »*Kind*« *entgegnen? Oder taucht da sogar eine optimistische Mutterfigur auf? Vielleicht fallen Ihnen aus Ihrem Alltag sogar konkrete Beispiele ein. Schreiben Sie einmal einen solchen Dialog auf! Sie werden staunen, wie kreativ man wird, wenn man die Position wechselt.*

Was heißt das nun für unser Thema »Vertrauen«?

Wir sind zu einem Kernpunkt des so genannten Selbst-Vertrauens gekommen: Es heißt im Wesentlichen, dass *ein Seelen-Anteil dem anderen vertraut* **– genauer: dass alle Persönlichkeitsbereiche** *einander* **vertrauen, statt sich gegenseitig misstrauisch zu beäugen, zu entwerten und zu bekämpfen!**

Wenn man diese Persönlichkeitsbereiche, die in mir gleichsam »unter einem Dach« leben müssen, im Sinne einer »inneren

Familienzusammenführung« zusammenbringt, besteht Grund zur Hoffnung, dass es mit der Zeit zu einer Annäherung auch verfeindeter Teilnehmer kommen kann – wie bei der Idee des »Runden Tisches«. In diesem Rahmen kann ein »verlorener Sohn« wieder angenommen werden, dessen Zugehörigkeit zur Seelenfamilie lange nicht anerkannt war. Konkret: Ein Sportler hat z. B. seine ängstliche oder verletzliche Seite in jungen Jahren nicht wahrhaben wollen oder ein Pfarrer seine aggressive. Hier handelt es sich um das, was C. G. Jung die »Integration des Schattens« nennt.

Am schwersten ist es aber in der Tat, das »innere Kind« wirklich als ein vollwertiges »Familienmitglied« aufzunehmen – vor allem deshalb, weil dieses innere Kind, das ja von dem damaligen realen Kind abstammt, schon damals das Sprechen verlernt oder erst gar nicht gelernt hat. Vielleicht ist es schon sehr früh in den »Untergrund« gegangen. Vielleicht hat es instinktiv gespürt, dass es in dieser Familie nur überleben konnte, wenn es die eigenen Bedürfnisse unterdrückte und alles für das Wohlergehen der anderen tat, vor allem das seiner Mutter, die es ja zum Überleben brauchte. Wenn die Mutter überfordert oder/und depressiv ist, kann man sie ja nicht auch noch mit eigenen Wünschen oder Problemen behelligen! Also schweigt das Kind – bis heute. Aber irgendwann beschert es »denen da oben« wortlose, aber sehr wirksame und oft auch schmerzhafte Symptome.

An dieser Stelle werfe ich wieder einmal einen Blick auf die gesellschaftliche Ebene: Genau das Gleiche, was ich hier für die »innerseelische Bühne« beschrieben habe, geschieht tagtäglich in der Politik, zwischen Staaten, Parteien, Tarifpartnern usw., wo Konflikte gleichsam »mit verteilten Rollen« durchgespielt werden: Jede Seite misstraut der anderen und bekämpft sie. Es gibt nur die Möglichkeit, entweder Recht zu behalten oder sich zu unterwerfen (das »Gesicht verlieren«). Es gibt auch Einzelkämpfer, die so lange Recht behalten, bis alle gegen sie sind! Wir alle kennen die fatalen Folgen:

» *Durch »Polarisierung« rücken die Gegensätze immer weiter auseinander.*

» *Viele Energien auf beiden Seiten sind gebunden und können nicht für konstruktive Gestaltungen genutzt werden.*

» *Gemeinsame Ziele rücken in weite Ferne.*

» *Menschliche und finanzielle Schäden werden angerichtet.*

» *Es kann zu Eskalationen kommen, bis hin zum Krieg. (Jedem Leser werden dazu genügend Beispiele einfallen!)*

Damit aber aus einer Polarisierung eine sinnvolle Polarität werden kann, damit man dem Gegenüber etwas Vertrauensvorschuss gibt, müsste jeder der Partner das im Außen bekämpfte »Gegenteil« auch als theoretische Möglichkeit in sich selbst erahnen und akzeptieren. Wenn ich mich z. B. über die Reichen ärgere, könnte ich mich fragen, ob ich nicht bei mir auch Gier kenne (und z. B. auch ganz gern Geld verdienen würde, ohne zu arbeiten, z. B. durch Aktien).

Damit die »Pole« sich näher kommen können, bräuchten sie am besten einen neutralen Beobachter und Moderator, der wie ein Katalysator die festgefrorenen Energien zwischen den verhärteten Extremen wieder ins Fließen bringt.

Einen schweren, aber gangbaren Weg aus solchen Patt-Situationen beschreibt der international anerkannte Psychologe und Friedensaktivist Marshall B. Rosenberg (2004): Es sind

Möglichkeiten, wie beide Seiten in der »Gewaltfreien Kommunikation« lernen können, einander ein bisschen zu vertrauen und sich gegenseitig v.a. in ihren *Bedürfnissen* anzuerkennen. Oft sind diese Bedürfnisse gar nicht so abwegig: Es geht fast immer zunächst um Anerkennung! Ich muss ja nicht der gleichen Meinung sein wie mein Gegenüber, um dennoch sagen zu können: Du hast auch ein Existenzrecht!

Die innerseelische Demokratie

Wir können den »Umgang mit uns selbst« jetzt genauer bezeichnen, nämlich als »Umgang meiner inneren Anteile miteinander«. Ich nenne das gern »innerseelische Familie« oder »innerseelische Demokratie«.

Lassen Sie mich das am Beispiel der »Depression« erläutern: Nahezu alle Menschen, die manifeste Depressionen haben oder zu Depressivität neigen, tragen ein überdurchschnittliches Pflichtbewusstsein, bis hin zum Perfektionismus, in sich (freudianisch gesagt: Ihr Über-Ich ist zu dominant). Darüber herrscht unter Psychiatern und Psychotherapeuten, gleich welcher Fachrichtung, fast vollständiger Konsens. Alle Gefühle und alle innerseelischen »Instanzen« haben eine helle, gesunde und konstruktive Seite und eine dunkle, pathologische und manchmal sogar destruktive. Beispiele sind etwa:

» *Sinnvolle Abgrenzung vs. zerstörerische Wut*
» *Gesunde Vorsicht vs. krankhaftes Misstrauen*
» *Bescheidenheit vs. lähmende Minderwertigkeitsgefühle*
» *Gelassenes Abwarten vs. Faulheit*

Oft besteht der krankhafte Aspekt in seinem Kern in einer *Übertreibung* des guten Anteils. Wir kennen das im weltanschaulichen Bereich u. a. beim Fundamentalismus, der eine an sich sinnstiftende »Wahrheit«, ein Ideal, so verabsolutiert, dass es zu einer einseitigen, destruktiven »Flucht in die Gewissheit« (Huth 1995) kommt. Die destruktive Komponente kann auch bei längerer Unterdrückung und Verleugnung hochsteigen. Freud nennt es die Wiederkehr des Verdrängten, Jung spricht, wie erwähnt, vom »Schatten«, der uns einholt. Oft meldet sich das, was nicht oder zu wenig am Leben teilhaben durfte, in Träumen oder Körperbeschwerden.

Schon bei einer Depressionsneigung besteht eine ungesunde, krankmachende Spannung zwischen zwei gegensätzlichen Kräften:

1. dem geschilderten »Über-Ich«-Anteil: der Perfektionismus, das »kritische Eltern-Ich«, der »Antreiber«. Wir alle kennen ihn, in allen Varianten!
2. Und die meisten von uns kennen auch die schwache, hilflose Seite, die meist aus der Kindheit stammt, als (bewusste oder unbewusste) Versagensangst, als Minderwertigkeitsgefühl. Und die Tendenz in uns, es allen recht zu machen, entstammt der Angst, abgelehnt zu werden.

Dies alles ist nun nicht gerade neu, und ich werde auch im Kapitel »Partnerschaft« noch einmal darauf zu sprechen kommen. Dass ich es an dieser Stelle noch einmal kurz dargestellt habe, hat folgenden Grund:

Stellen wir uns vor: Ein Mensch hat in einer Krise, z. B. während einer Psychotherapie (wo »Krisen«, die wir später

»Phasen-Übergänge« nennen werden, ja erwünscht sind) seinen inneren Antreiber erkannt. Er wird sich dann wohl bemühen (was ihm wahrscheinlich auch schon geraten wurde), diesen zurückzudrängen – er möchte ihn loswerden oder wenigstens deutlich abschwächen. Vielleicht hat er das sogar schon seit einiger Zeit vergeblich versucht. Der Antreiber, der strenge Richter, die Gouvernante (oder welche sonstigen Namen für diese Instanz schon gefunden wurden), wird zum Feind, zum »Schuldigen«. Gelingt das, spricht man in der Politik im milden Fall von Regierungswechsel, im Extremfall von Putsch oder Revolution: Die, welche vorher unterdrückt waren, haben jetzt die Macht und unterdrücken nun die Herrscher von vorher. Was daraus wird, lehrt uns die Geschichte hundertfach. Wir wissen alle, dass das Gegenteil von Diktatur nicht Anarchie ist, sondern Demokratie. Und in der Demokratie gibt es mehrere Parteien. In der innerseelischen auch.

So kann ich auf das zurückkommen, was ich über das »Verstehen oder Bekämpfen« gesagt habe: Wenn ich meinen »inneren Schweinehund«, das einsame, minderwertige Kind, endlich aus seinem Ghetto befreit habe und nun stattdessen das Über-Ich auf die Anklagebank setze, habe ich »dasselbe in Grün«:

Ich bekämpfe etwas, anstatt es zu verstehen.

Hier bewahrheitet sich eine Kernaussage der gesamten Tiefenpsychologie, die ich als Student bei Alexander Mitscherlich (1966) las und die mir wie eine Offenbarung erschien. An diese Erkenntnis muss ich mich auch heute noch immer wieder erinnern, gerade wenn Patienten unter einem bestimmten inneren oder äußeren negativen Einfluss leiden:

> Man leidet und erkrankt viel seltener, als man meint, an einem bestimmten äußeren oder inneren Einzelfaktor (sei es ein Mangelzustand, eine Kränkung oder was auch immer), sondern an einem *Konflikt*. Manchmal passt besser der Begriff »Ungleichgewicht« oder »Schieflage«.

Auch bei körperlichen Erkrankungen ist diese Deutung oft sinnvoll: Nicht nur die Bakterien oder Viren machen uns krank (die sind für alle da), sondern ebenso unser geschwächtes Immunsystem. Nicht unsere Minderwertigkeit macht uns krank, auch nicht unser Pflichtgefühl – sondern das Missverhältnis zwischen beiden! Wir erkranken daran, dass gegensätzliche Kräfte, Tendenzen, in unserem Innern miteinander im Clinch liegen, anstatt sich zu ergänzen. Destruktiv ist *die Störung der Beziehung zwischen Gefühlen* – gemäß der Weisheit der Ärzte des Altertums: Krankheit entsteht durch ein falsches Mischungsverhältnis der »Körpersäfte«! Haben wir ein solches Missverhältnis bei uns erkannt, sind wir ein großes Stück weiter.

All diese Gegensätze der inneren Demokratie (die oft aus mehr als zwei »Parteien« bestehen) wollen und sollen mit der Zeit mehr ins Blickfeld geraten. Dazu ein Beispiel aus meiner Dienstags-Gruppe:

Beatrix litt seit vielen Jahren unter Depressionen, sie hatte außerdem schwere Konflikte in der Ehe, denn ihr Mann brachte für ihre Gefühle kein Verständnis auf, sondern er drückte sie immer noch weiter in ihre Verzweiflung, was schließlich zur Trennung geführt hatte. Sie musste sich dann alleine um die zwei Kinder kümmern, fand keine Arbeit – kein Wunder bei ihrem Zustand. Im zweiten Jahr der Gruppentherapie begann sie langsam, seelisch Fuß zu fassen. So gestärkt konnte sie sich eigenen schädlichen inneren Kräften zuwenden und merken, wie sie sich ihr Leben lang selbst unterdrückt hatte. Das machte sie anfangs noch verzweifelter, denn jetzt waren ihr ja die »Schuldigen da draußen« abhanden gekommen.

In dieser Krise schlug ich ihr in einer Gruppensitzung vor, einmal das kleine, verschreckte und einsame Kind, das in ihr steckte, vor sich hinzusetzen. Sie hatte einen kleinen Rucksack dabei, den nannte sie »die Kleine«. Ihre strenge, »vernünftige« Seite nannte sie »die Gouvernante«. Aber plötzlich meldete sich eine dritte Stimme in ihr, die alsbald als Kissen in eine Ecke gesetzt werden musste: Das war die kleine Prinzessin! In dieser Sitzung erlebte die ganze Gruppe die Geburt einer neuen »innerseelischen Familie«, deren Mitglieder zunächst kräftig stritten, aber immerhin kam jedes »Familienmitglied« zu Wort! Später begann Beatrix, in einem Tagebuch Gespräche zwischen diesen Kontrahenten aufzuschreiben, sie verwendete dazu verschiedenfarbige Filzstifte. Und dabei kam noch ein viertes Mitglied dazu: ein kleiner Kobold, ein verspieltes Kind, das immer wieder stänkerte, aber auch gute Ideen hatte.

Diese Sitzung und das, was uns die Patientin später aus diesem Buch vorlas, bewegte die Gruppe noch lange Zeit – auch noch, als Beatrix längst in stabilem Zustand mit neuer Arbeit und neuem Partner die Therapie beendet hatte. Die Namen ihrer Anteile wurden noch lange von Mitpatienten zitiert.

Mein strenger Richter schreibt an das kleine, sich minderwertig fühlende Kind, mein innerer Antreiber schreibt an den Saboteur, der ihm immer alle Erfolge zunichte macht, usw.

Einander Briefe schreiben: Das wurde nun zu einem festen Bestandteil der Gruppen-Tradition. Manche fingen auch damit an, einem Elternteil endlich mal brieflich die Meinung zu sagen. Aber als oberste Regel bei diesen Briefen gilt, sie nie abzuschicken. Es geht ja immer – wie schon mehrfach betont – um den *inneren* Konflikt.

Dazu muss man immer damit anfangen, erst einmal die inneren »Konfliktparteien« kennenzulernen. Ich empfehle dazu so genannte »Einzelinterviews« mit diesen seelischen Anteilen. Natürlich braucht man dazu einen »Reporter«, also eine Art innerer Instanz, die sich um Neutralität bemüht, also in keine der Teilpersönlichkeiten verwickelt ist. Die Konfliktparteien selbst werden sich sicher noch nicht so bald vertragen, aber wir wissen ja, dass man bei schwierigen Friedensverhandlungen gern sagt: »Wenigstens reden sie jetzt miteinander, statt aufeinander zu schießen!« (Und aus dem Reporter kann später mal ein erwachsenes »Ich« werden.)

Wenn sich die »Teilpersönlichkeiten« erst einmal (näher) kennengelernt haben, gelingt es häufig, sie an einen »runden Tisch« zu setzen, wo sie sich – vor allen Bedenkenträgern und Störenfrieden aus der Außenrealität geschützt – erst einmal in Ruhe austauschen und ein gegenseitiges Vertrauensverhältnis aufbauen können. Jeder Anteil darf sich (in »gewaltfreier Kommunikation«) zu Wort melden. Auch der kleine innere Schweinehund, auch die hochnäsige Prinzessin oder die miesepetrige Gouvernante, auch das vernachlässigte Kind oder der Revoluzzer, ja sogar irgendwann einmal der Saboteur, der Judas, der immer wieder (oft kurz vor dem Erfolg) ein Scheitern bewirkt und damit sogar – wie bei Jesus damals – etwas ins Rollen bringen kann.

Ich habe im Lauf der Jahre mit vielen meiner Patienten solche »Runden Tische« eingerichtet, und fast alle waren überrascht von dem seelischen Reichtum, der sich da auftat. Und sie haben gelernt, dass in einer Demokratie jede Partei zu Wort kommen darf, dass Minderheiten gehört werden, sonst gehen sie als »APO« (Außerparlamentarische Opposition) in den Untergrund. Was aus der Gemeinschaft ausgeschlossen wird, wird häufig destruktiv – so wie die dreizehnte Fee bei Dornröschen: Hexen, Minderheiten, Andersgläubige. So kann es auch »unerlaubten« Gefühlen in uns gehen!

Trotzdem gilt natürlich die Regel, dass Mehrheitsbeschlüsse beachtet werden. Und das gelingt auch, wenn alle »Parteien« das Gefühl haben, in ihrem Anliegen zumindest ernst genommen zu werden. Dann können sie meist auch anerkennen, dass sie sich diesmal gegen die Mehrheit nicht durchsetzen konnten. Vielleicht ein andermal … Aber das Wichtigste ist, dass nach einer Entscheidung (z. B. für Kinder und gegen die Karriere oder umgekehrt) *die* Möglichkeit in der Seele mit ihren Gefühlen weiter beachtet wird, die sich *nicht* durchsetzen konnte. Bloß nicht sagen: »Schluss der Debatte, jetzt haben wir uns doch entschieden!« – Im Gegenteil! Das, was nicht (mehr) am Leben teilhaben darf, muss auch ausreichend betrauert und als Sehnsucht ertragen werden. Das nenne ich »Minderheitenpflege«. Die kann z. B. darin bestehen, dass ich mich am Wochenende einmal nicht, »um zu vergessen«, in Aktivitäten stürze, sondern mich »hängen lasse« – oder darin, dass ich einer Vertrauensperson von meiner Entscheidung und dem traurigen Verzicht erzähle.

Leider haben viele von uns einen solchen respektvollen Umgang mit inneren Konfliktparteien schon in der Kindheit nicht lernen können. Bei unerfüllbaren Wünschen musste mit der Realisierung auch der Wunsch selbst für »kindisch« oder gar »verrückt« erklärt und begraben werden. Erst in der Therapie lernen viele, zwischen Wunsch (Sehnsucht) und überzogener Erwartung zu unterscheiden. Oft drücke ich es sehr überspitzt aus: »Sie dürfen sich alles wünschen, aber Sie sollten nichts erwarten!«

Ein wichtiger Effekt der »Runden Tische« ist die Entfaltung und Kultivierung eines *seelischen* »*Innenraums*«. Er kann durch Therapie, aber auch durch andere Formen der Selbsterfahrung und bewussten Reflexion ausgebildet werden und befindet sich – bildlich gesprochen – »zwischen« der konkreten Denk- und Handlungsebene und dem Bereich der völlig unbewussten Gefühle und Kräfte.

Bei der gesunden Entwicklung des Kindes entwickelt dieser Seelenbereich sich im so genannten »Übergangsraum« (Winnicott 2002), also einem Gebiet, in dem das Kind nicht mehr ganz im Bannkreis und »Versorgungskontakt« mit der Mutter ist, aber auch nicht ganz allein. Es spielt z. B. im Wohnzimmer, während die Mutter in der Küche klappert. Diesen Übergangsraum bevölkert es mit so genannten »Übergangsobjekten«, also Puppen, Schmusetieren, Bauklötzen usw., mit denen es spielt – bis hin zum Kontakt mit Geschwistern oder anderen Kindern im Kindergarten. Im Lauf der Zeit wird dieser Spiel-Raum im Inneren der Seele zum Nährboden für alle Arten von Phantasie und Kreativität. Alle Kulte und Kulturen der Menschheit, Kunst, Wissenschaft usw. sind hier entstanden.

Meine Eltern erzählten mir, dass ich als kleiner Junge beim Zubettgehen (bei meiner »Schlussrunde«) gelegentlich gesagt hätte: »Es ist schön auf der Welt!«, und einmal hätte ich hinzugefügt: »wenn nur das Essen und Schlafen nicht wäre!« Warum

mochte ich diese herrlichen Tätigkeiten damals nicht so? Na –
weil ich ihretwegen das Spielen unterbrechen musste!

Im weiteren Verlauf des Lebens kann man in diesem Spiel-
raum seine Gefühle kennenlernen und differenzieren. Alle
Wünsche, auch und gerade die unerfüllten, die Sehnsüchte, aber
auch die Ängste und Sorgen haben hier Platz. Das Allerwich-
tigste ist an diesem Raum, dass er alle genannten Inhalte erst
einmal in sich hält, ohne dass Bedürfnisse sofort befriedigt und
Gefühle in Handlung umgesetzt werden müssen. Hier können
sie alle erst einmal aufeinander wirken.

> Wenn ich einen solchen Raum in mir habe, kann ich
> so weit kommen, dass meine Gefühle nicht mehr *mich
> haben* und mich zu Handlungen zwingen, weil ich völ-
> lig mit ihnen identifiziert bin und keine Widersprüche
> zwischen ihnen aushalten kann, sondern dass *ich meine
> Gefühle habe* – sie erleben, anerkennen und, soweit
> möglich, zum Ausdruck bringen kann.

Wenn wir nun so weit gekommen sind, dann können Sie sicher
erahnen, dass genau hier auch die Fähigkeit zu vertrauen entsteht. Das Kind spielt und weiß: Wenn ich die Mutter brauche,
ist sie da – ich muss nur hinüber laufen oder rufen.

Und Sie können sich auch vorstellen, wie es sich bei einem
Kind langfristig auswirkt, wenn es immer wieder die Erfahrung
machen muss, dass die Mutter gar nicht da ist, wenn man sie
braucht, oder dass sie ständig in meinen Spiel-Raum eindringt

und etwas von mir verlangt, mich aus meiner Phantasiewelt herausreißt mit ihren Alltagsthemen, ihrer Kritik usw. Dann wird das Kind im ersten Fall dazu neigen, sich immer bei seinem Gegenüber abzusichern, Liebes- und Treuebeweise fordern, genau planen – oder es wird lernen, Macht über andere auszuüben, damit ihm genau diese Erfahrung des Verlassenseins erspart bleibt. Im anderen Fall wird es immer gleich auf die Realitätsebene kommen, es wird immer fragen: »Was soll ich jetzt tun?« – »Wie kriege ich das in den Griff?« – »Wer hat nun Recht?« usw. Es wird kaum »Schwebezustände« ertragen können, in denen sich vielleicht etwas Neues entwickelt – und es wird eher zu einer Henne Anna werden!

Bei vielen Gegensätzen, unter denen die Menschen leiden, ist der *Mittelbereich* zu wenig bekannt und ausgelotet: etwa zwischen Minderwertigkeitsgefühlen und Größen-Ideen oder zwischen zu viel Ordnungssinn und Pflichtbewusstsein einerseits und chaotischen Durchbrüchen andererseits oder zwischen Misstrauen und Blauäugigkeit. Jetzt ist leicht nachzuvollziehen, dass auch das Aushalten und Aushandeln von Gegensätzen, das Finden von Kompromissen in diesem Innenraum möglich ist. Er ist auch der Boden für vertrauensbildende Maßnahmen.

Nein sagen lernen

Eine der größten Herausforderungen besteht für selbstunsichere bis depressive Menschen darin, nein zu sagen und abzugrenzen. In den 70er- und 80er-Jahren, als die »Achtundsechziger« langsam in psychosoziale Berufe gekommen waren, als der Gruppengedanke aufkam, als Psychotherapie Mode wurde, lernten viele, »sich endlich abzugrenzen« und »nein« und »ich« zu sagen. Die Studentenrevolution hatte es vorgemacht: Man musste sich nicht mehr den »alten Zöpfen« fügen, man konnte Widerstand leisten, Neues ausprobieren – und auch die Scheidungsrate begann anzusteigen, ein Trend, der bis heute anhält (wobei inzwischen auch die Wiederverheiratungsrate steigt).

Wenn einer meiner Patienten plötzlich alles umkrempeln will, wenn eine Frau, die sich seit Jahren von ihrem Mann herumkommandieren ließ, plötzlich ausziehen will usw., dann warne ich grundsätzlich vor einer »Flucht nach vorn«. Denn auch hier gilt natürlich, dass damit der innere Konflikt nicht erkannt, geschweige denn ausgestanden ist. Wir alle wissen ja inzwischen, dass voreilige Trennungen oft dazu führen, dass man früher oder später wieder in eine Situation gerät, die fatal derjenigen ähnelt, der man entronnen zu sein glaubte. Der Buchtitel *Beim nächsten Mann wird alles anders* wurde wohl deshalb schon fast zum geflügelten Wort. »Was will uns das sagen?«

Zunächst können wir sicher sein, dass es mit dem »Nein-Sagen« sicher nicht getan ist. Als Erstes müssen wir uns fragen: Kommt dieses Nein aus dem Mund, aus dem Kopf oder aus dem Bauch? Mit anderen Worten: Wie viel wirklich errungenes seelisches Terrain, wie viele erlittene, durchgestandene innere Konflikte stehen hinter diesem Nein? Erst wenn ich mein inneres Ja (das ja auch seine oft jahrzehntelange Geschichte hat) mit dem neu gelernten Nein mehr oder weniger versöhnt habe, dann wird das letztere auch tragfähig sein – und es wird weniger verletzen.

Erst dann kann ich z. B. meinem Gegenüber, das mich wieder zu einer unangenehmen Arbeit oder Hilfe verpflichten wollte, Zwischenlösungen und Kompromisse anbieten, wie »diesmal nicht« oder »wen hast du denn sonst noch gefragt?«. Zumindest kann ich Zeit gewinnen und sagen: »Bis wann musst du es denn wissen?« Und die bestandene Fortgeschrittenen-

Prüfung könnte so klingen: »*Auch wenn ich dich enttäuschen muss – diesmal geht's wirklich nicht.*«

Wir sehen: Nein sagen – das geht nicht auf einmal. Man muss erst, mit Hilfe der oben angedeuteten »Seelenarbeit«, die Grauzonen zwischen dem Nein und dem Ja erforschen. Und wieder einmal gilt es, die Polarisierung zu vermeiden.

Das gleiche gilt natürlich für die Klage, die ich fast täglich höre, nicht nur von meinen Patienten: »Ich kann mich nicht wehren.« Sicher kann es wichtig sein, dass wir alle das irgendwann einmal lernen. Aber die, die es endlich können, sind beileibe noch nicht am Ziel angelangt. Gerade in der Gruppe sieht man oft nebeneinander die verschiedenen »Reifegrade« dieser Fähigkeit:

» *Auf der ersten Stufe der Therapie oder Selbsterfahrung sagt der Betreffende: »Ich kann mich nicht wehren.«*

» *Auf der zweiten Stufe sagt er: »Jetzt kann ich mich wehren.«*

» *Auf der dritten Stufe sagt er: »Jetzt brauche ich mich nicht mehr dauernd zu wehren.«*

Überlebensstrategien

Nach dem, was wir jetzt erfahren haben, ist ein wesentlicher Aspekt des wachsenden Vertrauens zwischen einzelnen Seelenanteilen, dass sie einander anerkennen: erst als »notwendiges Übel« und später vielleicht sogar als wirklich notwendig, das heißt, als Teil des größeren Ganzen. Bei manchen destruktiv gewordenen Kräften, vor allem bei seelischen Krankheiten, ist das natürlich kaum vorstellbar. Aber auch hier erkennt man oft aus ihrer Entstehungsgeschichte, dass sie früher einen Sinn hatten. Bleiben wir wieder beim Antreiber oder »Entwerter« im Hinterkopf: Der ist entweder in der Frühkindheit in den Menschen »eingepflanzt« bzw. von ihm verinnerlicht worden, oder das Kind hat ihn gegen Bedrohungen ‚von außen in sich errichtet.

Hier möchte ich einen fatalen, auf Anhieb kaum verständlichen Mechanismus beschreiben, auf den ich im nächsten Kapitel noch einmal eingehen werde. Die These, die ich hier kurz umreißen will, ist – so unglaublich sie klingt – ein weiterer Hinweis darauf, dass wir alle zum Überleben das Vertrauen in unsere Umwelt brauchen, also vor allem als kleine Kinder in unsere primären Bezugspersonen, sogar wenn diese gewalttätig oder missbrauchend sind.

Warum werden »böse« Eltern entschuldigt und idealisiert?

Das, was ich bis jetzt »Persönlichkeitsanteile« genannt habe, wird in den meisten tiefenpsychologischen Richtungen heute »innere Objekte« genannt. Man ist sich auch weitgehend einig, dass die Formung solcher innerer Objekte maßgeblich von den frühen äußeren Beziehungen (v. a. zu Eltern und Geschwistern) beeinflusst wird. Aber es können auch spätere Bezugspersonen und Ereignisse zur Ausformung dieser seelischen Instanzen beitragen. Gerade plötzliche, destruktive Ereignisse, also »Traumen«, geraten – leider aus gegebenen Anlässen – in letzter Zeit immer mehr ins psychologische Blickfeld.

Wenn ich vorhin den Standpunkt vertreten habe, dass man vorwiegend an einem inneren Konflikt erkrankt, so setze ich hiermit einen Kontrapunkt. Denn die in ihrer Bedeutung zunehmende Wissenschaft der Psychotraumatologie weist darauf hin, dass psychische Störungen inzwischen oft mehr als Auswirkungen äußerer Einflüsse begriffen werden müssen (und nicht nur vorwiegend als neurotische Konflikte und »Abwehrmechanismen«). Trauma-Forscher und Tiefenpsychologen können mittlerweile differenzierte Erklärungen geben, wie Trauma-Opfer auf die schlimmen Erlebnisse reagieren und ihre psychische Gesundheit zunächst vor bleibenden Schäden bewahren können (Fischer & Riedesser 2003, Reddemann 2004, Levine 2005).

Idealisierung des Täters
Ein wirksamer Mechanismus besteht in Schuldübernahme und Verklärung des Täters. Man kann beobachten, dass Kinder ebenso wie erwachsene Opfer von Missbrauch und Gewalt dazu neigen, die Schuldfrage umzudrehen: Sie halten sich selbst für minderwertig und erleben nicht die Eltern als böse und ungerecht, und sie bemühen sich, diese Eltern zu mächtigen Autoritäten zu idealisieren, die das Kind »zu Recht« bestrafen.[3] Das hat natürlich auch eine enge Bindung an die bösen Bezugspersonen zur Folge, das heißt, dass ein depressiver Mensch auch noch im Erwachsenenalter dazu neigt,

>> *seine Eltern zu idealisieren oder zumindest zu rechtfertigen (»Meine Mutter hatte ja auch eine schwere Kindheit.«),*
>> *sich wieder an Menschen zu binden, die ihn ausnutzen oder schädigen, und die dann zu entschuldigen (»Mein Mann hat eben viel Stress bei der Arbeit«) und*
>> *sich passiv und klein zu halten und sich nicht zu wehren.*

Der Vertrauens-»Trieb« ist anscheinend so stark, dass das missachtete oder beschädigte Kind ihn sogar gegen reale schlechte

Erfahrungen und Enttäuschungen weitgehend aufrechterhält. Hunderte von Malen hörte ich Patienten klagen in dem Sinne: »Vom Verstand her ist mir ja klar, dass sich meine Eltern nicht mehr ändern, aber ich kriege diese unrealistische Hoffnung nicht los.«

Nun könnte man ja sagen: »Besser eine schlechte Mutter als gar keine.« Aber leider ist mit dieser Fixierung an das »böse Objekt« das Drama noch nicht zu Ende: Denn damit wurden auch unbewusste Schuldgefühle der »Täter«, also vor allem der Eltern, verinnerlicht. So geschieht es nach Vergewaltigungen, dass sich die Frauen – ganz entgegen ihrem rationalen Denken – für die Täter schämen! Auch das Kind fühlt sich selbst als schlecht und schuldig, wenn es von seinen Bezugspersonen missachtet, entwertet oder missbraucht wird. Denkbar wäre die Erklärung, dass man als Kind ja noch keinen Maßstab hat und noch nicht unterscheiden kann, ob man tatsächlich etwas »Böses« gemacht hat oder ob die Mutter nur gerade wieder schlechte Laune hat oder überfordert ist. Aber warum hält man an dieser Verdrehung der Realität so lange fest? Dieser Abwehrmechanismus, dieses »Vertrauen wider besseres Wissen« muss offenbar einen Struktur bildenden und lebenserhaltenden Sinn haben:

> **Es bedeutet offenbar für das Kind eine größere Sicherheit, sich als »böses« Wesen in einer »guten« Welt zu erleben, der es vertrauen kann, denn als »gutes« Wesen in einer von »bösen« Personen und Kräften beherrschten Welt.**

Anscheinend ist also die Vorstellung, selbst böse oder minderwertig zu sein, immer noch besser mit dem seelischen Überleben vereinbar als die zweite Möglichkeit: Wenn man selbst gut ist und die Welt böse, würde das unerträgliche Gefühle der Bedrohtheit und Verzweiflung auslösen, denn dann hätte man niemand mehr, dem man vertrauen kann – und man könnte selbst an seinem Schicksal nichts ändern, indem man sich »bessert«. So nimmt man lieber die Schuld auf sich. Wenn der Missbrauch in der Kindheit stattfand, kann es auch zu selbstschädigenden Aktionen wie Schneiden in die Haut, Magersucht, Drogenmissbrauch usw. kommen, und bei erwachsenen Frauen geschieht es oft, dass sie nach einer wohlbegründeten Flucht ins Frauenhaus wieder zum prügelnden (oft alkoholkranken) Ehemann zurückkehren – auch wenn sie sich selbst dafür ohrfeigen könnten. Möglicherweise liegt hier auch eine der Wurzeln des »Erbsünden«-Mythos, in dessen Bann wir auf einer archetypischen Ebene bereit sind, die eigene Unzulänglichkeit und deren Bestrafung anzuerkennen.

Es liegt natürlich auf der Hand, dass jeder Mensch mit einer dergestalt belasteten Kindheit oder später mit einer konflikthaften Partnerschaft oder Arbeitslosigkeit (s. u.) anders umgeht, so wie jeder auch ein Trauma anders verarbeitet. Leider lässt sich aber immer wieder beobachten, dass die Beschädigungen, die Menschen im späteren Lebensverlauf erfahren, gewisse Ähnlichkeiten mit denen der frühen Kindheit haben – als ob Opfer und Täter sich magisch anziehen würden. Möglicherweise hat auch das mit der tragischen »Verstrickung« zwischen diesen beiden »Rollen« zu tun – also auch mit dem unbewusst verinnerlichten Täteranteil im Opfer.

Opferrolle

An dieser Stelle noch eine Anmerkung zur »Opferrolle«, die durchaus heikel und schwer verdaulich sein könnte: Der Status des »unschuldigen Opfers«, der vielleicht dem Kind tatsächlich aufgezwungen wurde, kann nämlich später auch zu einer der stabilsten »Fixierungen« werden, und zwar weil er so viele Vorteile hat, dass er nur selten aufgegeben wird. Erstens fühlt man sich im Recht, ja sogar dem Täter moralisch überlegen. Diesen »moralischen Vorsprung« vor dem Täter brauchen manche zu ihrer seelischen (Schein-)Stabilisierung, vor allem wenn sie einen Mangel in ihrer Identität und in ihrem Selbstwertsystem haben. Seinen Anteil an der Verantwortung zu übernehmen hieße dann ja, diesen Vorteil zu opfern. In manchen Fällen geben geschlagene Ehefrauen sogar zu, dass sie sich in dem Moment, in dem der Mann die Kontrolle über sich verliert und zuschlägt, ihm völlig überlegen fühlen. Und auch in der Gruppe kommen wir immer wieder einmal an den Punkt, an dem jemand erkennt, dass er in seinem Leben zwei Möglichkeiten hatte, die notwendige Zuwendung zu ergattern: etwas leisten ... oder leiden.

Der zweite Vorteil ist: Man muss als Opfer nichts an sich selbst ändern, denn der Täter ist ja schuld – der müsste sich zuerst ändern! Damit vermeidet man das mühsame Geschäft der Selbstreflexion und des seelischen Wandels.

Dieser Mechanismus ist so leicht zu durchschauen, und trotzdem funktioniert er bei Millionen von Partnerschaften, bei den Tarifpartnern, zwischen den Parteien und – leider seit Jahrzehnten mit furchtbaren Konsequenzen – zwischen Israelis und Palästinensern, die beide verbissen an ihren Opferrollen festhalten.

Aber wie wird man ein solches selbstschädigendes Verhalten los? Muss man es nicht als »feindlich« betrachten und, wenn man es durchschaut hat, in sich bekämpfen? Auch hier gilt: Man möge auch in diesem Fall zuerst versuchen, etwas nachzuvollziehen und zu verstehen, bevor man es bekämpft! Und wenn ich den gesamten hier beschriebenen Mechanismus in den Grundzügen verstanden habe, dann kann und sollte es doch gelingen, ihm einen gewissen Respekt zu zollen: Denn wenn es wahr sein sollte, dass ich damals als Kind keine andere Wahl zum seelischen Überleben hatte – muss ich dann nicht dieser »List« sogar dankbar sein, dass sie mich am Leben erhalten hat?

Verabschieden in Dankbarkeit

Aber dabei muss ich ja nicht stehen bleiben. Vielleicht kann es sich der Leser in milderen Fällen von »Überlebensstrategien« leichter vorstellen: Wenn mir mein Perfektionismus, mein »Prinzessinnenlächeln« oder meine demonstrierte Tapferkeit (»Ein Indianer kennt keinen Schmerz«) die überlebensnotwendige Zuwendung gebracht haben, dann wird dieser innere Anteil doch nicht so »böse« sein können, wie er mir jetzt erscheint. Vielleicht sollte ich mich jetzt wirklich bei ihm bedanken und ihm dann dezent zu verstehen geben, dass er jetzt nicht mehr nötig ist, weil mein Überleben anderweitig gesichert ist – weil ich jetzt mir selbst und meiner heutigen Beziehungsumwelt mehr vertrauen kann als der damals! Es wäre also gut, wenn ich mich in Dankbarkeit von dem Richter, der Heulsuse, dem Helden, dem Saboteur, oder was auch immer mich gerettet hat, allmählich verabschieden und ihm sinngemäß sagen könnte: »Du hast mir eine Zeit lang Halt gegeben, dafür danke ich dir. Aber jetzt hast du deinen Zweck erfüllt, ich brauche dich nicht mehr, zumindest nicht mehr in der bisherigen Dosis.«

Dosis-Reduktion bedeutet: Ein gestrenges Über-Ich darf natürlich in erträglicher Form weiter bestehen, um mich zur Selbstdisziplin zu motivieren, ebenso eine kokettierende Prinzessin oder ein Spaßmacher, die mir Kontaktaufnahmen erleichtern, eine Zicke oder ein »Mimöschen«, das mir bei der Abgrenzung gegenüber anderen hilft – oder auch ein misstrauischer Anteil, der z. B. bei seltsamen Geräuschen im Auto lieber einmal zu viel in die Werkstatt fährt, usw.

Leider funktioniert dieses »Verabschieden in Dankbarkeit« nicht so schnell, wie es hier beschrieben wird. Wir müssen uns ja vorstellen, dass ein solches Kind, das in einer Art seelischem »Sumpf« aufwuchs, um nicht unterzugehen, für sich und sein weiteres Leben so etwas wie einen Pfahlbau errichten musste, in dem es sich jetzt als Erwachsener eingerichtet hat. Oben ist es ganz gemütlich, man hat das Wichtigste zum Leben, der Boden ist trocken und fest – aber wie die Pfähle aussehen, auf denen alles steht, und vor allem der Sumpf im Untergrund – das schaut man sich lieber nicht an. Und typischerweise kommen die Leute zum Therapeuten erst, wenn mehrere Pfähle dieses Baues morsch geworden sind und der ganze künstliche Boden schief hängt. Aber leider kommen sie dann für gewöhnlich nicht, um den Sumpf darunter trockenzulegen – nein, die meisten wünschen sich vom Therapeuten, dass er ihnen hilft, den oberen Stock wieder besser bewohnbar zu machen (also sich besser in der Neurose einzurichten), und allenfalls, dass er mit ihnen zusammen die Pfähle repariert.

Also: Sumpf anschauen, vielleicht ein bisschen trockenlegen? Vielleicht ist er ja sogar fruchtbar? So manche Qualitäten schlummern im Schattenbereich – solange wir Angst vor ihnen haben, können wir sie nicht entfalten. Trotzdem müssen wir sicher auch einmal den einen oder anderen Pfahl reparieren. Und wenn gar nichts anderes mehr geht, müssen wir ein neues Haus bauen – das ist aber ein Umbruch, der alles von uns fordert, ein völliges Umdenken.

Sie können sich sicher noch daran erinnern, dass jeder Gletscher einen Haufen Geröll vor sich herschiebt. Einen Teil lagert er seitlich ab, aber das meiste hat er vor sich – das wird dann die Endmoräne. Einen solchen Haufen ungelöster Probleme, unverarbeiteter Kränkungen und Verluste schieben viele Menschen vor sich her, ein Leben lang. Sie merken zwar, dass es immer schwerer wird, vorwärts zu kommen, sie unternehmen alles Mögliche in der hektischen Stagnation, aber die Steine, die ihre Endmoräne bilden, schauen sie sich lieber nicht an. Wenn sie dann ganz steckenbleiben, in der dritten Scheidung oder in einer schweren Krankheit, dann ist der Aufwand, den Geröllhaufen abzutragen, natürlich viel größer. Manche merken früher, dass sie innehalten müssen, andere müssen erst einen riesigen Berg vor sich auftürmen, bis wirklich nichts mehr geht.

Auch wenn sich oft schon im ersten Jahr der Therapie die störenden Symptome mildern, so findet die Einstellungsänderung bzw. die »Wandlung« in der Tiefe, wie C. G. Jung es nennt, meistens erst viel später statt, oft erst im dritten Jahr. Und was sie schließlich bewirkt, liegt nicht in unserer Hand. So wie ursprünglich die Neurose sich selbst aufrechterhalten hat wie ein Teufelskreis, so kann es zu einem »Umkippen« kommen, zu einem Quantensprung, der aus dem »Circulus vitiosus« des Wiederholungszwangs einen »Circulus angelosus«, einen »Engelskreis« macht (bzw. eine sich weiterentwickelnde Spirale).

Humor

Humor ist der Schwimmgürtel auf dem Strom des Lebens. Er ist ein Gegengewicht zur Angst, also eine klassische »vertrauensbildende Maßnahme«. Auch unangenehme Informationen kann man mit Humor besser vermitteln, hierin sind Kabarettisten oft wahre Meister. Nur – ist Humor ein Wegbereiter des Vertrauens oder ist das Vertrauen ein Wegbereiter des Humors?

Vermutlich sind es zwei menschliche Fähigkeiten, die etwa zur selben Zeit in der Evolution entstanden sind, damals, als wir lernten, die zu früh geborenen Babys zu pflegen, große Sippen zu bilden und Solidarität zu entwickeln. Einige Zeit danach, etwa vor 60 000 Jahren, entstanden die ersten Formen von Kultur (die ersten Schmuckgegenstände und Grabbeigaben wurden gefertigt) und die Religionsausübung (während Religiosität vermutlich viel älter ist): Die Intelligenz des Homo sapiens erlaubte es ihm, in einer »Als ob«-Kategorie zu denken, sich zu verstellen, ja auch zu lügen. Um Humor zu verstehen, muss man »doppelbödig« denken und fühlen, also eine Diskrepanz zwischen Erwartung und tatsächlichem Überraschungseffekt wahrnehmen können. Und man muss Analogien nachvollziehen können. Freud nennt den Witz die »Aufhebung der Gegenbesetzung«: D. h., im Witz wird eine nicht akzeptierte, vom Über-Ich unterdrückte Tendenz plötzlich aus ihrer Verbannung befreit, z. B. Schadenfreude, unsoziale, sexistische und andere »unkorrekte« Neigungen (Freud 1978: Der Witz und seine Beziehung zum Unbewussten). Ein Beispiel:

Im Urlaub ruft die Frau: »Herrlich ist das hier, Karl! Das Land macht mich sprachlos!« – »Dann bleiben wir drei Wochen hier, Karla!« Oder auch: »Herr Doktor – der Simulant auf Zimmer 3 ist gestorben!« – »Na, jetzt übertreibt er aber!«

Besonders raffiniert sind die Witze oder Wortspiele, die zwischen der »korrekten« und der »leicht verruchten« heimlichen Wahrheit in der Schwebe bleiben: *»Ein Junggeselle ist ein Mann, dem zum Glück die Frau fehlt.«*

Humor mutet dem Gegenüber etwas zu, dabei geht er ein doppeltes Risiko ein: den anderen zu verletzen, zu verfehlen – oder selbst missverstanden und abgelehnt zu werden. Besonders heikel ist der Umgang mit Humor bei Depressiven. Ihnen ist ja aus vielen Gründen »das Lachen vergangen«. Sie könnten sich deshalb durch eine witzige Bemerkung o. ä. in ihrem Leiden unverstanden und zurückgewiesen fühlen. Aber manchmal gelingt es auch kurzfristig, ihr Gemüt zu erhellen und einen kleinen Stein auf die Waagschale des Optimismus zu legen – im Sinne einer »korrektiven Neuerfahrung«.[4]

Als ich in der Psychiatrie als einziger Arzt für eine Station mit vierzig Betten zuständig war, dauerte meine Visite oft den ganzen Vormittag. Viele Patienten hingen an Antidepressiva-Infusionen. Ich ließ mich von der anfangs gedrückten Stimmung bald nicht mehr so beeindrucken und machte gelegentlich eine lustige Bemerkung – und siehe da: Viele von denen, die mitgehört hatten, fingen zu lachen an. Natürlich amüsierten sich auch die mich begleitenden Ordensschwestern …

Vertrauen haben heißt nicht, angstfrei zu sein (ebenso wie Mut bedeutet, dass man etwas trotz seiner Angst tut). Angst ist im rechten Maß einer der wichtigsten Überlebensmechanismen: Zu viel Angst zu haben ist lähmend, aber keine Angst zu haben ist lebensgefährlich. Deshalb hat die Evolution es so eingerichtet, dass wir lieber etwas zu viel Angst haben – die, die zu wenig hatten, gehören nicht zu unseren Vorfahren. Leistungsfähigkeit,

Motivation für Veränderungen – all das hat sein Optimum auf einem mittleren Angstniveau.

Bevor wir uns allerdings mit den Möglichkeiten einer echten Wandlung und mit dem Wachstum »nachhaltigen« Vertrauens befassen, müssen wir uns im nächsten Kapitel mehr mit den äußeren Faktoren beschäftigen, die – in der Vergangenheit und in der konkreten gesellschaftlichen Gegenwart – die Menschen beeinträchtigen, sie deformieren und einem Vertrauenswachstum entgegenstehen.

Psychische Deformierung

Vertrauen und soziale Kälte

Im letzten Kapitel haben wir uns ausführlich mit den innerseelischen und biographischen Bedingungen von Vertrauen
und Vertrauensverlust befasst. Ich hielte es für »einäugig« und
blauäugig, wenn man nicht auch als Gegengewicht einen Blick
auf die realen gesellschaftlichen Bedingungen werfen würde,
unter denen ein großer Teil von uns zu leben hat. Konkret: Wie
soll jemand »wieder Vertrauen ins Leben finden«, wenn er
nach dreißig Jahren engagierter Arbeit wegen einer feindlichen
Übernahme seiner Firma »freigestellt« wird und darüber seine
Ehe in die Brüche geht? Die *Unterscheidung* zwischen dem,
was mir angetan wurde, und dem, wie ich damit umgehe und
was meine psychischen Möglichkeiten sind, halte ich gerade in
solchen Fällen für überlebenswichtig. Wir hatten im letzten
Kapitel gesehen: Zu viel Angst zu haben ist lähmend, aber keine
Angst zu haben ist lebensgefährlich. So ähnlich ist es hier mit
den Schuld- und Minderwertigkeitsgefühlen. Die Kernfrage
dieses Kapitels wird also sein: *Wie weit kann Vertrauen auch unter
ungünstigen Bedingungen wachsen?*

Seit einigen Jahren höre ich in meinen Therapien zunehmend Klagen und Ängste von Patienten über immer größere Belastungen von Seiten der Arbeitswelt. Zusammengefasst könnte man es so ausdrücken:

Die einen werden (körperlich und psychisch) krank, weil sie *zu viel* arbeiten (und oft um ihren Arbeitsplatz fürchten), die anderen, weil sie *keine* Arbeit mehr haben. Und das wirklich Schlimme daran ist: Diese Ursachen bedingen sich gegenseitig. Je mehr Mitarbeiter entlassen werden, desto mehr müssen die Zurückgebliebenen leisten. Ein niedriger Krankenstand ist aber eine Milchmädchenrechnung: Die Mitarbeiter schieben aus Angst vor Entlassung Krankheiten vor sich her, oft bis sie chronisch werden – dann kommt es immer häufiger zur Frühberentung, die zwar die Krankenkassen entlastet, aber dennoch von den anderen Bürgern mitgetragen wird.

Vor diesem Hintergrund erschienen mir vor einigen Jahren die vier Wände meines Therapieraumes zu eng: Mit meinen Patienten ihre Kindheit und ihre innerseelischen Konflikte aufzuarbeiten (so wichtig das generell ist), genügte mir nicht mehr, so dass mich auch die äußeren, vor allem gesellschaftlichen Bedingungen interessierten, unter denen sich ihre Symptome entwickeln – und dieses Interesse führte mich zu der globalisierungskritischen Bürgerbewegung »attac«.[5] Was mich hier sehr anspricht und was auch der Psychoanalytiker Horst Eberhard Richter (ebenfalls attac-Mitglied) hervorhob, ist der grundsätzliche Optimismus und *das Vertrauen in die Wandlungsfähigkeit des Menschen* (»Eine andere Welt ist möglich«), die sich die »attacies« nicht nehmen lassen.

Die Beschäftigung mit diesen Themen halte ich schon deshalb für wichtig, weil ich ja zusammen mit meinem Patienten herausfinden muss, wie viel er selbst ändern kann und wo er einfach Opfer der Umstände ist. Und was diesen Anteil betrifft, fände ich es ausgesprochen zynisch, ihm auch dort Verantwortung zuzuschieben, wo ihm Unrecht widerfahren ist. Leider geschieht das, wie wir bald sehen werden, bereits jetzt in großem Maßstab.

Wenn wir also wieder Zuversicht und Vertrauen ins Leben gewinnen wollen, müssen wir uns die Gründe dafür ansehen, wie und warum es immer mehr Menschen abhanden kommt. Und die gesellschaftlichen und ökonomischen Rahmenbedingungen spielen nicht nur in beruflicher Hinsicht eine Rolle (die Chance, einen Beruf zu finden – und zu behalten –, der mir Sicherheit gibt und vielleicht sogar meinen Neigungen entspricht), sondern auch auf der Beziehungsebene: Welche Möglichkeit habe ich, einen Partner zu finden, der im gleichen Ort eine Anstellung findet? Wollen wir eine Wochenendehe auch mit Kindern versuchen? Wie kommt es wohl, dass jemand, der von »Existenzangst« spricht, nicht seine körperliche, sondern seine finanzielle Existenz meint?

Wenn also jemand seine Zuversicht im Blick auf Beruf, Familie und/oder Partnerschaft und das Vertrauen in sich und die Welt verloren hat: Wo sitzt dafür die »Ursache«, wo soll er ansetzen, um es wiederzugewinnen? Zuerst bei sich selbst oder bei den äußeren »kränkenden« Einflüssen? Wie kann er seine seelische Gesund-

> heit wiederherstellen zwischen den (scheinbar) gegen-
> sätzlichen Extremen der Selbstzweifel (»Ich bin an al-
> lem schuld«) und der Fixierung auf andere Schuldige
> (»die da oben«)?

Zunächst möchte ich dazu ein Thema streifen, von dem alle meinen, eine Ahnung zu haben. Aber in Wahrheit ist bei ihm die Diskrepanz zwischen der scheinbar rationalen Oberfläche und dem unbewussten (archetypischen) Untergrund größer als bei den meisten gesellschaftlichen Themen: Es geht ums *Geld*.

Vertrauen ins Geld?

> *Die Phönizier haben das Geld erfunden –*
> *aber warum so wenig?*
> Johann Nepomuk Nestroy

Dass Geld allein nicht glücklich macht, kommt allen leicht von den Lippen. Aber schon eine Schicht tiefer ist es eines der stärksten Symbole (Vermittler von archaischen Triebkräften), das die Menschheit hat. Denn ebenso wissen wir alle: »Geld regiert die Welt.« Warum? Offenbar versammeln sich in ihm Sicherheitsbedürfnisse, Sehnsüchte, Ängste, Gier, Neid, Rivalität, Egoismus und Machtkomplexe – und jede Art von Illusionen und Irrtümern (s. Lietaer 2000).

Gerade bei unserem Hauptthema »Vertrauen« ist es wichtig, dass wir uns mit den Vorstellungen von Geld beschäftigen, die uns ein Gefühl der Sicherheit geben. Es scheint nicht viel zu nützen, dass zahlreiche Philosophen von Sokrates über Schopenhauer bis Erich Fromm davor gewarnt haben, sein Selbstvertrauen auf die Flüchtigkeit äußerlichen Besitzes zu gründen. Offenbar ist der Umgang mit dem Medium Geld eine der wichtigsten Komponenten unseres kollektiven »Schattens«, der uns in Form von Staatsverschuldung, Arbeitslosigkeit und Umweltverschmutzung einholt. Die meisten fragen sich zu Recht: Soll man heute noch Vertrauen in das »freie Spiel der Kräfte des Marktes« haben?

Die psychologische Funktion des Geldes ist relativ leicht ersichtlich: Geld bedeutet zwar im positiven Sinn »Vermögen«, also viele Möglichkeiten, aber dieses Vermögen kann auch zur Kompensation von Mängeln eingesetzt werden: Wenn jemand zu wenig Vertrauen in seine Fähigkeiten oder in seine persönlichen Beziehungen hat, wenn er (vielleicht aufgrund von Enttäuschungen) den Mitmenschen misstraut, wenn er erlebt hat, dass ideelle »Werte« missbraucht werden können (wie in der NS-Zeit), dann neigt er oft dazu, diese Unsicherheit auszugleichen mit etwas, das (scheinbar) einen objektiven Wert darstellt – abzählbar und von jedermann anerkannt. Und je mehr man davon hat, desto größer wird die Gefahr, dass es als Machtmittel eingesetzt wird, wie z. B. von den Entscheidungsträgern großer Firmen. Dies tun auch die Groß-Investoren, z. B. in Hedge-Fonds, die selbst weder etwas produzieren noch Arbeitsplätze schaffen, sondern nur Geld auf der einen Seite einsammeln und auf der anderen Seite »investieren«, d. h. damit Macht ausüben.

Wir sehen allerdings oft nicht, wie wir selbst durch unser eigenes Verhalten (konsumieren, »das Geld arbeiten lassen«

usw.) die Maschinerie in Gang halten. Also ist es angemessen, den »Heuschrecken« zu misstrauen, dabei aber selbstkritisch zu bleiben.

Um gerade diese hintergründigen Mechanismen zu verstehen, müssen Erkenntnisse über unbewusste psychologische Motivationen verknüpft werden mit dem Wissen über das Thema Geld. Wirtschaftswissenschaftler forschen über Konjunkturzyklen, Bruttoinlandsprodukte oder den Arbeitsmarkt, sie streiten permanent darüber, ob Angebots- oder Nachfragepolitik besser ist, ja manchmal entschlüpfen ihnen sogar Orakel wie »Die Börse ist zur Hälfte Psychologie« – aber was das Geld psychologisch bedeutet, wo es herkommt und vor allem: wohin es verschwindet, darüber erfährt man von Ökonomen, Politikern, Parteien und Gewerkschaftern sehr wenig Es wäre doch z. B. interessant zu erfahren, woher sich die Finanzminister seit mehr als dreißig Jahren die Milliarden leihen, ob diese Quelle eigentlich unerschöpflich ist und an wen die öffentliche Hand die inzwischen über fünfzig Milliarden Euro Zinsen pro Jahr zahlt. Oder: Wenn Sie durch einen Rückgang des Kurses ihrer Aktie Geld verloren haben – wissen Sie, wer das jetzt hat?[6]

Was meine ich mit den zu wenig wahrgenommenen Besonderheiten des Geldes? Im Lehrbuch der Volkswirtschaftslehre von G. Mankiw (1999) werden in einem kurzen Kapitel drei Funktionen des Geldes aufgeführt: Recheneinheit, Tausch- und Zahlungsmittel und Werteaufbewahrungsmittel. Die ersten beiden Funktionen sind relativ durchschaubar. Aber die dritte Funktion ist in unserem Zusammenhang die wichtigste: Das Geld beinhaltet nämlich auch das Recht, etwas zu bekommen, aufzusparen: Der Bäcker gibt heute dem Schneider Brot, doch braucht er erst im Herbst eine Jacke. Soweit ist dieses Arrangement sinnvoll, aber mit viel »Vermögen« kann man auch Macht ansammeln: Wer lediglich verderbliche und (im Preis von Angebot und Nachfrage abhängige) Waren oder gar »nur« seine Arbeitskraft anzubieten hat, kann diese Macht nicht ausüben.

Der Geldbesitzer ist – solange keine galoppierende Inflation herrscht – immer im Vorteil gegenüber dem Besitzer von Waren oder Arbeitskraft: Geld kann man horten und schnell überall hin verschieben (mittlerweile elektronisch um den Globus). Und dies ist auch einer der Gründe, warum immer mehr fiktives Geld aufgrund von Spekulationen entsteht, warum »Investoren« immer mehr an Einfluss gewinnen und immer mehr Geld dem realen Wirtschaftskreislauf entzogen wird: Dass die Globalisierung zum Teil von im Hintergrund agierenden Investoren und Spekulanten missbraucht wird und es so zu einer immer größeren Verteilungsungerechtigkeit kommt – die Gefahr dieses Machtaspekts wird in den ökonomischen Theorien wenig beachtet. Die Möglichkeit der virtuellen Geldansammlung weckt offenbar leicht den Urtrieb des Jägers und Sammlers in uns, so dass sie pervertiert wird zu einem Horten von Geld und damit Ansammeln von Macht in nie gekanntem Ausmaß. Der belgische Finanzfachmann und archetypische Psychologe Bernard Lietaer (1999), einer der Wegbereiter des Euro, schätzte schon 1999, dass achtundneunzig Prozent der weltweiten Finanzströme keine realen Werte mehr zugrunde liegen, so dass sie nur spekulative »Blasen« sind.

Ich frage mich immer wieder, welche Verdrängungs- und Verleugnungsmechanismen hier am Werke sind: Wer interessiert sich z. B. für den Zusammenhang zwischen dem Egoismus und der Unzufriedenheit der Bürger, die sie mit Konsum kompensieren, und den Marketingstrategien der Unternehmen? Und vor allem für die wahren Ursachen der Schere zwischen Arm und Reich? Wenigstens hört man inzwischen kritische Zurückweisungen des Unwortes »Neid-Debatte«, das eine Zeit lang erfolgreich den Blick vom Wesentlichen, nämlich der Gier der Superreichen, ablenken konnte. Viel wichtiger als ein »Armutsbericht« wäre ein »Reichtumsbericht«! Und vor allem erkennen nur wenige (und das sind meistens belächelte Leute aus Bürgerinitiativen) die unheilvollen Folgen des allgegenwärtigen Wachstumsparadigmas: Diese Grundausrichtung hilft zwar, eine Volkswirtschaft nach Krieg, Revolution und großer Inflation wieder aufzubauen, aber nicht, um eine reife, komplexe Volkswirtschaft in einen Zustand der dynamischen, nachhaltigen, also zukunftsorientierten, ökologisch und sozial verträglichen Balance zu bringen. Eine auf Zinswirtschaft gegründete Ökonomie neigt dazu, sich immer mehr aufzublähen und auf der einen Seite den Reichtum, auf der anderen Seite die Verschuldung anwachsen zu lassen – und zwar in einer exponentiellen Steigerung (ähnlich dem »Wachstum« von Lawinen und Krebs). Ein »Bonmot« drängt sich auf:

> Was immerzu wachsen will, ist offenbar noch nicht »erwachsen«.

Alle Organismen und Ökosysteme haben Grenzen des Wachstums, schon weil die Erde (bis auf die Zufuhr von Sonnenenergie) ein geschlossenes System ist. In ihm wird jetzt schon die Zukunft unserer Kinder und Kindeskinder »verbraucht«, durch Schulden, Umweltschäden und Vergeuden von Ressourcen.

Das Allzumenschliche

Reichtum ist wie Meerwasser. Je mehr man davon kostet, desto durstiger wird man.

Arthur Schopenhauer

Wie im dritten Kapitel dargelegt, besteht ein wesentlicher Aspekt eines wachsenden Vertrauens darin, dass sich in uns selbst unterschiedliche Kräfte und Tendenzen gegenseitig anerkennen, vielleicht sogar als Teil eines »größeren Ganzen«. So arbeiten in den meisten von uns Versagensangst und Minderwertigkeitsgefühl auf der einen gegen Perfektionismus und Sehnsucht nach Anerkennung und Besitz auf der anderen Seite. In all diese hintergründig wirksamen Kräfte können sich die Slogans und Verlockungen der Werbung, des »Marktes« einklinken. Mit Sprüchen wie »Ich bin doch nicht blöd« und »Geiz ist geil« ist ja eigentlich gemeint: Wer zu teuer einkauft, ist dumm! Aber es könnte auch so verstanden werden: »Wer nicht egoistisch ist, ist dumm!«[7]

Ohne auch nur eine einzige »Heuschrecke« rechtfertigen zu wollen, finde ich es wichtig, dass wir alle uns noch viel mehr bewusst werden, wie wir durch unser Verhalten genau das begünstigen, worunter wir kollektiv immer mehr leiden (wie das Abwandern von Arbeitsplätzen in den Osten, Umweltverschmutzung usw.): Wenn ich mein Geld zur Bank trage, dann möchte ich natürlich einen möglichst guten Zinssatz. Das ist ja wohl nicht egoistisch, oder? Aber wenn ich umgekehrt von der Bank Geld leihe, möchte ich natürlich einen möglichst niedrigen Zinssatz. Das ist ja wohl auch nicht egoistisch, oder?

Als Arbeiter möchte ich möglichst hohen Lohn und als Käufer möglichst niedrige Preise, usw.

Wir wissen inzwischen alle, dass der Wert einer Aktie dann steigt, wenn die Firma spart – am besten durch »Freistellen« von Arbeitern und Angestellten (aus meiner Sicht das zynischste Wort der letzten Jahre). In vielerlei Hinsicht bewirkt die verlockende Idee, »das Geld arbeiten zu lassen«, dass alle den Ast absägen, auf dem sie sitzen. Für das Konsumverhalten gilt dasselbe: Wir fördern durch den Kauf von Billigprodukten die Anbieter aus fernen Ländern, so dass die Produkte aus unserem Land nicht mehr konkurrenzfähig sind – und das wirkt sich auf die Lohnstückkosten aus. So entsteht ein Teufelskreis, da Menschen mit geringem Einkommen Billigangebote brauchen, um die lebensnotwendigen Verbrauchsgüter kaufen zu können. Beim Thema Geld und überhaupt in der Ökonomie wimmelt es von solchen »nichtlinearen« Zusammenhängen (mehr dazu im fünften Kapitel).

An dieser Stelle wäre wieder eine kleine »Selbsterfahrungsübung« angebracht: Versuchen Sie einmal, sich in alle diese Positionen hineinzuversetzen und ihre Argumente zu formulieren. Und vielleicht fallen Ihnen auch eigene Entscheidungen der letzten Jahre oder Monate ein – und seien Sie ehrlich: Wie weit waren Sie sich dabei dieser Mechanismen und Widersprüche bewusst – und wenn ja, haben Sie Konsequenzen daraus gezogen?

Ich habe diese (unvollständige) Liste der Paradoxa und Verstrickungen vor allem deshalb aufgeführt, um zu zeigen, dass sogar hier im ökonomischen Feld die Grundregel gilt, dass nicht ein Anteil allein der »böse« ist, sondern dass, wie in der Psyche, im Prinzip die Pathologie bei der gestörten Beziehung der Einzelelemente untereinander beginnt.[8]

Was die Störungen in diesem Gleichgewicht betrifft, so hängen sie sehr wahrscheinlich damit zusammen, dass von allen Seiten jeweils der eher destruktive Anteil zum Zuge kommt, also z. B. der Egoist und der Gierige. Deshalb möchte ich diesen »Trieb« hier noch etwas näher betrachten.

Glück und Sicherheit durch Besitz?

Bei allem, was mit Bedürfnisbefriedigung zusammenhängt, spielt das eine wichtige Rolle, was Soziologen die »Optionsfalle« nennen. Der Schweizer Volkswirtschaftler Mathias Binswanger (2006) befasst sich mit dem Phänomen des so genannten »Paradox of Happiness«. Er unterscheidet vier »Tretmühlen«, in denen die meisten »westlich« geprägten Bürger gefangen sind.

1. *Die Status-Tretmühle*: Aus Tradition oder zur Kompensation von persönlicher Unsicherheit wird viel Geld für Statussymbole ausgegeben, ein Trend, der natürlich von der Werbung gefördert wird.
2. *Die Anspruchs-Tretmühle*: Eine Neuanschaffung macht am Anfang Freude, aber bei allen materiellen Gütern kommt es zu einem Gewöhnungseffekt – und damit (analog zur Sucht) zu einer Dosissteigerung.

3. *Die Multioptions-Tretmühle*: In unserer »postmodernen« Gesellschaft steigt ständig die Zahl der Optionen (ob es sich nun um Joghurts im Supermarkt oder um Familien- und Lebensgemeinschaften handelt). Und je mehr Wahlmöglichkeiten ich habe, auf desto mehr Möglichkeiten muss ich verzichten, desto größer wird die Gefahr, »das Falsche« zu erwischen! Immer mehr Menschen wünschen sich heimlich jemand, der ihnen sagt, was sie tun und was sie wählen sollen. Vor allem diejenigen, die nie gelernt haben, ihre eigenen Bedürfnisse zu spüren. Doch wie kann ein Kind lernen, sich selbst und seinem Bedürfnis zu vertrauen? Wie entwickelt es überhaupt bei der heutigen Reizüberflutung Geschmack, Vorlieben, Stilgefühl? Wie kommt Zufriedenheit zustande? Und wie lernt man, dass jede Entscheidung für eine Option auch einen Verzicht auf andere bedeutet?

4. *Die Zeitersparnis-Tretmühle*: Je schneller eine Tätigkeit ausgeführt werden kann, desto öfter oder extensiver führt man sie aus (»Rebound-Effekt«): Beispiel Reisen, Autofahren, E-Mails, Scannen und Brennen.

Trotz des Ziels der Nutzenmaximierung[9] hat man festgestellt: Das subjektive Wohlbefinden der Menschen steigt zwar mit ihrem Einkommen, aber dieser Zusammenhang stagniert ab einer bestimmten Einkommenshöhe. Das Gleiche gilt beim Vergleich zwischen armen und reichen Ländern.

Die Tendenzen des Besitzenwollens und Machtgewinnens wurden wie die anderen »Überlebensstrategien« meist in der Kindheit in den Menschen »eingepflanzt« (bzw. verinnerlicht) oder das Kind hat sie in sich errichtet, um besser gewappnet zu sein gegen Gefahren und Entwertungen von außen.[10]

Dass die Fresssucht etwas mit Kompensation von Liebes-mangel zu tun hat, ist ja inzwischen fast zu einer Plattitüde geworden. Ähnliches gilt für das »Angebertum«, das ja schon im Kindergarten beginnt. Genau diese beiden Kompensationen, Essen statt Liebe, Prahlen statt Anerkennung, sind die Keimzel-len der späteren Kompensationen in Konsum- und Arbeitswelt. Und unserer »Wirtschaft« kann es nur recht sein, wenn die »Verbraucher« immer mehr verbrauchen und man bei ihnen immer neue und naturfernere Bedürfnisse wecken kann. Der Aachener Wirtschaftsprofessor Karl G. Zinn (2003) hat in sei-nem Buch *Wie Reichtum Armut schafft* plastisch die gewaltsame »Verschiebung der Sättigungsgrenzen« durch die Entwick-lungs- und Marketingabteilungen der Firmen beschrieben. Man könnte es noch provokanter formulieren:

Zufriedene Menschen schaden der Wirtschaft!

Warum heißt es Ver-braucher? Was man ver-braucht, ist weg, muss nachgeliefert werden. Wenn man stattdessen die Vorstel-lung des »Nutzers« hätte, dann würde sich das eher mit der Vorstellung von Nachhaltigkeit vereinbaren lassen. Bei dem, was ich nutze, werde ich auch Sorge tragen, es zu erhalten (nicht zu sehr »abzunutzen«), wie Mutterboden, saubere Luft, Ressourcen usw.

Die Vorstellung vom »Ver-brauchen« stammt aus einer kindlichen Schicht in uns, in der wir von der Endlichkeit der Welt noch nichts ahnen, sondern blind der Unerschöpflichkeit der Mutterbrust vertrauen. Aber wenn wir heranwachsen oder sogar er-wachsen werden, müssen wir uns allmählich an die Begrenztheit des Wachstums gewöhnen, mit dem Taschengeld »haushalten« lernen – und eigentlich ist das auch der Sinn der Ökonomie: Sinnvoll haushalten! *Nutzen!*

Wenn wir in diesem Sinne ein Realitätsbewusstsein erlangt haben, könnten wir alle den erneuerbaren und deshalb auch in Zukunft nutzbaren Ressourcen mehr vertrauen als denen, die einfach nur »verbraucht« werden. Aber weil in uns allen auch das kleine, unersättliche Kind schlummert, liegt es nahe, dass unsere Verführbarkeit durch »Geiz ist geil« oder durch Karrieresucht aktivierbar ist, auch wenn nicht bei allen Menschen im gleichen Maß. Die Beziehung zwischen dem Verführer und dem Verführten ähnelt der zwischen der Ansteckungskraft eines Krankheitserregers und der Widerstandskraft unseres Immunsystems: Wenn mein »seelisches Immunsystem« einigermaßen resistent ist, wenn ich mich von mir selbst und anderen geliebt fühle, werde ich weniger durch Konsum verführt werden. Wenn ich daheim ein interessantes Familien- und Freundesleben habe, brauche ich weniger Unterhaltungselektronik. Mit einem relativ gesunden Selbstwertgefühl werde ich mich etwas weniger mit meinem derzeitigen Beruf oder gar mit einer Firma (die mir vermutlich nie etwas danken wird) identifizieren und vielleicht weniger »nach oben« streben.

Natürlich ist dies alles sehr relativ zu sehen. Ein Freund von uns war Biochemiker in einer großen Firma. In einem unserer nächtelangen Gespräche klagte er einmal: »Ich möchte ja gar nicht höher steigen – aber wenn ich da nicht mitmache, dann drücken sie mich immer tiefer!«

Wir sehen also auch hier, wie im vorigen Kapitel, ein Spannungs- und Ergänzungsverhältnis zwischen den Außen- und

Innenfaktoren. Aus der *innerpsychischen* Dynamik von Gier und Egoismus wird ein *äußerer* Faktor, der anderen schadet, wenn jemand mit diesem Denken Manager wird, und die Gier – trotz mehrerer Millionen Euro Einnahmen im Jahr –ihn nicht loslässt.

Das wirklich Fatale, das unsere Volkswirtschaften seit Anfang der 90er-Jahre des letzten Jahrhunderts langsam aber sicher in den Ruin treiben könnte, ist, dass sich die negativen Auswirkungen der Gier und »Profit-Maximierung« in den großen Banken, Konzernen, Investment-Fonds, Versicherungen usw. so verselbständigt haben, dass ein Einzelner hier kaum noch etwas ändern kann. Unser Misstrauen gegenüber wohlklingenden Tönen von Unternehmerseite und unser Ärger über hohe Manager-Gehälter und Abfindungen sind zwar zutiefst berechtigt – aber es darf uns nicht vom eigentlichen Problem ablenken: nämlich dass die Entscheidungen dieser Manager oft kurzsichtig sind und Milliardenverluste verursachen, z. B. wenn sie Fusionen einleiten, von denen viele misslingen (nicht nur bei Daimler-Chrysler!), während die Arbeitsplätze verloren bleiben. Die *Selbstüberschätzung* von Entscheidungsträgern in Wirtschaft und Politik halte ich für das Gefährlichste – zusammen mit dem System, das diese Machtanhäufung ermöglicht. Hier wäre vor allem ein »gesundes Misstrauen« angebracht!

Die Schere zwischen Arm und Reich klafft nach Aussage vieler Beobachter immer weiter auseinander, trotz guter Wirtschaftszahlen werden kaum neue Stellen geschaffen, trotz des Konjunkturaufschwungs von 2007 sind immer noch Millionen von Armut bedroht. Dabei kann man aber beobachten, dass die meisten ihr Los nur auf einer persönlichen Ebene tragen und ihren rein individuellen Weg suchen, d. h. dass es wenig Solidarität unter ihnen gibt.

Der Soziologe und Politikwissenschaftler Oskar Negt (2001) drückt es in seinem Buch *Arbeit und menschliche Würde* drastisch aus: »Arbeitslosigkeit ist ein Gewaltakt, führt zu Realitätsverlust und nimmt dem Menschen die Würde.«[11] Negt nennt die Massenarbeitslosigkeit ein »man made desaster«. Dass es also soweit kommen konnte, sei kein Naturgesetz, es liege u. a. an einem »falschen Vertrauen« der verantwortlichen Politiker und anderen Entscheidungsträger, ähnlich wie nach dem Krieg alle in ihrer Flucht nach vorn ans Wirtschaftswunder glaubten (»Wir sind wieder wer!«). In diesem unkritischen Vertrauen übersehen viele, dass die Selbstregulation des Marktes gar nicht mehr stattfinden kann: Sie wird behindert durch internationale Großkonzerne, Fonds und Investoren, die längst mehr Einfluss auf die Politik haben, als einer Volkswirtschaft zuträglich ist.

So wie beim Einzelnen die Kräfte am besten wirken können, die unbewusst sind, so sind auch global die Kräfte am wirkungsvollsten, über die man nichts weiß. Und gerade die multinational agierenden Investoren bleiben besonders gerne im Hintergrund. Kein Wunder also, dass die Arbeitslosen für ihren Frust und ihren Ärger keine Adressaten haben. Aber es wird noch schlimmer:

Arbeitslosigkeit und Mangel an sozialstaatlicher Kontrolle der Auswüchse des (ursprünglich gut funktionierenden) Kapitalismus, die »Schatten der Globalisierung«, wie sich der Nobelpreisträger und ehemalige Chef-Ökonom der Weltbank Josef Stiglitz (2004) ausdrückt, wirken ja auch auf die (Noch-) Besitzer eines Arbeitsplatzes, die dadurch zunehmend unter Leistungsdruck stehen. So ist es verständlich, dass an der Basis inzwischen kaum noch Vertrauen in die Dauerhaftigkeit eines Berufs besteht – und das hat vielfältige Auswirkungen:

Es wird immer schwerer für Paare, einen gemeinsamen Wohnort zu finden, wo beide einen stabilen Arbeitsplatz haben. Man entschließt sich deshalb viel später als früher oder nie dazu, ein Haus zu bauen oder eine Eigentumswohnung zu kaufen. Auch der Entschluss, Kinder zu bekommen, wird immer weiter hinausgeschoben, so dass bei vielen Frauen Mitte dreißig oder später nur noch Zeit für ein Kind bleibt. Außerdem benötigen Kinder stabile Familienverhältnisse, die mit der von den Unternehmen geforderten »Flexibilität« und »Mobilität« nur schwer in Einklang zu bringen sind. Deshalb haben wir derzeit in Deutschland einen Durchschnitt von 1,3 Kindern pro Paar. Auf die verschiedenen Verdrängungsmechanismen im Hinblick auf dieses Problem weist seit vielen Jahren der Sozialforscher Meinhard Miegel (2002) hin.

Wechselwirkungen

> Die Erde hat Platz für jedermann,
> aber nicht für jedermanns Gier.
>
> *Mahatma Gandhi*

Von zwölf Lotto-Gewinnern, deren weiterer Lebensweg noch eine Zeit lang beobachtet wurde, soll einer Untersuchung zufolge nur einer nicht in Scheidung, Suizid oder einer ähnlichen Katastrophe geendet haben: ein Gärtner, der einfach in seinem Garten weiterarbeitete. Warum also kann man sich Glück und

Zufriedenheit nicht verschaffen, wenn man doch mit Geld über das beste Machtmittel verfügt, das es derzeit auf der Welt gibt? Liegt da irgendeine Verwechslung vor? Haben wir Geborgenheit, Zuwendung und Zeit von unseren Eltern bekommen oder stattdessen Spielsachen? Heute sind es eher PC-Spiele und ein eigener Fernseher im Kinderzimmer. Wenn wir früh gelernt haben, zwischenmenschliche Werte durch materielle zu ersetzen, brauchen wir uns nicht zu wundern, dass wir auch durch mehr Konsum und »Events« nicht wirklich befriedigt werden.

Hier schält sich langsam heraus, wie die individuellen (also psychischen und biographischen) und die kollektiven (also v. a. politischen und ökonomischen) Mechanismen ineinandergreifen. Meine Mitgliedschaft bei attac beispielsweise wird für mich zu einer großen Bereicherung, weil ich besser zu unterscheiden lerne zwischen den äußeren Faktoren, unter denen ein Patient leidet, und seinen eigenen Problemen bei der Verarbeitung des erlittenen Traumas. Aber bei unseren Treffen fielen mir mit der Zeit ähnliche Mechanismen auf, wie ich sie schon mehrfach beschrieben habe: Es werden – sicher zu Recht und emotional verständlich – immer wieder Missstände aufgezeigt, bei denen die »Schuldigen« schnell ausgemacht sind: Manager, Konzernherren, Politiker, die sich nicht genug für die Armen einsetzen, oder das ganze »System«. Ich kann das alles nachvollziehen, aber dennoch mache ich in unseren Sitzungen immer öfter auch selbstkritische Anmerkungen – mit Erfolg.

Ich muss gegenüber solchen Patienten, die von Arbeitgebern und Ämtern schnöde behandelt wurden, immer abwägen: Wie weit muss ich mit ihm einfach mitfühlen – und ab wann ist es sinnvoll, seinen »eigenen Anteil« in den Blick zu nehmen: das, was er in dieser Situation selbst verursacht hat und deshalb aus sich heraus auch ändern kann? Doch wie weit kann diese Betonung möglicherweise seine Neigung zu Schuldgefühlen verstärken und damit seinen »Biss« schwächen, sich mit anderen zu solidarisieren und gegen Ungerechtigkeiten vorzugehen? – Offenbar besteht auch hier die Gefahr einer Polarisierung! Auf allen Ebenen herrschen also Gier, Selbstdarstellung, so genannte »Sachzwänge«. Eine Polarisierung bewirkt die Verleugnung des eigenen Anteils und Misstrauen gegenüber dem anderen. Leider ist es aber auch eine Tatsache, dass der einzelne Manager wenig am Kurs des Unternehmens ändern kann – er muss mit den Wölfen heulen. Wie in der Familientherapie wird auch hier sinnvollerweise nicht nach einem Schuldigen gesucht, sondern das ganze System auf seine pathologischen Mechanismen hin untersucht.[12]

Das Wechselspiel zwischen den »Kontrahenten«, den Reichen, den wirtschaftlichen und politischen Eliten einerseits und den Armen, Wählern, Arbeitnehmern und Arbeitssuchenden andererseits, lässt sich auch im »Fadenkreuz« darstellen.[13] Beide Seiten argumentieren mit den Feststellungen: »Ich kann nichts ändern« und »Die anderen sollen was tun!«

Hier nun kommt genau der fatale Mechanismus zum Tragen, der im letzten Kapitel unter der Überschrift »Die Idealisierung des Täters« beschrieben wurde: Das Kind kann nur psychisch überleben, wenn es sich selbst als »schlechter« und schuldig ansieht, die »Mächtigen« dagegen als gut – auch wenn dies eine Verdrehung der

Tatsachen darstellt. Genau die gleiche Umkehrung ereignet sich häufig, wenn jemand arbeitslos wird, sich dessen schämt und dann von Politikern, Wirtschaftsvertretern und dem Arbeitsamt hört: »Wer wirklich motiviert ist, der findet schon Arbeit.«

Auch wenn nicht jeder Mensch sich bei einer Kränkung wie der Arbeitslosigkeit in die Rolle des »schuldigen Opfers« begibt, halte ich es für zynisch, wenn seitens der »Eliten« immer wieder diese Strategie gegenüber den Arbeitslosen angewendet wird, um von der eigenen Verantwortung abzulenken: »Die Arbeitslosen müssen besser ausgebildet und in Fortbildungsmaßnahmen des Arbeitsamtes gesteckt werden, damit sie bessere Chancen auf dem Arbeitsmarkt haben« usw. Das ist im Einzelfall oft richtig, aber insgesamt kann es auch die Ausübung von »Definitionsmacht« sein – bis zu einer Form indirekter, »struktureller« Gewalt.

Wie entwertend heute oft mit Arbeitslosen umgegangen wird, erfahre ich inzwischen fast täglich in meiner Praxis. Wie Menschen gleichsam »de-humanisiert«, als lästige Nummern behandelt werden – und wie man sie von oben herab »berät« und »motiviert«. Oft sind die Beratenen doppelt so alt wie die Berater, mit doppelt so viel Lebenserfahrung, aber sie müssen sich den »Maßnahmen« fügen, weil sonst ihr ALG reduziert wird. In solchen Situationen kann ich bei den Betroffenen nicht mehr wie gewohnt an ihr »Vertrauen ins Leben« appellieren – zumindest anfangs nicht.

Gleichwohl: Je mehr Verunsicherung von außen auf uns

Menschen einwirkt, desto lohnender wird es, sich zumindest als Vision oder Ziel vorzustellen, dass man nach und nach das für die Lebensqualität notwendige Maß an Sicherheit und Gelassenheit »in der eigenen Seele« pflegt. Mit anderen Worten: sich, wenn man »erwachsen« werden will, für »Sein« statt »Haben« (Fromm 1979) als Grundmaxime eigener Lebensführung zu entscheiden – ob mit oder ohne Arbeit.

Resignation und Regression

Der Verlust des Arbeitsplatzes ist nicht nur ein Verlust von Tätigkeit, von sozialen Bezügen, sondern in seinem Kern auch noch eine Beschämung, ein Angriff auf das Identitäts- und Selbstwertgefühl. Bei der überwiegenden Zahl der Bürger ist der Beruf nicht nur Broterwerb und Garant für die Teilhabe am gesellschaftlichen Leben und an einer tragenden Gemeinschaft, sondern auch ein wesentlicher Faktor der Selbstdefinition. Aber wohin mit der Wut? Dass die meisten Arbeitslosen wenig Zorn und kaum Initiative entwickeln, hat mehrere Gründe:

1. Für einen konkreten Zorn fehlt meistens das Objekt. Und so »verpufft« er und verstärkt das Gefühl der Hilflosigkeit oder richtet sich gegen Ersatzobjekte (was oft zu Partnerschaftskrisen und Trennungen führt).
2. Wegen der Fälle, in denen staatliche Hilfe egoistisch ausgenutzt wird, werden Arbeitslose oft pauschal als Parasiten hingestellt (»Soziale Hängematte« und ähnliche Sprüche). Diese Verallgemeinerungen können zwar leicht erkannt werden, aber was viel schwerer wiegt, weil es »wohlmeinend« daherkommt, ist der nächste Punkt:

3. Von Seiten der Arbeitgeber, der Politiker und leider auch mehr und mehr der Medien wird das Arbeitslosigkeitsproblem *individualisiert,* also häufig so dargestellt: Ob der Betroffene wieder Arbeit findet, läge erstens an seiner Motivation und seinem Bildungsgrad und zweitens am Geschick des Arbeitsamtmitarbeiters oder an geeigneten »Arbeitsbeschaffungsmaßnahmen«. Diese Vermutungen sind generell nicht ganz falsch, aber die Schwerpunktsetzung wirkt oft tendenziös und manipulativ.

4. Aufgrund der im vorigen Kapitel bei der »Verinnerlichung des bösen Objekts« beschriebenen Mechanismen gelingt es vielen Arbeitslosen nicht, sich weiterhin »schuldlos« und »im Recht« zu fühlen, sondern sie lassen sich diese individuelle »Schuld« von den Mächtigen einreden: Sogar wenn sie auf der rationalen Ebene durchaus z. B. das Unrecht ihrer Firma sehen, sind doch viele unbewusst geschwächt oder gelähmt, weil sie genau am alten »wunden Punkt« getroffen werden: einem primären, irrationalen Schuldgefühl, das wohl die meisten von uns in unterschiedlichem Ausmaß in sich tragen und das letztlich in der Dimension von Selbstachtung und Scham zu finden ist.

Um einen Weg aus der Resignation zurück ins Vertrauen und die Zuversicht zu finden, muss natürlich jedes Schicksal individuell betrachtet werden.

Progression und Regression
Regression heißt: Vermeiden einer unangenehmen Erkenntnis oder einer Herausforderung durch Rückzug ins Private und in »kindliche« Verhaltensweisen. Sie spielt in der psychotherapeu-

tischen »Bewusstwerdungsarbeit« eine große Rolle. Aus diesem gewollten Rückzug heraus geht es dann normalerweise wieder in die Progression. Der Volksmund sagt: »Ins Bett legen heilt die erste Hälfte der Krankheit, Aufstehen die zweite.« Welche schützende Wirkung eine »gesunde Progression« haben kann, zeigt folgende Beobachtung:

> Je besser ein Arbeitsloser informiert ist über ökonomische und gesellschaftspolitische Hintergründe des Arbeitsmarktes, der Globalisierung und anderer Erscheinungsformen der Ökonomie, desto geringer ist bei ihm die Gefahr, eine Depression zu entwickeln – auch wenn sich dadurch auf der Handlungsebene nichts für ihn ändert. Er wird dann allerdings eher aktiv werden, z.B. in Bürgerinitiativen. Dies bestätigt wieder einmal die tiefenpsychologische Erkenntnis, dass Bewusstwerdung die Anfälligkeit für psychische Störungen verringert – und umgekehrt die politische Erfahrung, dass zu allen Zeiten Institutionen und Machteliten dafür gesorgt haben, dass ihre »Untertanen« keinen zu großen Durchblick hatten.

Was Politik betraf, sollte das Volk lieber seinen »Herren« vertrauen als seinem eigenen Verstand! Zum Glück gibt es hierzu auch andere Ansichten. So forderte Ludwig Erhard (1962) jeden Bürger dazu auf, sich mit volkswirtschaftlichen Zusammenhängen vertraut zu machen und dieses Wissen nicht den »Gralshütern« zu überlassen.[14] Ob jedoch diese geradezu emanzipatorische Ansicht inzwischen bei den professionellen Ökonomen mehrheitsfähig ist? Ich bezweifle es. Die Meinungsführer haben Erfahrung darin, das Volk abzulenken – Brot und Zirkusspiele! »Unterhaltung ist Unten-Haltung.« Armin Risi (2007) bringt es auf den Punkt: Die Bürger bleiben – mehrheitlich und vom Jammern abgesehen – zwar ruhig (attac hat europaweit ca. 90 000 Mitglieder statt z. B. neun Millionen), was wir jedoch heute zunehmend auf kollektiver Ebene erleben müssen, ist die Tendenz, dass die Bürger *weder* der »Obrigkeit« *noch* ihrer eigenen Urteilsfähigkeit vertrauen – deshalb wohl die sinkende Wahlbeteiligung. So bleiben vielen der (von ihrer eigenen Mündigkeit überforderten) Bürger nur wenige konstruktive Auswege: Sie vertrauen der Wissenschaft (bzw. was sich dafür ausgibt), der Werbung (die geschickt ihre Bedürfnisse manipuliert und neue, v. a. künstliche und infantile, hervorlockt) oder selbst ernannten Gurus wie Trendforschern oder Sektenführern. – Von Kants berühmter Aufforderung »Habe den Mut, dich deines eigenen Verstandes zu bedienen!« sind wir heute wieder weiter entfernt denn je.

Was politisches Handeln, Artikulieren von eigenen Positionen im demokratischen Raum, Mitarbeit in Initiativen usw. betrifft, habe ich noch keine allzu ermutigenden Erfahrungen gemacht. Ich konstatiere zwar in meinem Umfeld, dass viele sich über die »Verhältnisse« beklagen; aber wenn es z. B. darum geht, zu einem Vortrag über die Privatisierungswelle oder den Börsengang der Bahn zu gehen oder bei einer Unterschriftenaktion mitzumachen, dann haben viele etwas Wichtigeres zu tun (mir geht es natürlich oft auch so). Wirkliches Interesse keimt häufig erst auf, wenn ein naher Verwandter arbeitslos wird oder die Kinder aus der »Generation Praktikum« nicht herauskommen. Al Gore (1992) nennt dieses Phänomen das »NVMH-Syndrom«: *Nicht vor meiner Haustür.*

Es gibt jedoch auch Beispiele dafür, dass sich gezielte Aktivitäten lohnen: Als der »Börsengang« der Deutschen Bahn schnell durch den Bundestag gedrückt werden sollte (was Personalabbau, Verschlechterung des Service, Streckenstilllegungen usw. befürchten lässt), formierte sich eine bundesweite Kooperation von vielen NGOs (Nichtregierungsorganisationen). Wir im Bodenseeraum informierten einen unserer Bundestagsabgeordneten über die Gefahren einer Privatisierung der Deutschen Bahn, und einige Zeit später setzte dieser Abgeordnete in seiner Fraktion eine Welle von (vorher eher nur latent vorhandenem) Aufbegehren in Gang. Dieser Kritik schlossen sich dann auch Länder-Ministerpräsidenten an: Die Diskussion, die bei NGOs begonnen hatte, war mit Hilfe »unseres« Abgeordneten auch »in Berlin angekommen«.[15]

Natürlich können wir uns ja wirklich nicht über alles informieren, und es ist kein Wunder, wenn man »langsam niemandem mehr traut«. Dennoch kann sich Vertrauen auch auf genauere Information gründen. Da wir ja alle viel zu viel zu tun haben, wären wir gerade auf die »neutralen Zeugen« in den Medien angewiesen, die aber leider immer »systemkonformer« werden: So besteht der Verdacht, dass bei den großen Medien, die im Politischen noch eine gewisse Meinungsvielfalt repräsentieren, im Bereich der Wirtschaft eine Art »neoliberales Kartell« besteht. Kann man also auch den Journalisten nicht mehr trauen? Sie müssten doch »neutrale Zeugen« sein! Aber Medien leben eben großenteils von der Werbung ...

Hier schlage ich wieder ein kleines Innehalten vor: Über-
legen Sie einmal, wo Sie von Entscheidungen der Politik
persönlich betroffen sind, auf regionaler oder nationaler
Ebene (Steuer, Kindergeld, Bildungssektor, Nahverkehr,
Umweltschutz, Gesundheitsreform ...). Was davon greift
direkt in Ihr Privatleben ein? Wenn Sie sich das kurz no-
tiert haben, dann überlegen Sie, welche Informationen
Sie über diese Themen von wem bekommen (könnten).
Wem würden Sie trauen? Und wie viel Aufwand könnten
Sie sich leisten, um sich – über Zeitung und Tagesschau
hinaus –»schlau zu machen« und kompetent mitreden
zu können, z. B. für eine Volksabstimmung?

Wie gelingen Veränderungen und wem kann man noch trauen? Wem können wir die Zukunft unserer Kinder »an-vertrauen«? Den Entwicklungsingenieuren, die mit immer noch perfekteren und schnelleren Autos gute Exportraten, aber auch einen hohen CO_2-Ausstoß bewirken? Den Kirchen, die einen Verlust christlicher Werte anmahnen, aber über einen Schwund an Gläubigen klagen? Der großen Zahl »event«-süchtiger Jugendlicher, die ihre Computerspiele besser beherrschen als ihre eigene Zukunftsplanung? Wer ist heute noch in der Lage, Inhalte zu vermitteln und lohnende Ziele aufzuzeigen?

Ich führte in den 80-er Jahren einmal am Rande einer Tagung ein längeres Gespräch mit Franz Alt. Wir fragten uns u. a., wie es in der Gesellschaft zu Veränderungen kommen könne. Franz Alt sagte, dass in einer Gemeinschaft gleich welcher Art Veränderungen oft nicht allmählich vor sich gehen, sondern gelegentlich durch überraschende tiefer gehende Wandlungen, und zwar wenn eine »kritische Masse« von ca. zwanzig Prozent der Mitglieder »aufwacht«. Das hat sich inzwischen schon gelegentlich bewahrheitet, wie bei der Mülltrennung oder beim bleifreien Benzin. Die Idee von den plötzlichen Entwicklungsschüben macht mir Mut – ich hoffe, Ihnen auch!

Die Idee der »kritischen Masse« vertritt u. a. auch der zitierte Schweizer Dichter Armin Risi (2007). Wie kommen aber Veränderungen zustande? Für eine Verhaltensänderung (»gesünder leben«, »Energie sparen«, »sich mehr politisch bilden und engagieren« usw.) benötigt man drei Haupt-Komponenten:

1. einen »Leidensdruck«, der größer ist als Angst vor Neuem und Faulheit,
2. ein sinnvolles Ziel, für das sich die Änderung wirklich lohnt,
3. Solidarität: Beim verantwortungsbewussten sozialen und ökologischen Verhalten das Vertrauen darauf, dass auch andere mitmachen, so dass sich mein Einsatz auch lohnt; bei psychischen Problemen die Erkenntnis, dass auch andere solche Schwierigkeiten haben – also eine »Solidarität der Leidenden«).

Yerkes und Dodson haben schon 1908 (!) festgestellt, dass eine Einstellungsänderung am besten auf einem mittleren Angstniveau gelingt (mehr dazu im nächsten Kapitel). Wer zu wenig Angst bzw. Leidensdruck hat, ist nicht motiviert, etwas an sich oder den äußeren Umständen zu verändern. Aber zu viel Angst oder Druck kann lähmen oder zu archaischen Verhaltensmustern führen: Kampf- und Flucht-Reaktionen, Territorialkämpfen, Mobbing usw.

> Politiker neigen zum Bagatellisieren von Gefahren, Bürgerinitiativen oft zum Dramatisieren. Beide Extreme erhalten eher den jetzigen Zustand.

Also: Wie komme ich zu einem »mittleren Angstniveau«? Was muss ich aktiv angehen, was «regelt sich von selbst»? Natürlich kann ich hier nur einige allgemeine Anregungen geben – und Warnungen.

> *Überlegen Sie einmal: Gab es in Ihrem Leben eine Entwicklung, die immer mehr Druck verursachte, bis Sie endlich etwas änderten? Was hat den entscheidenden Impuls gegeben? Und wie sahen Sie den Entschluss im Rückblick? Gibt es jetzt in Ihrem Leben, ob privat oder beruflich, einen Zustand, den man eigentlich ändern müsste, wo aber der letzte Mut fehlt? Was wäre das Schlimmste, das passieren könnte, wenn Sie etwas ändern? Was hält Sie im jetzigen misslichen Zustand? Wo fehlt noch Vertrauen ins Neue?*

Erinnern Sie sich an den »Quantensprung« im dritten Kapitel, der aus dem »Circulus vitiosus« einen »Engelskreis« macht? Allerdings besteht bei solchen Sprüngen die Gefahr, dass etwas über-sprungen wird – wie es in Deutschland nach dem Krieg mit dem Wirtschaftswunder geschah: Anstatt die Gräuel des Krieges, die Verluste und Kränkungen zu betrauern und gemeinsam zu verarbeiten, bis die Wunden gut vernarbt sind, haben wir unserem NS-»Schatten« den Rücken gekehrt, die Flucht nach vorn angetreten und das Wirtschaftswunder geschaffen; und auf diesem »Trip« sind wir bis heute: So wie ein Kind sich aus einem traumatischen, belastenden Familienmilieu hinauskatapultieren und in den Leistungsehrgeiz gehen kann, so kann das auch ein ganzes Volk. Diese Art von »Vertrauen in die Zukunft« hat Ausweich- und Abwehrcharakter. Freud warnt hier vor der »Wiederkehr des Verdrängten«. Unsere dunkle Seite gehört zu uns – deshalb schrieb Bertolt Brecht in seiner Kriegsfibel zur NS-Vergangenheit: »Der Schoß ist fruchtbar noch, aus dem das kroch!« Ein Relief, das keine Schatten hat, wirkt flach – wie ein Flach-Bildschirm und die Programme, die man auf ihm sehen kann.

> Wer seinen eigenen Anteil, den »Gegner im Innern« (z. B. Gier, Minderwertigkeitsgefühl, Denkfaulheit) durch »Bebrüten« genügend kennengelernt hat und sich ausreichend informiert hat, kann die Gegner im Außen mit gutem Gewissen bekämpfen. Und umgekehrt lassen sich dann auch eher die Personen und Institutionen erkennen, denen man tatsächlich vertrauen kann. Doch diese Unterscheidungen gelingen wirklich erst mit einem ausreichenden Maß an Selbst-Bewusstheit.

Wir haben also zwei gegenläufige, sich ergänzende Vorgehensweisen:

» Für den von ungünstigen wirtschaftlichen Verhältnissen *Betroffenen* eignet sich die gerade beschriebene Strategie: sich informieren, seine eigenen Stärken und Schwächen kennenlernen, auch seine inneren Konflikte, bis hin zu seiner »persönlichen Neurose« – um *dann* vor diesem Hintergrund umso überzeugender und gezielter nach außen agieren zu können.

» Für *Begleiter* und alle Menschen im Umfeld von Geschädigten, Arbeitslosen usw. gilt die umgekehrte Schwerpunktsetzung: Wie bei Opfern von Gewalt (bzw. eines anderen Traumas) ist es ganz entscheidend, dass der betroffene Mensch im Berater, Therapeuten oder anderen Helfer einen »objektiven Dritten« findet, der ihm klar kundtut: »Dir wurde Unrecht getan – das, was du erlebt hast, war eine Beschädigung von außen.« All denjenigen, die dem Opfer auch noch eine Teilschuld geben (was leider oft in Vergewaltigungsprozessen geschieht und wie gesagt bei Arbeitslosen geradezu systematisch betrieben wird), soll diese deutliche Botschaft entgegenwirken, um die enttäuschte Vertrauensfähigkeit des Opfers wieder aufzubauen. Vor diesem Hintergrund kann man dann als Freund, Berater, Sozialarbeiter, Arbeitsamtangestellter, Rechtsanwalt usw. den Betroffenen auch dazu anregen, seine subjektive psychische Situation zu beachten, seinen »Anteil«, mit dem er gegebenenfalls gestaltend eingreifen kann, bei der Arbeitssuche oder bei gesellschaftlichem Engagement.

Wenn auch noch die Medien ihre Zeugenfunktion wieder ernster nähmen, anstatt sich zu einseitigen Sprachrohren des neoliberalen Beschleunigungs- und Wachstumsparadigmas machen zu lassen, könnte daraus ein Gegengewicht entstehen gegen die »Ausgrenzungsmentalität« der Reichen und Eliten in Wirtschaft und Politik. Peter Glotz nennt eine Gesellschaft, aus der viele absichtlich oder gezwungenermaßen am Rand stehen, eine »Zwei-Drittel-Gesellschaft«.

Als Grundlage einer Schutzfunktion für die Opfer der Wirtschaftsdominanz postulieren viele inzwischen die Etablierung einer »Gattungsmentalität«. Horst Eberhard Richter (1979, 2003) weist darauf hin, dass man wieder zum »Sympathie-Prinzip« des Homo sapiens zurückfinden müsse, das die Gleichstellung der Schwächeren mit den Stärkeren verlangt und nicht vom »Machtprinzip« überlagert werden dürfe. Wenn eine solche Mentalität an Boden gewinnt, könnte sie – so meine ich – nicht nur für die Unterprivilegierten Vertrauen wachsen lassen. Wir alle würden dadurch gewinnen, vor allem unsere Kinder und deren Kinder.

Weitere Konsequenzen eines wirkmächtigen Sympathie-Prinzips wären z. B., dass Gewerkschaften nicht nur für (Noch-)Besitzer von Arbeitsplätzen kämpfen, sondern verstärkt auch für die, die wieder in Arbeit kommen wollen, und dass die Tarifpartner die immer weniger werdende Arbeit gerechter verteilen.

Bei allem, was mit Veränderung zusammenhängt, sind die Parallelen zwischen gesamtgesellschaftlicher und individueller Ebene besonders auffällig: Auch meine Patienten wissen oft sehr bald, was sie nicht mehr wollen – aber noch lange nicht, was sie tatsächlich wollen. Das schält sich oft erst später heraus, im Rahmen eines längeren Wachstumsgeschehens. So kann jemand nach einem Prozess der Selbsterforschung und Selbstakzeptanz vielleicht eines Tages sagen:

Jetzt habe ich »auf einmal« Vertrauen in andere, weil ich mir selbst vertraue (oder ist es umgekehrt?). Was trägt mich jetzt, im Gegensatz zu vorher? Ist das Neue, in mir Gewachsene wieder bloß Illusion? Und wenn? Es darf auch ruhig etwas Illusionäres dabei sein, im Sinne von Che Guevaras Ermutigung: »Seien wir realistisch, versuchen wir das Unmögliche!« Positiv ausgedrückt sind es Visionen – und aus denen können neue Lebensschritte entstehen.

Da Depression und »Angst vor der Angst« einen Teufelskreis bilden können, gilt es, Gegenkräfte zu entwickeln. Und ähnlich wie im Falle der negativen Eskalation können sich auch die Potentiale des Vertrauens in uns selbst und des Vertrauens in die anderen gegenseitig verstärken.

Die dritte Dimension

Mit dem Vertrauen ist es vielleicht so wie in dieser Geschichte:

Tünnes und Schäl schauen einem Seiltänzer zu.

Tünnes: »*Doll, wie der da über de Strick läuft. Aber warum fällt er nich runter?*«

Schäl: »*Na, er hält sich doch an seiner Balancierstange fest!*«

Tünnes: »*Ja schon, aber warum fällt denn die nicht herunter?*«

Schäl: »*Na, die kann doch gar nicht herunterfallen, die hält er doch fest!*«

Man sieht: Wer sich einmal innerhalb des Vertrauenssystems bewegt, profitiert von seinem selbstverstärkenden Prozess, in dem die Gegensätze »aufgehoben« sind.[16] Passend zur Balancierstange könnte man auch sagen, sie sind in einem Schwebezustand ausbalanciert. Auch wenn die Seiltänzer-Geschichte uns surrealistisch erscheinen mag: Mit vielen wissenschaftlichen Theorien und anderen »Glaubenssystemen« verhält es sich ebenso! Und diese Erkenntnis passt genau zu einem Aspekt des berühmten Theorems von Kurt Gödel: Kein System, ob mathematisch, physikalisch oder religiös-philosophisch, kann in sich selbst widerspruchsfrei bewiesen werden. Dazu ist immer ein »archimedischer Punkt« von außen nötig. Solange Neugier und »Vertrauens-Trieb« würdige Gegenspieler in einer gesunden Polarität sind, ist gesichert, dass wir uns im Mittelfeld bewegen. Auch Leistungsfähigkeit hat, wie Veränderungsbereitschaft, ihr Optimum auf einem mittleren Angstniveau.

An dieser Stelle möchte ich eine Lanze für das »Ungeklärte« und »Unentschiedene« brechen. Das heißt konkret: Wenn ich noch nicht weiß, in welchem Maße ich an meinem Arbeitsplatzverlust oder daran, dass ich keine neue Arbeit finde, selbst schuld bin, wenn ich noch nicht weiß, wer von uns beiden Recht hat, wenn ich noch nicht weiß, ob eine Person, die ich vor kurzem kennengelernt habe, mein Lebenspartner werden könnte: Diese Phase des Noch-nicht-Wissens stellt sich oft als äußerst wichtig und fruchtbar heraus! Ich kann Sie nur ermuntern, solche Schwebezustände ausreichend lange auszuhalten, damit sich unter der Bewusstseinsschwelle im Spiel der Kräfte, auch der widerstrebenden Tendenzen, neue Eindrücke und alte Erfahrungen austauschen, neu formieren und damit ganzheitlichere Lösungen finden können, als der bewusste Verstand es vermag.

Wieder einmal möchte ich anregen, solchen »ungelösten Fragen«, Unklarheiten und Schwebezuständen in Ihrem Leben nachzuspüren. Das können konkrete Entscheidungsschwierigkeiten sein, aber auch Interpretationsfragen, wie die oben erwähnte »Schuldfrage«: Was an meinem Problem ist »hausgemacht«, und wo ist mir wirklich Unrecht widerfahren? Dass mich immer wieder Kollegen mobben – haben die sich gegen mich verschworen? Dass ich immer wieder Pech mit Freund(inn)en habe – woran liegt das? Schreiben Sie auf, was für das eine und was für das andere spricht, und versuchen Sie, eine neue, dritte Position zu finden, wie die Henne Berta neue Futternäpfe fand. Probieren Sie einen Perspektivenwechsel aus, indem Sie den Gegensatz von einem übergeordneten Standpunkt aus wahrnehmen, so wie ich es im »Fadenkreuz« demonstriert habe.

Manches wird sich nie ganz klären lassen – was hätten etwa meine Eltern in meiner Kindheit anders machen können? Oder warum hat mich mein Partner verlassen? Die Kunst ist oft, solche ungeklärten Zustände auszuhalten.

Vertrauen heißt auch, etwas nicht »klären« zu müssen, etwas Unverstandenes »stehen lassen« zu können.

Über diese »dritte Dimension« des Vertrauens zwischen oder vielmehr »neben« Sicherheit und Unsicherheit werde ich im fünften und siebten Kapitel noch einige Überlegungen vorstellen. Im nächsten Kapitel möchte ich mit der Theorie der dynamischen Systeme einen weiten Bezugsrahmen anbieten, in dem sich allmählich individuelle und kollektive, naturwissenschaftliche und soziale, psychotherapeutische und »lebensphilosophische« Sichtweisen weitgehend unter einem Dach vereinen lassen.

5. Komplexität – die Dynamik der Gegensätze

Wenn alles ineinander greift und kaum vorhersehbar ist

Nach unserer bisherigen Erfahrung sind wir zum
Vertrauen berechtigt, dass die Natur die Realisierung
des mathematisch denkbar Einfachsten ist.

Albert Einstein

Damit Sie sich auf keinen Fall vom Titel abschrecken lassen, benötigt dieses Kapitel eine besondere persönliche Vorbemerkung.

Daran, dass der ursprünglich von mir für dieses Buch geplante Titel »Vertrauen ins Chaos« oder abgemildert »Vertrauen ins Unvorhersehbare« lauten sollte, können Sie ersehen, wie wichtig mir dieser Ansatz ist. Das muss wohl mit meiner Neugier in Bezug auf Ursachen und Hintergründe zusammenhängen. Schon früh merkte ich, dass oft verschiedene Sichtweisen berechtigt waren, auch wenn sie sich widersprachen. Im Medizin- und Psychologie-Studium waren die Menschen- und Weltbilder besonders widersprüchlich. So war ich immer auf der Suche. Allein: Ein für viele Lebens- und Wissensbereiche anwendbares, fachübergreifendes »Bezugssystem« fand ich erst in den 80er-Jahren in der allgemeinen Systemtheorie.

Und seit den 90er-Jahren faszinieren mich Chaosforschung (die Erforschung des Unvorhersehbaren) und Synergetik (die Lehre vom Zusammenwirken), vor allem in ihren Anwendungen auf die Psychologie und den menschlichen Alltag. Lange Zeit musste wegen anderer Projekte (und meiner hautnahen »Chaosforschung« in der Liebe, mit den Kindern und bei meinen Patienten) dieser »Attraktor« in den Hintergrund treten. Doch weiterhin bestärken mich viele Bilder und Modelle der Chaosforschung und Synergetik in meinem Vertrauen in die seelischen Selbstheilungskräfte der Menschen.

Ein übergeordneter Bezugsrahmen

> Chaosforschung – das interessanteste Forschungsgebiet, das es gegenwärtig gibt. Ich bin davon überzeugt, dass die Chaosforschung eine ähnliche Revolution in den Naturwissenschaften bewirken wird, wie es die Quantenmechanik getan hat.
>
> Gerd Binnig, Physik-Nobelpreisträger

Bevor wir zu den Inhalten der Komplexitätswissenschaften kommen, muss ich noch kurz auf die derzeitige globale Situation eingehen, die für mich auch ein wesentliches Motiv dafür ist, dieses neue »Paradigma« zu propagieren:

Den 1600 Wissenschaftlern zufolge, deren »Globale Warnung« schon 1993 in Amerika veröffentlicht und danach in Deutschland totgeschwiegen wurde, haben wir ab 2008 noch etwa zehn bis zwanzig Jahre für den nötigen radikalen Wandel in Haltung und Handeln als Bewohner dieser Erde. Die Klimagipfel 2007 in Paris und auf Bali haben diese Warnung im Grunde nur bestätigt. Aber wir wissen auch, dass unser jetziges selbstzerstörerisches Verhalten großteils in unserer Geschichte und unserer Psyche begründet liegt. Was ich als die wichtigste Aufgabe der heutigen System- und Chaosforschung ansehe, hat Al Gore, bevor er Vizepräsident der Vereinigten Staaten wurde, in seinem Bestseller *Wege zum Gleichgewicht* beschrieben:

»Das Verhältnis des Menschen zur Erde ist heute in einem Zustand, den Vertreter der Chaostheorie als Ungleichgewicht bezeichnen würden. Zu Beginn des Atomzeitalters sagte Einstein, dass sich alles geändert habe, nur nicht unser Denken. Das gleiche trifft zu Beginn des Umweltzeitalters zu. Unsere Herausforderung liegt nun darin, möglichst schnell den nötigen Wandel in unserem Denken herbeizuführen, um unser Gesellschaftssystem in ein neues Gleichgewicht zu bringen – bevor das globale Ökosystem aus seinem Gleichgewicht gerät. Der Wandel in unserem Denken wird sich nach dem in der Chaostheorie beschriebenen Muster vollziehen. Bis zum Überschreiten einer gewissen Schwelle werden wenige Veränderungen stattfinden. Danach, sobald bestimmte Grundannahmen neu definiert sind, wird plötzlich eine Flut von dramatischen Änderungen eintreten.« (Gore 1992)

Wie führt man einen »Wandel im Denken« herbei? Dies ist eine der Zentralfragen, mit der sich auch Psychologie und Psychotherapie beschäftigen.

Wir haben also eine Parallele zwischen der globalen Situation und der des Einzelnen, der in eine Krise geraten ist und (z. B. in Psychotherapie) Hilfe sucht. Die vielen Hemmnisse, die bei der Umsetzung von Einsicht und guten Vorsätzen auftreten, haben ja schon vor längerer Zeit zur Entstehung der Tiefenpsychologie geführt, d. h. zum Konstrukt des Unbewussten, in dem man Kräfte annimmt, die zu den bewussten Einstellungen im Gegensatz stehen. Und ebenso gibt es in der Ökologie gegen eine globale Einstellungsänderung schwerwiegende Hindernisse. Ich glaube mit Al Gore, dass die wichtigsten davon *psychischer* Natur sind und dass die zähesten wiederum im Unbewussten liegen, als Resultat unserer Entwicklung als Einzelne und als Gemeinschaft. So schließt sich der Kreis: Die Parallelität zwischen der Umweltkrise und den Krisen von Einzelmenschen ist kein Zufall, eher eine »Selbstähnlichkeit«. Wir wissen es ja im Grunde: *Die globale Krise – das sind wir selbst!*

Ich hoffe, es ist deutlich geworden, weshalb ich es für angebracht halte, jetzt diesen übergeordneten Bezugsrahmen vorzustellen, in dem vielleicht eines Tages Naturwissenschaften, Sozial- und Geisteswissenschaften in wesentlichen Komponenten ihren Platz finden könnten, um gleichsam »konzentrisch« die überlebenswichtigen Probleme der Menschheit anzugehen.[17]

Ich will gleich zu Anfang darauf hinweisen, dass diese Disziplinen primär nicht für den psychosozialen Bereich entwickelt wurden, so dass es sich bei ihrer Anwendung anfangs noch um Analogiebildungen handelte. Man muss sich also der Gefahr von »Kategorienfehlern« bewusst sei, beispielsweise kann es bei der vorschnellen Anwendung eines physikalischen Begriffs (wie »Druck« oder »Spannung«) auf die Psyche leicht zu falschen Schlussfolgerungen kommen. In der Psyche geht es nicht »hydraulisch« zu. Gleichwohl kann man bei einem solchen Transfer seelische oder soziale Vorgänge mit Hilfe von Bildern und Begriffen der System- und Chaostheorie auf neue, lebendige Art beschreiben – und zwar im Sinne von so genannten Denkwerkzeugen. Diese »tools of thought« (wie sie der englische Evolutionsbiologe C.H. Waddington nennt) können mit Augenmaß von einem Lebensbereich in einen anderen übertragen werden, um dort das Verständnis mancher Phänomene zu bereichern.

In weiteren Schritten werden Hypothesen aufgestellt und Forschungsprojekte durchgeführt, wie in der Klinik Windach am Ammersee, wo man bei Zwangskranken versucht, den fruchtbaren Momenten der »kritischen Instabilität« im Therapieprozess auf die Spur zu kommen, in denen vermutlich Wandlung und Heilung geschieht (Heinzel, S., 2008).

Die Entwicklungen, die ich gerade erwähnt habe, bereiteten verstandesorientierten Naturwissenschaftlern manchmal zunächst Probleme. Vorher hatte man immer geglaubt, man könne ein Naturgeschehen dann voraussagen, wenn man alle wirksamen Kräfte kennt und berechnen kann. Genau diese Vorstellung hat sich aber als Illusion herausgestellt: Auch bei einer genauen Kenntnis der Ausgangsbedingungen lässt sich das Verhalten eines dynamischen Systems nur für kurze Zeit vorhersagen. Nach der Herausforderung der Relativitätstheorie und dem Schock der Quantenmechanik war das die dritte »Kröte«, die die Wissenschaftler im 20. Jahrhundert zu schlucken hatten.

Vielleicht merken Sie jetzt, was diese Erkenntnis mit unserem Thema zu tun hat: Wenn ich nicht einmal die wichtigsten Naturvorgänge genau vorausberechnen und kontrollieren kann, dann brauche ich sogar hier so etwas wie Intuition, Offenheit und Vertrauen. Und da kommt uns die Natur mit dem Prinzip der Selbstorganisation ja wieder entgegen.

Gerade als Gruppentherapeut habe ich mir den Ehrgeiz abgewöhnt, immer zu wissen, was gerade in allen Patienten vorgeht, wie viel Angst sie haben, was sie bewegt, wie ihre Beziehung zueinander ist. Stattdessen habe ich mich – ganz im Sinne Freuds – auf die Haltung der »gleichschwebenden Aufmerksamkeit« eingestellt: einfach zuhören, mitfühlen und gelegentlich intuitiv kommentieren, fragen – dem Gruppenprozess vertrauen. So wenig wie möglich diagnostizieren oder »einordnen«! Wie das Leben selbst wird auch der Gruppenprozess vorwärts gelebt und rückwärts verstanden.

Aus diesem Grund ist es schwer, die Tätigkeit eines Therapeuten, Beraters, Supervisors usw. zu beschreiben oder seine Qualifikation zu »prüfen«. Was er anwendet, sind seine Erfahrungen, seine Intuition und seine eigene Persönlichkeit. Aber was ist hier anders als in Familie, Freundeskreis und Arbeitsgruppe? Wir alle können die Reaktionen unserer Mitmenschen nicht vollständig vorausberechnen und sind deshalb gezwungen, über das »Denken« hinaus auch spontan zu reagieren. Darum ist es so wichtig, an seiner »Fühlfunktion« zu arbeiten, wie es C. G. Jung nennt. Er meint damit weniger die Gefühle, sondern eher unsere emotionale Kompetenz, also die Fähigkeit, etwas subjektiv zu beurteilen: Gefällt es mir, tut es mir gut? Oder ist es mir zu viel, tut es mir nicht gut? Wohlgemerkt: ohne rationale oder allgemeingültige Begründung bzw. Rechtfertigung.

Ordnung und Unordnung

Um den neuen Bedeutungsgehalt des Begriffes Chaos in seiner ganzen Tragweite zu erfassen, muss man sich langsam – umkreisend – an ihn herantasten. Dazu betrachten wir zuerst ein allgemein plausibles Spektrum von

ORDNUNG, STRUKTUR ⟵⟶ UNORDNUNG, ZUFALL

Ordnung besteht aus fest gefügten »Zu-ordnungen« von Einzelelementen zueinander, klaren Grenzen zwischen Untereinheiten, aus Unterscheidungen. Dadurch entstehen Regeln für die Beziehungen der Elemente untereinander, kurz, Struktur. Die Vorhersehbarkeit an diesem Ende des Spektrums ist maximal, also »1«. Ein Beispiel ist die Kristallstruktur – im Bereich des Wassers das Eis.

Im psychischen Bereich und in den Kognitionswissenschaften spricht man vom Gegensatz zwischen »Erstmaligkeit« und »Bestätigung« (Weizsäcker 1974). Wer wenig Neu-Gier (aber viel Neu-Angst) hat, wird z. B. jedes Jahr zum gleichen Urlaubsort fahren. Am Ordnungspol hätten wir maximale Bestätigung, Null Erstmaligkeit. Unordnung ist das genaue Gegenteil: Es gibt keine (bekannten) Unterschiede, alles ist beliebig. Bewegungen gehen in alle Richtungen. Es besteht keine Struktur, alles ist gleich wahrscheinlich und wird durch den »Zufall« bestimmt. Dafür wären Beispiele die Gase bzw. (beim Wasser) der Dampf. Hierher passt der »Abenteurer-Typ«, der keine vorgebuchten Reisen macht und unbekannte Speisen bestellt, auch wenn es ab und zu ein Reinfall wird.

So wie beim Spektrum zwischen Misstrauen und Vertrauen haben wir auch hier eine Polarität sich ergänzender Gegensätze vor uns, die beide für das Leben nötig sind. In der chinesischen Philosophie spricht man vom flüssigen und festen »Chi«, im Bild von Fluss und Flussbett. Aber schon das Beispiel mit Eis und Dampf zeigt uns, dass es sich nicht unbedingt um ein gleichmäßiges Kontinuum handelt, sondern dass es auf dem Spektrum Übergangszonen gibt, wo sich plötzlich etwas ändert, wo »Sprünge« geschehen (die sogenannten »Phasensprünge«, s. u.). Wie bei den »Polaritäten« im Kapitel 3 ist eine lebendige

Balance zwischen den Polen kein 50:50-Kompromiss, sondern etwas Neues, (die »Dritte Dimension« von Kapitel 4). Jetzt können wir sie benennen: Es ist die Dynamik.

> Dynamik ist keine Mischung aus Ordnung und Unordnung, so wie fließendes Wasser keine Mischung aus Eis und Dampf ist. Sie ist etwas qualitativ Neues. Nur im schmalen Bereich zwischen Eis und Dampf, im fließenden Wasser, konnte auf der Erde Neues und Dynamisches, nämlich Leben entstehen!

Dynamische Systeme und Nichtlinearität

Jeder Einzelorganismus, jede Familie, Gruppe, Firma usw. ist aus systemtheoretischer Sicht als ein dynamisches, nichtlineares System aufzufassen. Das ist ein System, das sich (mathematisch formuliert) »in sich selbst abbildet« und das auf sich selbst zurückwirkt (sog. »Selbstreferenz«): Jede Aktion des Systems, jeder »Output« wirkt als »Input« wieder auf das System zurück. Viele kennen solche Mechanismen als »Teufelskreis«, wie z. B. die »Angst vor der Angst«, die sich – losgelöst vom ursprünglichen Grund – aufschaukeln kann, wie der Streit zweier Kampfhähne auf dem Schulhof (wo man auch niemals eine erste Ursache finden kann). In »gesunden« Systemen halten sich Kräfte und Gegenkräfte ohne Eskalation in Schach, wie z. B. in einer stabilen Partnerschaft Gefühl und Vernunft oder Sparsamkeit und Einkaufslust.

Man hat festgestellt, dass sich durch viele Output-Input-Schritte (sog. »Iterationen«) mit der Zeit jedes dynamische System einerseits aufrechterhält, andererseits auf eine prinzipiell nicht vorhersehbare Weise verändert. Alle lebenden Systeme sind in diesem Sinn dynamisch (im Gegensatz zu mechanischen und hierarchischen Systemen wie Motoren oder über »Ist-Wert« und »Soll-Wert« regulierte wie Kühlschränke und Heizungen). Aber Dynamik ist schwer vorhersehbar: Vor allem in labilen Zuständen können schon kleine Abweichungen bei den Anfangsbedingungen durch Eskalation zu großen Veränderungen (Phasensprüngen) führen, was mit dem inzwischen schon im Volksmund verbreiteten »geflügelten« Wort *Schmetterlingseffekt* ausgedrückt wird. Dynamik ist also weder geordnet noch ungeordnet, weder starr noch gasförmig, weder genau vorhersehbar noch völlig chaotisch. Im Grunde spielt sich das gesamte Leben in diesem Bereich ab.

In einer ersten Parallele zu unserem Hauptthema möchte ich postulieren, dass eine gesunde Haltung zwischen Ver- und Misstrauen nicht aus fünfzig Prozent Vertrauen und fünfzig Prozent Misstrauen besteht, sondern aus der Fähigkeit, ganz zu vertrauen *und* sich ganz zu schützen, sich voll zu engagieren *und* dabei gleichzeitig ganz »bei sich« zu bleiben. Flexibilität und Festigkeit zu vereinen ist nicht so paradox, wie es scheinen mag.

Als ich vor dem Medizinstudium im Krankenpflegepraktikum bei Komapatienten Bedenken bekam, ob ich die Konfrontation mit Leid, Krankheit und Tod würde verkraften können, wünschte ich mir für meine Seele eine »sensible Hornhaut«. Ich hatte keine Ahnung, ob es so etwas geben könnte. Der paradox klingende Begriff jedoch faszinierte und »tröstete« mich. Dann, nach vielen Jahren hatte ich offenbar wirklich eine psychische Hornhaut entwickelt. Aber verstanden habe ich es erst in einer Art Gleichnis:

Zum Glück konnte ich der Musik treu bleiben, vor allem dem Gitarrespiel. Eines Tages betrachtete ich die Hornhaut der Fingerspitzen meiner linken Hand: Sie war nicht hart und gefühllos, sondern fest *und* elastisch – und genauso sensibel wie die Fingerspitzen der rechten Hand. Was war geschehen? Durch die Belastung der Finger, die auf die Saiten drückten, hatte sich die Hornhaut in ihrer Struktur verändert: Sie war außen elastisch und darunter war festes Gewebe entstanden. Und jetzt weiß ich auch, was das für die Seele bedeutet: Durch Selbstreflexion, v. a. Betrachtung meiner Stärken und Schwächen und meine Gefühlsreaktionen wie Schmerz, Angst und Wut, kann mit der Zeit eine größere Tragfähigkeit des »tiefer liegenden Gewebes« der Seele entstehen, das dann weniger kränkbar ist, auch wenn seine Oberfläche sensibel bleibt. Es haben sich dazwischen »Auffangmechanismen« gebildet, die den Wesenskern vor großen Zerstörungen bewahren.

Versuchen Sie doch einmal, sich in verschiedene Lebensbereiche hineinzuphantasieren: Wo bin ich eher ein »Dickhäuter«, wo bin ich einfühlsam, und wo bin ich

besonders verletzlich oder gar kränkbar? Und gibt es bei
mir auch Bereiche, in denen ich trotz meiner Sensibilität
einigermaßen sicher und abgegrenzt bin? Wo liegen mei-
ne »Auffangmechanismen«?

Übrigens – Sie haben auch eine sensible Hornhaut, selbst wenn
Sie kein Gitarrist sind. Wollen Sie wissen, wo? An den Fußsohlen!

Nichtlinearität und Selbstreferenz

Diese beiden Begriffe bezeichnen geläufige Phänomene: nämlich
dass ein Prozess nicht gleichmäßig (»linear«) verläuft, sondern
sich z. B. beschleunigt: Fallgeschwindigkeit, Schneeball-Effekt,
Verzinsung mit Zinseszins, Staatsverschuldung, Atomexplosion. Bei allen handelt es sich um selbstverstärkende Prozesse.
Im Bereich des Wirtschaftswachstums z. B. wird dies zu wenig
berücksichtigt. Die 2,3% »Produktivitätssteigerung« pro Jahr
sind nächstes Jahr de facto schon mehr als dieses Jahr! Aber wo
führt uns das hin? Gibt es eine Grenze? In den Gleichungen, die
wir zur Beschreibung verwenden, tauchen Potenzen auf, d. h.
Kräfte multiplizieren sich mit sich selbst. Dies alles geschieht
schon, wenn nur eine einzige Größe im Spiel ist, z. B. die Erdanziehung oder die Schuldenmenge. Sehr oft handelt es sich dabei
um die berühmte »Exponential-Funktion«, wie im Falle der
Staatsverschuldung.

Wenn allerdings verschiedene Kräfte im Spiel sind, wird es
komplizierter: Sie können gleichgerichtet sein oder gegeneinander wirken – und wenn man ihre Wechselwirkungen berück-

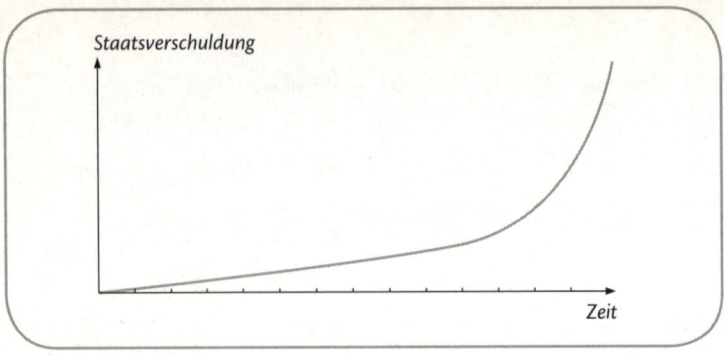

Die Exponential-Funktion

sichtigen muss, wird es völlig unübersichtlich. Der häufigste Fall ist, dass eine Kraft eine ihr entsprechende Gegenkraft hervorruft (z. B. der fallende Gegenstand die Luftreibung). Hier finden wir den entscheidenden Unterschied zwischen natürlichem Wachstum und dem auf Dauer schädlichen Wachstumsparadigma der Wirtschaft: In der Natur »wachsen die Bäume nicht in den Himmel«, wie der Volksmund sagt: Das kommt von einer Gegenkraft, die z. B. aus der Begrenztheit der Ressourcen oder der Anwesenheit anderer Organismen besteht. Leider scheint es für den auf diesem Globus wuchernden Homo sapiens keine natürlichen Feinde zu geben – außer sich selbst.

Treffen sich zwei Planeten im Weltraum. Sagt der eine:
»Du siehst aber schlecht aus. Bist du krank?«
»Ja ja«, antwortet der andere. »Ich hab Homo sapiens!«
»Du Ärmster!«, ruft der erste. »Aber sei beruhigt! Das hab ich
auch schon gehabt! Geht schnell vorbei!«

Auch in der Psychologie kennen wir solche nichtlinearen Zusammenhänge, beispielsweise wenn eine Kraft, je stärker sie wird, eine desto stärkere Gegenkraft hervorruft. So entsteht etwa die mehrfach erwähnte Abhängigkeit zwischen Motivation und Fähigkeit zu Leistung bzw. Einstellungsänderung und Angstniveau. Solche Beziehungen werden durch »arkadenförmige« Kurven dargestellt: Sie steigen an, erreichen ein Optimum und fallen dann wieder ab. Diese Grafik zeigt die Beziehung zwischen Angst (Erregung) und Änderungs- bzw. Leistungsbereitschaft (nach Yerkes und Dodson 1908).

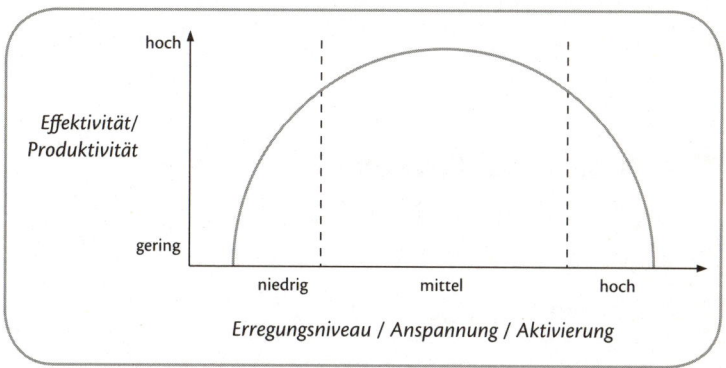

Das Yerkes-Dodson-Gesetz

Vielleicht ist Ihnen schon aufgefallen, dass wir erneut bei einer »dynamischen Polarität« angekommen sind, wobei der »Mittelbereich« wieder eine andere Qualität hat als die Extreme. In einem gesunden Seelenleben werden sich solche konstruktiven Gegenspieler ergänzen, wie bei Neu-Gier und Neu-Angst bzw. Vertrauen und Misstrauen. Die Extreme wären »Blauäugigkeit« gegenüber »Pessimismus«.

Können Sie in Ihrem Alltag solche »Kräftespiele« ausfindig machen? Kennen Sie das, dass eine Kraft immer wieder eine Gegenkraft hervorruft, z. B. wenn Sie sich besonders bemühen, dass es dann gerade schief geht? Oder beim Einschlafenwollen? Oder wenn man Kinder zu den Hausaufgaben »motivieren« möchte? Wie gehen Sie mit solchen Sackgassen und anscheinend paradoxen Situationen um?

Unvorhersehbarkeit und Einheitssehnsucht

Gott würfelt nicht.

Albert Einstein

Wenn zwei oder mehr Kräfte innerhalb eines geschlossenen Systems aufeinander wirken, ist prinzipiell nicht genau vorhersehbar, wie sich das System weiterentwickeln wird.[18] Diese Vorgänge bezeichnet man heute in den Systemwissenschaften mit einem widersprüchlich erscheinenden Begriff, der aber genau diese Gegensatzdynamik zum Ausdruck bringt: »deterministisches Chaos«. Dabei handelt es sich letztlich um einen dynamischen Ordnungszustand.[19] Durch äußere oder innere Einflüsse kann es aber immer wieder zu »Ordnungs-Ordnungs-Übergängen« kommen.
Allerdings:

Für einen solchen Wandel muss die bisherige Ordnung für kurze Zeit außer Kraft gesetzt werden. Jetzt gelten die alten Regeln *nicht mehr* und die neuen *noch nicht*. Eine solche Übergangsphase (wie sie in Therapien, bei politischen Umstürzen usw. oft zu beobachten ist) nennt man »kritische Instabilität«.

Ein uns allen geläufiges Beispiel für eine solche instabile Übergangsphase ist die Pubertät (wenn die Eltern schwierig werden!). Hier kommt es v. a. durch die Wirkung der Sexualhormone nicht nur zu einer Veränderung des äußeren Erscheinungsbildes, sondern besonders im Gehirn zu massiven Umstrukturierungen: Alte Prioritäten (d. h. dominante Nervenverbindungen) werden zurückgedrängt und neue Zellverbände kommen »ans Ruder«, um die Verhaltensebene zu beeinflussen oder gar völlig zu kontrollieren. Es kommt oft – wie bei Revolutionen – zu einer »Umwertung aller Werte«.

Hier zeigt die Natur ihre spielerische und schöpferische Seite, und deshalb spricht die Chaosforschung bei vielen heimliche Leidenschaften an. Man sagt zwar, »alles in Ordnung«, aber wenn es so wäre, würde das Stillstand bedeuten! Es freut mich, dass die Naturwissenschaft des 19. und 20. Jahrhunderts diesen Tatbestand nach und nach akzeptieren musste.

An dieser Stelle lauert jedoch eine Gefahr, die in der Faszination des Chaos-Paradigmas begründet ist. So wie vermutlich in uns allen schlummert auch in mir ein »Rebell« gegen die rationalen und »logischen« abendländischen Denkmuster. So wie andere in Sekten oder fernöstliche Mystik entfliehen, so reizt mich die Faszination des Unberechenbaren, die Kreativität und das Überraschungsmoment – als Gegengewicht zur strengen Naturwissenschaft, bei der alles beweisbar und wiederholbar sein muss.

Erkennen Sie – nun polaritätsgeschult – auch hier die Gegensatzspannung? Kennen Sie auch aus Ihrem Leben die »zwei Seelen in Ihrer Brust«? Wenn Gefühl und Verstand sich widersprechen, und das nicht nur in der Liebe? So wie bei strenger Wissenschaftsgläubigkeit im Hintergrund die »Absicherungstendenz« des Misstrauens Pate steht, so lauert ja bei der Faszination durchs Chaos eine heimliche Leidenschaft, das gezähmte wilde Tier in uns, das sich der Vernunft, die uns die Eltern eingetrichtert haben, nicht unterwerfen möchte. Schauen Sie sich selbst über die Schulter: Wo sitzt bei Ihnen die »Rache der Irrationalität«, die Chaos-Ecke, die von wilden Orgien oder Lustreisen träumt oder tatsächlich plötzlich unvernünftige Sachen macht? Vielleicht sind es ja bei Ihnen nur »triebhafte« Einkäufe oder Fressanfälle, die Sie bald wieder bereuen, aber wer weiß ...

Das zweite »Faszinosum« der Chaosforschung ist die Sehnsucht nach dem, was Jung in Anlehnung an die Alchimisten den »unus mundus« nannte: ein einheitliches Weltbild. Heute erscheint es als Vision einer »Great Unifying Theory«, von der Stephen Hawking (1988) in seinem Bestseller *Eine kleine Geschichte der Zeit* spricht: eine Weltformel, die Relativitätstheorie und Quantenmechanik miteinander vereinbart und in der sogar die Mystik Platz findet.[20] Neuerdings bezweifeln aber einige Wissenschaftler, allen voran der Physik-Nobelpreisträger Robert B. Laughlin (2007) aus Stanford, ob das Universum überhaupt wissenschaftlich erschöpfend zu beschreiben sei.[21]

> Nota bene: Bei der Frage nach Unvorhersehbarkeit, Berechenbarkeit, Ordnung und Unordnung geht es immer auch um Vertrauen: Wie viel Vorhersehbarkeit braucht es? Wie viel dynamisches Chaos können wir ertragen?

Die rechte Balance?

Wenn also nicht einmal mehr in den »exakten« Naturwissenschaften auf Fakten Verlass ist, sondern man im Innern der Materie nur noch Wahrscheinlichkeitsaussagen erwarten kann – ja, worauf kann man denn dann überhaupt noch vertrauen? Können wir uns, gemäß Picasso, »im Ungeborgenen geborgen« fühlen? Sogar in der Naturwissenschaft werden wir wieder auf uns selbst zurückgeworfen: Wie viel äußere Sicherheit brauchen wir, um uns innerlich sicher zu fühlen?

> *Auch hier können Sie wieder einmal nach innen schauen: Wie wichtig ist es Ihnen, in einer Angelegenheit »Bestätigung« und Sicherheit zu haben, eine Tatsache »be-*

wiesen« zu bekommen, einen Plan festzulegen? Lieber etwas zu tun, was Sie schon können, statt etwas Neues auszuprobieren? Oder können Sie etwas riskieren, »auf gut Glück« irgendwohin fahren, zu einer Party mit vorwiegend Unbekannten gehen usw.? Wie stark müssen Sie sich absichern, z. B. bevor Sie in Urlaub fahren: Wo ist das Hotel genau? Wie ist dort das Wetter? Wie ruhig ist es? Und wie wichtig ist es Ihnen, so viel wie möglich von Ihrem Partner zu wissen, wann er wo ist, was er gerade macht (»Liebling, was denkst du gerade?« Oweh! ... aber darauf kommen wir ja im nächsten Kapitel!)

Wir Menschen sind sehr unterschiedlich gestrickt in dem, wo wir »Unberechenbarkeit« aushalten und wo wir lieber auf vertrauten Pfaden wandeln. Angstneurosen und phobische Entwicklungen neigen dazu, den Patienten immer mehr einzuengen, bis er nur noch »Bestätigung« ertragen kann. Ein Problem unserer Spezies ist, dass wir kein Organ, kein Nervensystem für »die Mitte« haben. Der Hirnforscher Manfred Spitzer meint dazu: »Bei sehr vielen Prozessen und Handlungen geht es um das Finden der richtigen Mitte zwischen regulatorischen Extremen. Die Zügel links, die Zügel rechts – in der richtigen Balance zwischen diesen Steuerbefehlen liegt der gerade Weg. Es gibt keinen Zügel, an dem man ziehen könnte für den Befehl ›gerader Weg‹.« (Spitzer 2006)

Komplexität:
Wie Vertrauen im Gehirn entsteht

Ein »kompliziertes System« nennt man »komplex«, wenn es einen hohen Vernetzungsgrad hat. Das beste Beispiel ist unser Gehirn mit seinen 100 Milliarden Nervenzellen, von denen jede bis zu 10 000 Verbindungen (»Synapsen«) zu anderen hat. Die wichtigste Fähigkeit dieses hochkomplexen Systems besteht darin, dass sich die Elemente koordinieren und synchronisieren, das jedoch ohne Hierarchie, also ohne eine »Chefzelle« oder Führungsetage, sondern durch Kooperation! Die Vernetzung geschieht immer im Austausch mit der Umwelt. Das heißt: Von allen Verbindungen, die ständig geknüpft werden, werden solche, die aufgrund von Reizmangel nicht gebraucht werden, wieder abgebaut. Heute weiß man, dass die Verschaltungen im Gehirn vor allem mit den zwischenmenschlichen Erfahrungen zusammenhängen, die in den ersten drei Lebensjahren gemacht werden, angefangen mit dem Körperkontakt. Das Gehirn baut also – neben seiner mitgebrachten »Software« – seine Struktur durch frühe Bindungserfahrungen auf, zu denen natürlich auch alle Erinnerungen an Bedrohungen jeder Art gehören. Für ein Kind war wohl zu allen Zeiten die größte Gefahr das Nicht-wahrgenommen-Werden, das die Grundlage für die Verlassenheitsangst bildet. Es gehört zu unseren Überlebensmechanismen, dass gerade solche angstbesetzten Programme nie mehr ganz gelöscht werden können – dies ist die Grundlage des Misstrauens. Doch kann das damals Versäumte später durch »vertrauensbildende Maßnahmen« nachgeholt werden?

Hirnforschung macht Hoffnung

Glücklicherweise gibt es Ausgleichsmechanismen: Dank der »Plastizität« des Gehirns, das jede Minute Millionen neuer Verbindungen schaltet, werden durch spätere positive »Ein-Drücke« (so genannte korrektive Erfahrungen) in Freundschaften oder Therapien alte Programme überlagert. (Was ich in meinem Bericht über den Ringkampf mit dem Patienten auf Seite 60 f. beschrieben habe, wird somit durch die Hirnforschung bestätigt.) Vor diesem Hintergrund ist natürlich die Armut an echten Erfahrungen, an körperlicher Bewegung und zwischenmenschlichen Begegnungen bei den heutigen PC-Kids fatal.

Wenn allerdings eine Situation eintritt, die einer frühen Bedrohung ähnelt, kommt auch die alte Angst wieder hoch (Beispiel: Verlassenheitsangst in der Eifersucht). Diese Angst kann dann zwar Flügel verleihen, kreative Ideen kommen uns da aber nicht. Wer Angst hat, denkt zwanghaft, »fokussiert«, denn die Angst (= »Enge«) beeinträchtigt Neuorientierungen. Das wussten die Mächtigen zu allen Zeiten: Wer Untertanen haben will, die nicht auf dumme Gedanken kommen, wird sie erstens stets in latenter Angst halten (Gestapo, Stasi etc.) und zweitens ablenken, z. B. durch Krimis, die im alten Rom Zirkusspiele hießen: wieder die »Unten-Haltung«! Für neue Ideen dagegen muss man sich sicher fühlen – wie beim »Brainstorming«, wo man gerade verrückt denken soll und Kritik verboten ist.[22]

Angst bewirkt Komplexitätsreduktion, Komplexitätsreduktion mildert Angst.

Deshalb neigen Menschen, die unter Stress stehen, einfach strukturiert sind, sich (latent) unterlegen fühlen oder/und kaum Zukunftsperspektiven haben, zu einfachen Erklärungen und Weltbildern (vgl. Neonazis und Fundamentalismus). In solchen Fällen können die geschilderten Polaritäten und Ausbalancierungen nicht zu einem vertrauensfähigen Seelenzustand führen. Als Ersatz für Vertrauen dienen dann starre Denkmuster (»Flucht in die Gewissheit«), Identifizierung mit Idolen, Führerpersönlichkeiten, mit der eigenen Gruppe sowie Feindbilder als Abgrenzung gegen »die anderen«. Das beruht auf einem prinzipiell überlebensnotwendigen Mechanismus: Da wir alle irgendeine Art Vertrauen in Bekanntes brauchen, filtert und vereinfacht das Gehirn die Vielfältigkeit der einstürmenden Reize, indem es nach Mustern sucht, die es schon kennt. Darum ist es mindestens zu fünfundneunzig Prozent damit beschäftigt, sich selbst zu verwalten – durch die »Selbstorganisation« (Jantsch 1984). Gleichzeitig ist jedes lebende System in gewissem Grad »zur Zukunft offen«: Diese Entwicklungsfähigkeit steigt mit dem Komplexitätsgrad, vom Einzeller bis zur Weltkultur, vom Atom bis zum Galaxienhaufen. Der »Nachteil«: Je komplexer ein System ist, desto schwerer ist sein Verhalten vorherzusagen – das bedeutet wieder, mit Unbestimmtheit zu leben.[23]

Achtung Selbsterfahrung: Wie halten Sie es mit Ihren Meinungen, mit Ihrer Suche nach Erklärungen für gesellschaftliche, zwischenmenschliche und familiäre Vorgänge um Sie herum? Wie viel Mehrdeutigkeit, Strittigkeit,

Unerklärbarkeit sind Sie gewillt zu ertragen? Brauchen
Sie so weit wie möglich Eindeutigkeit, auch wenn sie hart
ist? Wie gut können Sie bei sich selbst Unerklärliches,
Unentschiedenes und Geheimnisvolles aushalten? Was
machen Sie mit Fragen, die niemals beantwortet werden
können? Ich nenne – nur nebenbei – ein Beispiel: Wenn
unser Universum schon immer da war, warum über-
haupt? Wenn es einen Anfang hat, was war vorher?

Selbstorganisation und Attraktoren

Nach so viel Unbestimmtheit und Unvorhersehbarkeit dürfen
wir uns jetzt wieder darauf besinnen, dass es auch ordnende
Kräfte in den lebenden Systemen gibt: Mechanismen, die die
Evolution stabiler Ökosysteme und Arten ermöglicht haben –
allerdings immer in Kooperation mit dem »Zufall«. Wenn bei
der Evolution alles »ordentlich« zugegangen wäre und keine
Ablesefehler der DNS (der Moleküle, die die Erbinformation
tragen) stattgefunden hätten, wären wir höchstens bis zum Niveau der Blaualgen gekommen. Vor allem durch die Fehler der
Natur kam es also zu Mutationen und vom ersten Biomolekül
zum Menschen! Wieder einmal ein Lob dem Chaos!

Man kann immer wieder beobachten, dass sich ein System
bei passenden Umweltbedingungen recht gut selbst reguliert.
Dieses Prinzip, dass ein System (eine Familie, eine Arbeitsgruppe in einer Firma, ein freier Markt, ein krankes Organ usw.)
ohne große Eingriffe und »Steuerung« von außen seine eigene

Ordnung findet und aufrechterhält, ja dass es sogar Störungen von außen weitgehend verkraften und verarbeiten kann, ist eine der größten Entdeckungen der Systemwissenschaften. Man spricht von Selbstorganisation. Die Synergetik hat viele ihrer Mechanismen, auch im anorganischen Bereich, gut erforscht und mit Gleichungssystemen modelliert.

Sie können selbst eine ganz einfache Erfahrung eines Ordnungs-Ordnungs-Übergangs mit Hilfe von Selbstorganisation machen, wenn Sie einen Wasserhahn aufdrehen: Zunächst ist der Strahl glatt (»laminare« Strömung). Doch wenn Sie langsam weiter aufdrehen, kommt es irgendwann kurzzeitig zu einer Turbulenz (kritische Instabilität), und danach hat sich der Strahl wieder auf einer neuen Ordnungsstufe selbst organisiert. Er sieht aus wie ein Muskel: Oben dick, unten verjüngt er sich. So kommen viel mehr Wassermoleküle pro Zeit durchs Rohr.

Die Idealvorstellung des *freien Spiels der Kräfte*, die der Theologe Adam Smith bereits 1789 mit dem Begriff der »unsichtbaren Hand des Marktes« veranschaulichte, ist für mich eine der wichtigsten Gründe für Vertrauen. Oft weiß ich nicht recht, was zu einem bestimmten Moment in der Gruppe los ist. Oder ein Patient sagt, er sehe keinen Ausweg mehr. Gerade dann hat mir seit vielen Jahren das Wissen um die *Selbstorganisationsfähigkeit der Seele* und der Gruppe innere Sicherheit gegeben. Natürlich braucht das sich selbst organisierende System einen sicheren Rahmen. Deshalb werden z. B. nur Patienten aufgenommen, die die Gruppenregeln (v. a. die Schweigepflicht) akzeptieren. Auch in der Pädagogik kommt es weniger aufs konkrete »Erziehungsverhalten« an – wichtiger sind die *Rahmenbedingungen* der Familie, die Vorbildfunktion der Eltern, die Stabilität der »Achse« der Partnerschaft der Eltern. (Was das bei einer Scheidungsrate von fünfzig Prozent in Großstädten bedeutet, kann man sich ausrechnen.)

Hier wären Sie wieder selbst gefragt: Welche Veränderungen in meinem Leben habe ich von außen aufgezwungen bekommen? Wie viel Stabilität und Kontinuität konnte ich erleben? Wie viel meiner Rahmenbedingungen konnte ich selbst bestimmen, wie konnte ich Störungen ausgleichen? Habe ich Kränkungen und Verluste genügend verarbeitet, habe ich mich danach wieder angemessen »selbst organisiert«? Oder wie weit habe ich sie »abgekapselt«? Und wenn: Hemmt mich das noch oder holt es mich ein?

Gerade bei den heute immer unsicheren Rahmenbedingungen (v. a. durch die von der Wirtschaft geforderte »Flexibilität«) ist die Stabilität innerhalb der Systeme Psyche, Familie usw. zur Entfaltung der Selbstorganisationskraft besonders notwendig.

Wir stehen uns selbst im Weg, wenn wir den Selbstheilungs- und Selbstorganisationskräften um uns und in uns nicht genug vertrauen. Wir meinen immer, wir müssten eingreifen, mit »Maßnahmen«: Arbeitsbeschaffungs- oder Erziehungsmaßnahmen, Konjunkturspritzen, Antibiotika, Entwicklungshilfe usw. Sicher ist

das manchmal nötig, aber häufig wäre es wichtiger, sich die Rahmenbedingungen des Systems genauer anzusehen. Diese zu verbessern bzw. zu stabilisieren ist oft gar nicht so schwer: Oft genügt eine Reparatur von früheren und ein Schutz vor neuen Beschädigungen.

Wo soll's langgehen? Der Attraktor

Das Verhalten von Systemen unterteilt man i. A. in drei Gruppen, die jeweils unter der Regie eines so genannten »Attraktors« stehen. Mathematisch ist das ein Grenzwert, dem das System sich durch längeres Berechnen von Iterationen (immer der gleiche Rechenvorgang, vgl. S. 153) annähert. Er sieht also aus wie ein »Anziehungspunkt« für das System, ein »angestrebter« Endzustand. Man unterscheidet vor allem drei Typen:

1. *»Fixpunkt-Attraktor«*: Das System landet immer am selben Punkt (z. B. Pendel, Streit-Ehe).
2. *»Grenzzyklus«*: Das System schwankt zwischen zwei Zuständen hin und her (z. B. manisch-depressive Erkrankung).
3. *»Seltsamer Attraktor«*: Das System befindet sich im »deterministischen Chaos« (z. B. Wetter, Herzrhythmus, Teamwork usw.)

Die »Seltsamen Attraktoren« (»strange attractors«) mit ihrem »chaotischen« Verhalten sind die interessantesten, denn sie beherrschen jedes lebende System und sind die Voraussetzung für seine Selbstorganisation.[24] Sie repräsentieren keinen klaren Fixpunkt, sondern nur eine Art »Wolke« von Möglichkeiten. Wenn man die jeweiligen momentanen Zustände eines Systems in einem so genanten »Phasenraum« abbildet (also einer Darstellung, in der jede Variable einer Achse entspricht, was wir uns nur bei bis zu drei Dimensionen vorstellen können), dann sähe man bei einem dynamischen System seine Zustände als eine Art Punktwolke mit unscharfen Rändern, aber dennoch mit einer gewissen Form. Diese Formen, die z. B. wie Achterbahnen oder Schmetterlinge aussehen, waren einige Jahre lang in verschiedenen Zeitschriften zu sehen. Beim Wetter könnte man z. B. Temperatur, Luftfeuchtigkeit und Luftdruck in einem dreidimensionalen Raum abbilden, die vierte Dimension wäre die Zeit. Mit solchen Berechnungen fing der Entdecker der »Chaosforschung« an, der Meteorologe Edward Lorenz.

Einfach kann man die Attraktoren als »Potential-Landschaft« veranschaulichen: Die wahrscheinlicheren, häufig angestrebten Zustände werden als Vertiefungen, die unwahrscheinlichen als Erhöhungen dargestellt. Der momentane Zustand des Systems ist dann eine Kugel, die darin rollt:

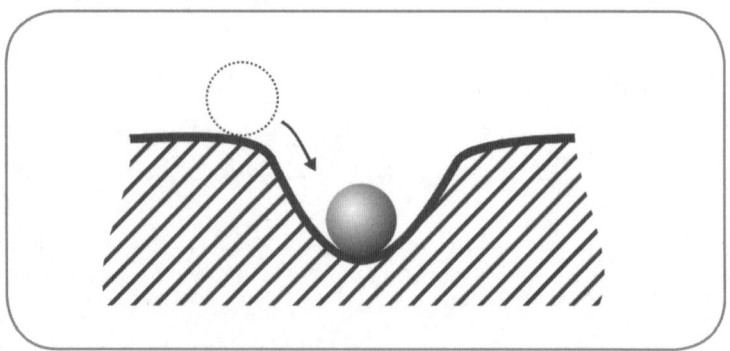

Fixpunkt-Attraktor

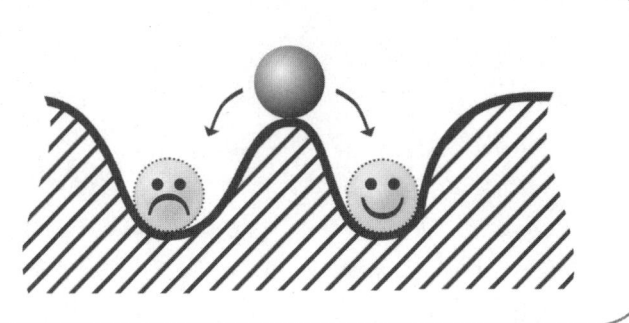

Grenzzyklus (oder »Bistabilität«)

Seltsamer Attraktor

Ich bitte Sie, an dieser Stelle wieder einmal in sich hineinzulauschen und dem Begriff »Chaosfähigkeit« nachzuspüren. Was löst er in Ihnen aus? Welche Gefühle
steigen hoch? Ist es eher Angst vor der Unordnung, vor
dem Unberechenbaren oder mehr innerer Rückzug und

vorsichtiges »Abwarten«? Oder ist es aufkeimende Faszination (wie bei mir) – oder sogar Sehnsucht danach, diesem dynamischen Chaos Raum zu geben, es in einem überschaubaren Rahmen sich entfalten zu lassen und gespannt zu sein, was als Nächstes kommt? Und dann: Haben Sie Einfälle und Erinnerungen, vielleicht aus der Kindheit, wo Chaos noch sein durfte, wo man im Matsch herumpantschen konnte, bis man »zur Ordnung« gerufen wurde? Oder haben Sie das nie erlebt? Und wenn Sie es als Kind nie erlebt haben: Gab es später Zeiten, wo das fruchtbare Chaos Sie einholen durfte, bei wilden Partys oder auf Reisen? Oder tragen Sie bis heute eine heimliche Sehnsucht nach »Zügellosigkeit« und »Chaosfähigkeit« mit sich herum?

Ein lebendiges System, das in der »Obhut« eines oder mehrerer Seltsamen Attraktoren ist, ist nicht starr festgelegt auf einen Ablauf, es kann innerhalb weiter Grenzen seine Zustände variieren. Es hat für seine Selbstorganisation immer einen gewissen »Schutzraum«. So kann in Krisenzeiten für die Psyche eine stabile Partnerschaft, Familie, Firma, eventuell auch eine Therapie, ein solcher Raum sein. Wirkt dieser Raum einengend, kann das System versuchen, auf seine Randbedingungen Einfluss zu nehmen und einen Ordnungs-Ordnungs-Übergang zu inszenieren (z. B. durch Umschulung, Trennung, Wohnungswechsel, Revolution, Streik …), oder es arrangiert sich mit seiner Lage (»love it, leave it or change it!«).

Solche Änderungen gehen nahtlos über in die Fähigkeit des Systems, »regulär« zu evolvieren, d. h. in neue Attraktorbereiche hinüberzugleiten, wie Adam und Eva, die aus dem Paradies hinauswollten, wie ein Jugendlicher zu Beginn der Pubertät oder wie eine Frau, die ein Kind bekommt. Die Attraktoren, die unsere seelische Entwicklung begleiten, nennt Jung Archetypen: Grundmuster, die gleichsam bereitstehen, um das sich wandelnde Wesen in Empfang zu nehmen. Wer zu wenig Vertrauen in diesen Übergang hat, dem tut es gut, wenn andere ihm zur Seite stehen, die ihm von diesem Übergang erzählen, am besten, wenn sie ihn selbst schon durchlebt haben. Aber wie kommt ein Mensch, ein Volk, ein Patient, von einer Stufe zur nächsten?

Phasenübergänge

Eines der wichtigsten Konzepte der Synergetik, das auf seelische Wandlungsprozesse übertragen werden kann – und um die geht es uns ja bei der Wiederentdeckung von Zuversicht und Vertrauen vor allem – ist das Modell der Phasenübergänge. In unserer Potentiallandschaft würde die Kugel dann aus ihrer Kuhle herausgeschoben, um in eine andere zu rollen – oder in einer (gering gewellten) Ebene »frei« zu sein zu rollen, wohin sie »will«.[25]

Ich kann durch kritische Selbstbeobachtung auch einen »Grenzzyklus« aus meinem eigenen Alltag beisteuern: Die meiste Zeit esse ich »normal« – also eigentlich schon zu viel. Dann liegt die Kugel meines Ess-Systems stabil in einem tiefen Tal. Wenn ich mich einmal dazu aufraffe, sie herauszurollen und eine Fastenkur zu beginnen, bin ich nach ca. einem Tag in der anderen »Kuhle«: Dort besteht keine Ambivalenz, es ist auch ein relativ stabiler Zustand. Aber nach dem Fasten rollt meine Kugel wieder flugs in die alte Kuhle »Normalessen« (also wieder ein bisschen zu viel). Dennoch habe ich die Hoffnung noch nicht aufgegeben: Je öfter es mir gelänge, auf dem »Goldenen Mittelberg« eine dritte Delle für die Kugel zu bilden, vielleicht bei »Iss zwei Drittel«, desto größer wäre die Chance für einen mittleren Zustand als neue Möglichkeit.

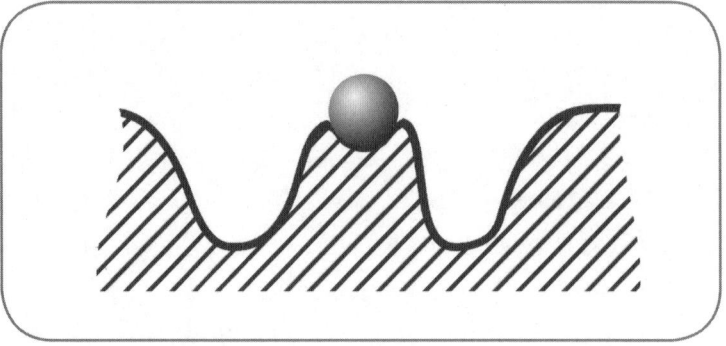

Der »goldene Mittelweg«

In vielen Lebensbereichen könnte so ein Abflachen des Mittelbereichs doch heilsam sein: Zwischen Depression und Euphorie, Kontrollzwang und Blauäugigkeit, beim unseligen Pingpong zwischen Single-Einsamkeit und Partnerschaftsabhängigkeit, zwischen Sparen und Prassen, zwischen blinder Bekämpfung des Terrorismus und blinder Verdrängung der Gefahren, zwischen Markt-Fundamentalismus und Planwirtschaft: Aber das ist leichter gesagt als getan!

Nachdem ich mich mit meinem Essverhalten »geoutet« habe, möchte ich auch Sie bitten, einmal heimlich in sich hineinzulauschen und herauszufinden, wo auch Sie Probleme mit der »goldenen Mitte« haben. Schaffen Sie es, mit der Arbeit, dem Essen, dem Feiern, zwischen Büro und Familie, dem Alkohol, dem Fernsehen usw., immer eine gesunde Mitte zu halten?

Kritische Instabilität

Da für Phasenübergänge meist bestehende Muster aufgelöst werden müssen, sind sie immer mit einer (im Falle von psychischen Entwicklungen oft ängstigenden) »Kritischen Instabilität« verknüpft: einem Zustand der Verwirrung, der Hilflosigkeit, in dem nichts mehr gilt, was vorher noch Sicherheit gab.

Es kommt manchmal vor, dass ein neuer Patient in der Gruppe von schlimmen Schicksalsschlägen erzählt, so dass alle sehr betroffen sind, vielleicht sogar manche weinen. Aber beim Erzähler selbst sieht man keine Regung. Dann sagt irgendwann einmal ein Gruppenmitglied sinngemäß: »Was ist los mit dir, wir spüren dich gar nicht!« – Und anschließend stellt sich meistens heraus, dass der Patient diese Kränkungen oder Verluste noch gar nicht verarbeitet hat, ja dass er die dazu gehörenden Gefühle von sich fernhält, »verdrängt«. Da hat sicher noch kein »Phasenübergang« stattgefunden. Er braucht also einen stabilen Schutzrahmen, um sich nach und nach von seinen bisherigen »Attraktoren« (z. B. rationalen Erklärungen, Selbstdisziplin) zu befreien und die abgespaltenen Gefühle zulassen zu können – wie die Patientin, die froh war, endlich traurig sein zu können.[26]

Und nun kommt das Entscheidende:

> Für einen Phasenübergang durch die Kritische Instabilität benötigt der Betroffene zunächst *kein* eigenes Selbstvertrauen oder Vertrauen in die Zukunft. Er braucht lediglich genug Vertrauen in seinen Therapeuten, die Therapiegruppe, in einen Freund, eine Clique, eine verlässliche »Anlaufstelle«, die ihn trägt. Den Rest kann er der Selbstorganisation seines Unbewussten überlassen. Wenn die Zeit reif ist, geht dieses Vertrauen von dem/den anderen dann auf ihn selbst über. Alle Fremdhilfe kann nur eine Zwischenlösung sein, Hilfe zur Selbsthilfe, münden muss sie am Ende immer in diese Selbstheilung.

Im Grunde ist das auch die ursprüngliche Maxime der Entwicklungshilfe und der Medizin: dem Land, der Natur zu helfen, dass es/sie sich wieder selbst helfen kann.

Damit ist natürlich die Rolle dieser »Anlaufstelle« (bzw. des Therapeuten) für eine gewisse Zeit sehr wichtig, weil *sie* jetzt die schützenden Rahmenbedingungen darstellt. Ich musste einmal eine Patientin neun Monate lang krankschreiben. In dieser Zeit war sie gerade fähig zum Notwendigsten im Haushalt, so dass sie nicht verhungerte. Sie wusste manchmal nicht, welche Tageszeit war, fand sich nicht mehr in ihrer Wohnung zurecht. Alles geriet durcheinander, ihre Beziehungen, Werte und Gefühle.

Die einzigen Fixpunkte waren die beiden Therapiestunden pro Woche, zu denen sie stets pünktlich kam. Was nach dieser Zeit herauskam, war in der Tat ein »neuer Mensch«. Sie wies viel weniger Symptome auf und konnte wieder normal essen, während sie vorher oft am Rande der Magersucht gestanden hatte, sie machte eine Berufsausbildung, die ihr viel mehr entsprach – ein Wandlungsgeschehen, das uns beide dankbar werden ließ. Ich weiß nicht mehr, was wir in dieser Zeit in den Sitzungen besprochen haben – aber ich glaube, die Inhalte waren nicht so wichtig. Das gleiche gilt für die Gruppe, in der oft einfach die tragende Gemeinschaft, das Miteinanderfühlen, Reden oder Schweigen den größten Anteil an Heilung und Wandlung hat.

Wie letztlich die Selbstorganisation eines lebenden Systems wie der Psyche »funktioniert«, darüber können wir alle im Grunde nur spekulieren. Man stellt sich vor, dass die Einzelelemente (Erfahrungseinheiten, Neuronennetzwerke) auf verschiedenen Ebenen miteinander kommunizieren, die Situation mit früheren vergleichen, Prioritäten und andere Gewichtungen setzen, die Erfahrungen der Evolution und des Einzellebens dosiert mit einbeziehen und Lösungsversuche »antizipieren«, d. h. probeweise durchspielen. Jung nennt diese Fähigkeit »Intuition«. Was den Wassermolekülen im Wasserhahn in Mikrosekunden gelingt, dafür braucht die Seele notfalls Monate. Aber wenn die Rahmenbedingungen stimmen, kommt meist etwas Besseres heraus, als wenn man »hirnt« oder ein Schlaukopf einem kluge Ratschläge gibt – oder gar ein »Diktator« Befehle erteilt.

Komplexität und Wandlung

> Philemon und andere Gestalten brachten mir die
> entscheidende Erkenntnis, dass es Dinge in der
> Seele gibt, die nicht ich mache, sondern die sich
> selber machen und ihr eigenes Leben haben.
>
> C. G. Jung

Jung'sche Psychologie

Als einem »Jungianer« ist es mir ein Anliegen, hier noch auf die sehr auffälligen Parallelen zwischen der Jung'schen Psychologie und der Chaosforschung hinzuweisen. Im Unterschied zu verhaltenstherapeutischen, systemischen und anderen Therapierichtungen gehen die tiefenpsychologischen Schulen von der Grundidee eines Unbewussten aus, welches in vieler Hinsicht zu den Bewusstseinsinhalten in einem (ergänzenden) Gegensatz steht. Das ist m. E. ein geeigneter Rahmen für die Anwendung von Modellen der Selbstorganisation, in denen ja auch Polaritäten eine große Rolle spielen.[27] Zur Jung'schen Psychologie, deren Tiefe, Erkenntnispotential und Relevanz mir auch für die Zukunft wegweisend und unausschöpfbar erscheint, bieten die Modelle und Bilder der Synergetik und Komplexitätsforschung ein wunderbares Pendant und eine Ergänzung. In ihrer Vielgestaltigkeit und Ganzheitlichkeit ist sie mit der Chaos- und Systemtheorie gut in Einklang zu bringen. (Sie wird in manchen Übersichten auch »Komplexe Psychologie« genannt.) Und ich bin überzeugt: Wenn Jung die Modelle und Begriffe der heutigen nichtlinearen Dynamik schon zur Verfügung gehabt hätte, wäre ihm manche Darstellung leichter gefallen, die er so mit einer psychologisch-philosophischen, teils naturwissenschaftlichen, teils mythologisch anmutenden Terminologie zustande bringen musste. Die Chaostheorie könnte ja (wie nicht nur viele ihrer Vertreter vermuten) dazu fähig werden, etliche bis jetzt gültige Paradigmen (Denksysteme) der Wissenschaftlergemeinschaft zu transformieren (s. v. a. Laszlo 1998).

Bei der Zusammenschau von Jung'schen und chaos- bzw. systemtheoretischen Beschreibungen des »Spiels der Gegensätze in der Seele« fallen als Erstes die von Jung betonte Autonomie und Wirklichkeit des Seelischen, seine Suche nach Sinn und sein Modell der Gegensatzvereinigung auf. Autonomie (wörtlich: Fähigkeit, sich selbst seine Gesetze zu geben) ist nur eine andere Formulierung der Selbstorganisation. Und Jungs Metapher der Gegensatzvereinigung drückt das aus, was ich mit Polaritäten und »Dynamik« meinte.

Schon der Universalgelehrte Nikolaus von Kues verortete im fünfzehnten Jahrhundert die tiefste Wahrheit der Seele dort, wo die Gegensätze zusammenkommen, wo sich die Antinomien oder Paradoxien des Seins auflösen. Hermann Hesse vermutete, dass bei jeder tiefen, essentiellen Wahrheit auch das Gegenteil wahr sein müsse. Und dass heutzutage immer mehr Menschen den Jakobsweg nach Santiago de Compostela gehen, deutet für mich darauf hin, dass im kollektiven Bewusstsein als Gegenkraft zum schnelllebigen, auf Effizienz ausgerichteten Zeitgeist die Sehnsucht nach Werten und Sinnhaftigkeit immer deutlicher wird.[28]

Immer wieder spüre ich, dass die Entwicklung des Seelischen, auch wenn sie »chaotisch« erscheint, auch wenn ich sie nicht verstehe, auf irgendeine Weise getragen ist und »geführt« wird, so dass sich das Vorschussvertrauen darauf wirklich lohnt.

In der Gruppe können die neueren Patienten meist an den »reiferen« erkennen, dass dies keine Illusion ist – auch wenn kaum je ein »älteres Semester« einem jüngeren erklären kann, was es getan hat, um dieses Vertrauen ins Leben wiederzufinden. Die typische Antwort, die den Frager meistens wenig befriedigt, lautet: »Ich bin halt immer hier hergekommen«.

Alle diese Erfahrungen, vor allem die, die mit Gegensätzen und inneren Konflikten verbunden sind, stehen in Einklang mit der Jung'schen Psychologie und der Chaosforschung, bei der ja Kräfte und Gegenkräfte erst die Entwicklung des Systems (Jung würde sagen, die »Individuation«, also Selbstwerdung) voranbringen. Viele Gegensatzpaare könnte man hier betrachten: Introversion und Extraversion (Wendung nach innen oder nach außen), Gefühl und Verstand, Bewahrung und Veränderung, Festigkeit und Durchlässigkeit u. v. m.

Halten Sie bitte noch einmal inne und versuchen Sie, in Ihrem Leben, in Ihrem Alltag, aber vielleicht auch in Ihren Träumen und Tagträumen, solche Gegensatzpaare aufzufinden: Zwischen welchen Polen fühlen Sie sich ausgespannt? Wo können Sie beide Endpunkte spüren und die Spannung zwischen ihnen? Wo haben Sie die schmerzhafte Ambivalenz und innere Zerrissenheit »gelöst«, indem Sie sich »auf eine Seite geschlagen« haben? Frauen stehen oft vor der schmerzhaften Entscheidung Kinder oder Beruf bzw. Wiedereinstieg oder »noch ein zweites Kind und Ende der Laufbahn«. Oder es geht um die Entscheidung Single oder Partnerschaft? Welche Würfel sind in Ihrem Leben schon gefallen, und welche Entscheidungen sind noch offen? Und sind Sie mit den irreversiblen Weichenstellungen, also denen, die nicht mehr rückgängig zu machen sind, zufrieden oder wenigstens ausgesöhnt? Haben Sie genug Vertrauen in die Zukunft, mit diesen Ent-Scheidungen, also auch mit dem damit verbundenen Verzicht, mit dem ungelebten Leben sinnvoll zu leben? Und welche Weggabelungen, welche Phasenübergänge stehen Ihnen noch bevor?

Wandlung

Der Jung'sche Begriff der Wandlung beinhaltet den zentralen Aspekt von Heilung und seelischem Wachstum, um den es in diesem Buch geht: ein Geschehen, das zwar ersehnt, erwünscht und erwartet, oft auch paradoxerweise vermieden, aber nicht per Beschluss hergestellt werden kann. In ihm trifft alles zusammen, was wir bisher miteinander erarbeitet haben. Auf kollektiver Ebene hat dies der Sozialwissenschaftler Tilman Evers (1987) sehr anschaulich in seinem Buch *Mythos und Emanzipation* beschrieben, in dem er aufzeigt, wie in der seit den 80er-Jahren wachsenden »Jung-Konjunktur« ein Bedürfnis nach einem vollständigeren Selbstbild zum Ausdruck kommt und wie uns aus der Berücksichtigung unserer emotionalen und unbewussten Wandlungspotentiale auch die Kraft zum politischen Handeln erwachsen kann.

Auf individueller Ebene erlebe ich es tagtäglich in den The-

rapien: die Angst, die Unsicherheit, das Misstrauen, die erste
Hürde, die überwunden wird, *wenn* man beschließt, Hilfe in
Anspruch zu nehmen, sei es die eines Freundes, einer Selbst-
hilfegruppe, eines Therapeuten, einer Beratungsstelle, einer
»väterlichen« oder »mütterlichen« Autorität wie Pfarrer, Ärz-
tin oder Lehrer.

> So wie unser Vertrauen ins Leben in der Kindheit in
> Beziehungen entstand, kann es auch in Beziehungen
> wieder heilen.

Doch das ist ein mühseliges Geschäft und gelingt meist nur
durch die Kleinarbeit, die im Märchen vom Aschenputtel so beklemmend dargestellt wird: immer wieder seine Erinnerungen
und Gefühle, v. a. die kleinen und unangenehmen, wahrnehmen, wie eine Erbse in die Hand nehmen und in Worte fassen
oder auch in ein Bild, eine Tonfigur o. ä.

Die Wandlung als »Gegensatzvereinigung« oder »Versöh-
nung« ist kein Kompromiss, sie ist kein »Halbe-halbe«. Sie ist
auch kein Aufheben der Gegensätze. Hegel hat das bereits 1807
vorweggenommen im Konzept der Dialektik.[29]

Es ist schwer, sich diese Gegensatzvereinigung im Rahmen
der Wandlung praktisch vorzustellen. Sie hat immer mit einer
Erweiterung des Blickwinkels zu tun. Man könnte auch sagen,
es ist das Voranschreiten in eine andere Dimension. Manch ein
Patient trägt zu Beginn der Therapie einen Beschwerdekomplex
als Vorzeigebild vor sich her, das ihm dazu dient, seine tiefere
Traurigkeit, seine Einsamkeit, sein ungelebtes Leben und die in

abgekapselten Räumen der Seele weggeschlossenen Kränkungen einerseits zu verschleiern, andererseits zu verraten. Solche Symptome verändern ihre Bedeutung am Ende der Therapie verständlicherweise völlig. Nun geht es nicht mehr darum,»den Kopfschmerz endlich loszuwerden«. Nein: Das Symptom soll latent weiter bestehen bleiben, aber ab jetzt als Wächter, der dafür sorgt, dass der Patient seine Grenzen beachtet und nicht von anderen missachten lässt! Wenn er jetzt wieder einmal Kopfschmerzen hat oder nicht durchschlafen kann, dann wird er überlegen, woran das liegt.

Dies sind nur einfache Beispiele dafür, wie sich die Dimension einer seelischen Störung oder Krankheit ändern kann, wenn eine seelische Wandlung durchlebt wurde – vielleicht findet der Betreffende sogar eine Art von Vertrauen in seine Beschwerden und darauf, dass sie ihn auch weiter behüten mögen?

Ich will um einer besseren Anschaulichkeit willen am Ende dieses schwierigen Kapitels, gleichsam als Belohnung fürs Dranbleiben, noch ein Bild vorstellen, mit dem ich mir selbst immer wieder gern diese Idee der »Synthese« von Gegensätzen vergegenwärtige: *Die Quadratur des Kreises*

Wussten Sie schon, dass die Quadratur des Kreises, dieses scheinbar unlösbare mathematische Problem, ganz einfach ist? Sie glauben mir nicht? Dann sind Sie noch in der Flachheit der Zweidimensionalität gefangen. War ich auch – bis ich auf die Idee kam, dass man, um Kreis und Quadrat zu versöhnen, einfach nur noch eine weitere Dimension braucht. So ist das mit den meisten Polaritäten: Wenn man »flach denkt«, bleibt der Widerspruch erhalten oder es gibt faule Kompromisse (jeder muss fünfzig Prozent nachgeben). Aber bei meiner Lösung bleiben beide, der Kreis und das Quadrat, zu hundert Prozent erhalten! Ich eröffne die *Dritte Dimension* (kommt Ihnen das bekannt vor?): Aus dem Kreis und dem Quadrat wird ein Zylinder.

Ein Zylinder sieht von einer Seite wie ein vollendeter Kreis aus und von der anderen Seite wie ein perfektes Quadrat oder Rechteck. So könnte es auch mit dem Denken und Fühlen gehen, mit Intraversion und Extraversion, mit Verändern und Bewahren usw. Oder mit den Frauen und den Männern. Nein, ich meine natürlich, mit unseren weiblichen und männlichen Anteilen: Sie zusammen ergeben ein Ganzes!

Freiheit und Sicherheit – diese Quadratur des Kreises streben fast alle Patienten an, die ich kenne. Sie wollen z. B. in Beziehungen einerseits Geborgenheit und Verlässlichkeit, andererseits wollen sie sich nicht festlegen, ihre Autonomie bewahren. Aber dass das nicht geht, sagen einem Gefühl und Verstand. So muss man sich notgedrungen einrichten, indem man diese Polarität aufschlüsselt: Vielleicht finde ich mehr Freiheit im beruflichen Bereich, dann kann ich mich partnerschaftlich etwas mutiger binden – oder umgekehrt. Oder ich bemühe mich im Freizeitsektor oder mit Reisen meinen Freiheitsdrang auszuleben.

Natürlich geht es bei diesem Gegensatz auch um eine Scheinalternative, denn Freiheit und Geborgenheit sind in der Tiefe ja geistig-seelische Qualitäten, die in meiner seelischen Haltung, meiner geistigen Beweglichkeit und meinem Getragensein spürbar werden (»Die Gedanken sind frei ...«). Oft verwechseln wir Freiheit mit Beliebigkeit und Geborgenheit mit Abhängigkeit – das rächt sich. Dann schlagen die Zwänge oder andere Symptome rachsüchtig zu. So ist es oft: Im Innenraum der Seele (wenn ich ihn eingerichtet habe) bilden die Gegensätze eine neue, mehrdimensionale Gestalt!

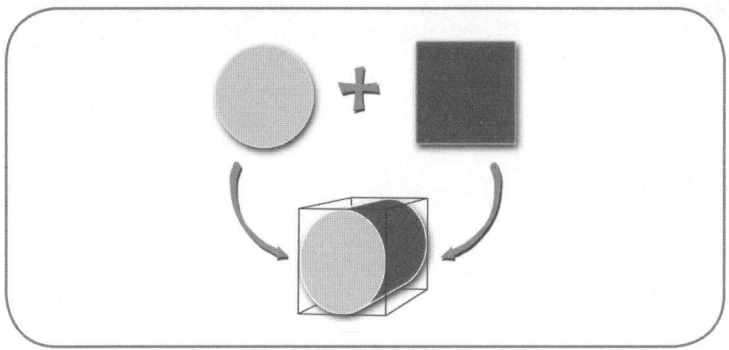

Meine Version der Quadratur des Kreises

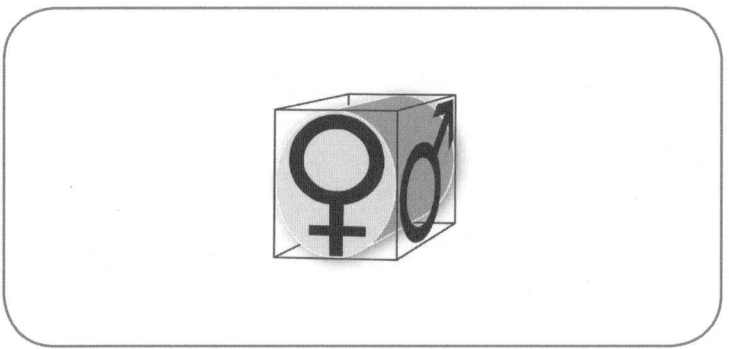

In der konkreten Anwendung aufs Geschlechter-Thema

Das ist gleich eine Einstimmung auf das nächste Kapitel.

6.

Die unmögliche und notwendige Liebe

Vertrauen ins kreative Chaos der Liebe?

> *Die Liebe*
> *Du bist so weich, du gibst von etwas Kunde,*
> *von einem Glück aus Sinken und Gefahr*
> *in einer blauen, dunkelblauen Stunde*
> *und wenn sie ging, weiß keiner, ob sie war.*
>
> *Gottfried Benn*

Da wir uns im vorangegangenen Kapitel mit dem Vertrauen ins Chaos beschäftigt haben, können wir dieses mühsam erreichte und weiterhin unsichere Vertrauen auf das »Thema Nummer eins« anwenden: die Liebe. Auch wenn dieses Unterfangen nicht sehr systematisch aufbereitet ist, hoffe ich, dass Sie dennoch Gewinn aus dem »Gewebe« ziehen können, das ich für Sie ausbreite. Und da wir besonders in unseren Beziehungen und Partnerschaften Vertrauen brauchen und wieder lernen können, lohnt sich das Abenteuer! Auch in diesem Kapitel finden wieder Brückenschläge statt: wie immer zwischen individueller und kollektiver Sichtweise und diesmal auch zwischen einem mehr emotionalen und einem wissenschaftlicheren Zugang.

>> *Ist es verwunderlich, dass wir bei der Liebe mitten in der »Vertrauensfrage« sind?*
>> *Ist es verwunderlich, dass es in solchen Bereichen nie eindeutig und transparent, sondern vermischt, schillernd zugeht – zwischen Faszination und »Gefahr«?*

>> *Ist es verwunderlich, dass man trotzdem immer wieder versu-*
   chen muss, Verallgemeinerungen und typische Erfahrungen zu
   formulieren?

>> *Und ist es schließlich verwunderlich, dass dieses Thema ganz*
   nah am »dynamischen Chaos« angesiedelt ist?

Dennoch werden Sie, liebe Leserin, lieber Leser, in diesem Kapitel wenig philosophische Weisheiten und Ratschläge zu Liebe und Partnerschaft finden. Es wird etwas nüchterner zugehen, und ausgerechnet hier werden Sie auch auf die einzige mathematische Formel dieses Buches stoßen! Aber das muss sein. Weil es mir ernst ist mit diesem Thema. Und ich kann Ihnen versichern: Wenn man sich darauf einlässt, geht es einem nahe.

Ich war als Kind eher »ordentlich«, das heißt, ich bemühte mich darum. Aber wie Sie vielleicht vermuten, ging das nicht lange gut: Spätestens in der Pubertät geriet diese mühsam aufrechterhaltene Ordnung etwas aus den Fugen. Bei mir und um mich herum beobachtete ich, dass der Stil des Zusammenlebens und die »Vernunft« sich oft grundlegend änderten, wenn die Liebe ins Spiel kam. Und oft geriet dadurch meine Selbstsicherheit, die in anderen Bereichen schon errungen war, wieder ins Wanken. Ich glaube, wir alle werden, wenn es um die Liebe geht, bis in den Grund unserer Existenz in Frage gestellt – im besten Sinne. Deshalb kam mir nach der Psychiatrie- und Tiefenpsychologie-Weiterbildung und nach ersten Expeditionen ins Land des Chaos die Idee, die dort gewonnenen Erfahrungen auch auf Liebe und Partnerschaft anzuwenden: Ich bot ein Seminar bei den Lindauer Psychotherapiewochen an mit dem Thema »Die Liebe – Chaos mit System?«. Als ich in der Nacht vor meinem ersten »Auftritt« im Hotel die Teilnehmerliste las, bekam ich weiche Knie: Ich zählte 42 Teilnehmer, darunter auch Leiter von Beratungsstellen oder Kliniken. Da hatte ich mir was eingebrockt. Und dann wurde fast eine Selbsterfahrungsgruppe daraus!

Herantasten

Warum hat das Glück der Verliebtheit so wenig Bestand? Warum erstarrt die Liebe so oft in Eintönigkeit oder Dauerkonflikt? Warum ist es so schwer, zwischen Abgrenzung und Hingabe, zwischen Sicherheitsbedürfnis und Sehnsucht nach bedingungslosem Vertrauen eine Balance zu finden? Die Partnerliebe und Erotik als eine der komplexesten Erfahrungen im Spannungsfeld von Machtkampf und kreativem Chaos, Erwartungen und Alltagswirklichkeit besser zu verstehen, ist seit Beginn eine Herausforderung für die Tiefenpsychologie. Heute ist aber das »Chaos der Liebe« nicht nur von innen, z. B. als Religionsersatz, überfrachtet, sondern steht auch von außen, z. B. durch die Arbeitswelt, unter Druck, so dass man auch hier zur individuellen die kollektive Sichtweise braucht, um der Dynamik der Partnerliebe einigermaßen gerecht zu werden.

Die Liebe ist wohl das Thema, über das in unserer Gesellschaft am meisten geredet, gedichtet und gesungen wird. Und bei keinem anderen Thema klaffen unsere Wunschvorstellungen (oder Illusionen?) und die oft beklemmende Alltagswirklichkeit so weit auseinander. Einige Schlagzeilen:

>> *In Großstädten wird heutzutage etwa die Hälfte der Ehen geschieden.*

>> *Schon 1995 waren über fünfzig Prozent der Haushalte in München Single-Haushalte.*

>> *Gewalt zwischen Ehepartnern und Vergewaltigungen nehmen zu.*

>> *Prostitution und Frauenhandel nehmen, v.a. seit der Öffnung der Grenzen, unkontrollierbar zu. (Die Liste ließe sich beliebig verlängern.)*

Wie kann man angesichts dieser Trends heute noch Vertrauen in eine gelingende Partnerschaft, in ein spannungsreiches und doch auch kooperatives längerfristiges Miteinander finden? Rainer Funk, der Schüler und deutsche »Nachlassverwalter« des Psychoanalytikers Erich Fromm, spricht vom »postmodernen ich-orientierten« Menschen, bei dem es eher um Erlebnisse, Begegnungen, Konsum und optimale Befriedigung eigener Bedürfnisse gehe.[30] Sind wir also auch von der Vorstellung einer lebenslangen Partnerschaft fortgeschritten?

Wie Sie wohl schon meinen Vorwarnungen im »Reiseführer« am Anfang des Buches entnommen haben, halte ich die Liebe – neben der Spiritualität – für das wohl komplexeste menschliche Phänomen überhaupt. Aus meiner Sicht kann man ihr in ihrer Ganzheitlichkeit nur auf dreierlei Weise näher kommen: erstens durch persönliche Erfahrung, zweitens durch Kunst und Poesie, und drittens durch eine Verbindung zwischen Tiefenpsychologie und den Systemwissenschaften, mit denen wir uns im vorigen Kapitel etwas befasst haben.

Ich werde mich hier v.a. mit dem dritten Zugang beschäftigen und den Schwerpunkt weniger auf die »Verliebtheit« legen, sondern auf das, was zwischen zwei Menschen mit der Zeit geschieht, wenn sie sich wirklich aufeinander einlassen.

Ich möchte Sie deshalb vorab schon einmal zu einem Blick auf sich selbst einladen. Stellen Sie sich ein Spektrum vor: Links steht der »konservative«, treue Mensch, der bei einem Partner bleibt, auf »Nummer sicher« geht, verlässlich wie ein Fels in der Brandung. Auf der anderen Seite befindet sich der Schmetterling, der von Blüte zu Blüte fliegt, immer auf der Suche nach neuen Begegnungen und erotischen Abenteuern. Wo, in welchem Bereich würden Sie sich in Liebesdingen einordnen?

Nach der »Schule« der Polaritäten und meines »Fadenkreuzes« fällt es Ihnen sicher leicht, auch hier an jedem Pol die schöne »Tagseite« und ebenso die bedrückende »Nachtseite« zu erkennen. Dabei werden Sie bemerken, dass man viele Phänomene der Liebe gar nicht exakt einordnen kann, weil sie in sich spannungsgeladen und widersprüchlich sind. Der Psychoanalytiker Peter Schellenbaum beschrieb Widersprüchlichkeit und Faszination der Liebe in einem Vortrag in Zürich sinngemäß so:

>> *Liebe bewegt sich auf der Grenze zwischen Geborgenheit und Ungeborgenheit.*

>> *Liebe ist weder Harmoniesucht noch Zweiöde.*

>> *Erotische Lebenseinstellung und die Einstellung zur gesamten Schöpfung stehen miteinander in enger Beziehung.*

>> *Wir lieben immer einen unbekannten Menschen – deshalb suchen wir immer wieder Gelegenheiten, in denen wir einander fremd sind.*

» In der Liebe werden Grenzlinien zu Berührungslinien.

» Liebe ist die Gratwanderung zwischen dem »Ich« und dem »Du«.

» Liebe ist unteilbar: die Liebe zum anderen und zu sich selbst ist das gleiche.

Die Einsamkeit

> Liebeskummer ist wie ein Diamant,
> man sollte ihn mit Fassung tragen.
>
> Marcel Pagnol

Vor der Frage, wie wir erstmalig oder wieder Vertrauen in die Liebe finden können, müssen wir uns zunächst an das annähern, was vor und außerhalb der Liebe und Verliebtheit besteht: Single-Dasein, Freiheit, Alleinsein, Einsamkeit. Über den erwünschten, sinnerfüllten Single-Status brauchen wir uns vorläufig keine Gedanken zu machen. Was uns hier vor allem bewegt, ist die Einsamkeit, und die ist bekanntlich etwas grundsätzlich anderes als Alleinsein. Diese beiden Zustände sind fast unabhängig voneinander. Man kann allein sein und sich nicht einsam fühlen, man kann nicht allein sein und sich trotzdem einsam fühlen – jede(r) kennt das. Dass Einsamkeit ein Sich-verlassen-Fühlen ist, mit Sehnsucht nach Nähe und Geborgenheit, weiß jeder, der sie schon erlebt hat.

Ich erinnere mich an Zeiten, als ich dem Elternhaus schon ziemlich entwachsen war, aber noch keine neue innere und äußere Heimat gefunden hatte: In diesem Niemandsland habe ich zwar gut »funktioniert« und das Medizin- und Psychologie-studium begonnen. Aber in manchen Nachtdiensten, wenn mal auf der Station nichts los war, fühlte ich mich wie in einem Loch. Diese Zustände wurden mit der Zeit erträglicher, je mehr ich in meinen neuen Freundeskreisen Fuß fasste, und in Verliebtheit und Liebe sind sie ganz verschwunden. Immerhin erinnere ich mich, wie gut ich zuvor meist diese Gefühle zu verdrängen wusste.

Erinnern Sie sich an die Entstehungsgeschichte des Vertrauens: Wir sind alle von Geburt an darauf angewiesen, einen Rückhalt in einem »sozialen Netzwerk« zu haben. Es kann uns in schwierigen Zeiten stabilisieren, aber seine Schwachstellen können auch später dafür verantwortlich sein, dass wir aus einem »Loch« nicht so schnell herauskommen wie andere, dass der Verlust eines Menschen, einer Heimat usw. uns unterschiedlich stark beeinträchtigt. Wenn wir allerdings ein Defizit in dieser frühkindlichen Geborgenheit später im Leben durch Beziehungen auszugleichen versuchen, besteht die Gefahr, dass wir dies aus einer »bedürftigen« Position heraus tun: In dem Fall werden wir uns möglicherweise anderen zu sehr anpassen, dann oft enttäuscht werden und eine fatale Wiederholung der alten Einsamkeit erleben. In Selbsterfahrungen, guten Beziehungen oder Therapie gelingt es aber oft, den alten Mangelzustand noch einmal zu durchleiden und zu betrauern, so dass die alte »Wunde des Ungeliebten« (Schellenbaum) vernarben kann. Dann können wir gelassener in Beziehungen gehen, mit dem Bewusstsein der eigenen Stärken und Schwächen. Dann suchen wir weniger jemand, der uns Wärme und Stärke gibt, sondern einen Freund oder Partner auf Augenhöhe zum gegenseitigen Austausch.

In meinen Therapiegruppen sind ja immer Singles und in Partnerschaften »gebundene« Menschen zusammengewürfelt. Wenn es in den Sitzungen um Beziehungsprobleme geht, kommt es vor, dass die »Einsamen« die »Versorgten« um ihre Geborgenheit beneiden und die Gebundenen die Singles um ihre Freiheit – jeweils aus verständlichen Gründen.

Sie erkennen hier sicher wieder eine der Scheinalternativen, die schon im dritten Kapitel thematisiert wurden. Hier, bei der Frage »Single oder Partnerschaft?« merken die meisten Patienten mit der Zeit, dass sie Qualitäten entwickeln können, die ihnen bei beiden (oder mehreren) Alternativen nützlich sein können:

> Die seelischen Qualitäten, die mich befähigen, gern mit mir allein zu sein, helfen mir auch dabei, in einer Partnerschaft meine Grenzen und meine Autonomie zu bewahren und nicht zu sehr vom anderen abhängig zu werden.

Meine innere Autonomie kann mir sogar helfen, die Abhängigkeit in der Liebe zu genießen.[31]

Denkmuster und Geschlechterrollen

Es gilt also auch hier wieder »Denkwerkzeuge« zu sammeln, um sie dann zum besseren Verständnis bestimmter Erfahrungen in Partnerschaft und Liebe anwenden zu können. Ich lade Sie also ein zu dieser Vorbereitungsarbeit.

Zunächst ein einfaches Beispiel aus dem Alltag, das unser aller »eingefahrene« Denkgewohnheiten illustrieren soll. Wenn sich zwei Straßen kreuzen, was entsteht dann? Jeder vernünftige Mensch wird antworten: natürlich eine Straßenkreuzung. Einverstanden. Und was macht man, damit die Autos nicht zusammenstoßen? Auch einfach: Da gibt es bei uns vor allem drei Möglichkeiten:

1. Man schafft »klare Verhältnisse« und erklärt eine Straße zur Vorfahrtsstraße.
2. Man führt eine situationsabhängige Regelung ein: »rechts vor links«.
3. Man baut eine Ampelanlage – auch klare Verhältnisse.

Was hat dieses Beispiel mit Liebe oder Chaosforschung zu tun? Gemach.

Auch in der Liebe kreuzen sich die Lebenswege zweier Menschen, manchmal durchkreuzt einer die Pläne des anderen, manchmal ist man auch miteinander »über Kreuz«: Alles Beispiele dafür, wie unterschiedliche Bedürfnisse und Ziele unter einen Hut gebracht werden müssen, wie im Straßenverkehr. Auch hier muss man solche »Kreuzungen« organisieren:

Die Methode 1 ist die althergebrachte: Einer ist »dominant«, er entscheidet in allen wesentlichen Fragen, der andere passt sich an. Das hatten wir in den meisten Ländern bis vor kurzem auch in Partnerschaften. Im 19. Jahrhundert war eine Frau gar keine eigene juristische Person.

Methode 2 und 3 sind differenzierter: Es besteht Abwechslung, entweder von außen vorgegeben oder von der Situation. Mal bestimmt der eine, mal der andere. Alle bisher beschriebenen Möglichkeiten der Vorfahrtsregelung haben eines gemeinsam: Sie gehen alle davon aus, dass immer einer »Vorfahrt« vor dem anderen haben muss. Dies entspricht unserem so genannten linearen (man könnte fast sagen »rechtwinkligen«) Denken, das von Hierarchie und einer von außen festgelegten Ordnung ausgeht. Dafür ist eine Kreuzung in meinen Augen ein wunderbares Bild. Aber wie Sie wissen, gibt es für das Problem auch eine grundsätzlich andere Möglichkeit: den Kreisverkehr.[32]

Die raffinierte und gleichzeitig simple Grundidee des Kreisels: Man regelt weniger »von oben«. Das heißt, man hat mehr Vertrauen in die Autofahrer und traut ihnen zu, abzuschätzen, wann sie warten müssen und wann sie sich einfädeln können. Denn der Kreisel hat immer Vorrang. Aber um eine derartige Selbstregulation zu ermöglichen, muss man etwas Neues schaffen, nicht einfach bloß zwei Straßen, die rechtwinklig zueinander verlaufen: Das entstandene eigenständige »Wesen« zeigt uns durch seine Form sogar noch die prinzipielle Alternative zum linearen Denken, nämlich das »zirkuläre« Prinzip. Wir haben hier ein ganz einfaches Beispiel für ein System mit Selbstregulation kennengelernt. Es wird uns im weiteren Verlauf noch öfter beschäftigen.

Sie sehen, dass uns schon hier bei dem scheinbar simplen Beispiel aus der Verkehrspolitik wieder das Thema Vertrauen begegnet – um wie viel mehr wird es später eine Rolle spielen, wenn es in die Tiefe der menschlichen Seele und die »Abgründe« der Leidenschaften geht! Aber es geht auch um andere Abgründe: Das »Thema Nummer eins« ist, wie gesagt, stark dem Zeitgeist unterworfen. Wenn es nun nicht mehr nur um einen Lebensentwurf geht, sondern wenn zwei kombiniert werden müssen, sind diese Abhängigkeiten noch prekärer.

Männliche Kontrolle

Obwohl die Idee des Kreisverkehrs und der Selbstregulation auf Anhieb für die meisten Menschen sehr einleuchtend ist, so muss man sich doch fragen, warum es bis Mitte der 90er-Jahre gedauert hat, bis sie jetzt im größeren Maßstab verwirklicht wird. Das muss mit der menschlichen Psyche zusammenhängen: Der Machtkampf zwischen zwei Menschen, die sich eigentlich lieben wollen, ist für mich ein Paradebeispiel – ja das Leitsymptom – eines ganz grundsätzlichen Widerspruchs, der sich in der Folge der Aufklärung vorwiegend in den Industrienationen herausgebildet hat. Jedoch ist er von den meisten nicht bemerkt worden, weil ihnen von den Kräften, die da aufeinanderprallen, meistens ein Teil nicht bewusst ist. Ich beginne wieder mit der bekannten Polarität zwischen Ordnung (Eis) und Unordnung (Dampf).

Die Polarität, die ich hier im Sinn habe, hat viele Gesichter und Namen, hat aber immer etwas mit »Ordnung« zu tun – und mit dem, was wir jeweils als deren Gegenteil erleben (oder fürchten). Damit sind wir bei dem angelangt, was den Homo sapiens nach seiner Meinung ausmacht, beim »Geist«. Dieser hat sich bekanntlich dadurch entwickelt, dass der Mensch die auf ihn einstürmenden Welterfahrungen ein-»ordnete«, um Ereignisse vorherzusehen und bessere Überlebenschancen zu haben. Darum sagen wir, wenn wir zustimmen, »in Ordnung!«.

ORDNUNG: kósmos ▶ Bewusstsein ▶ Geist ▶ Verstand ▶ »männliches« Prinzip

....

UNORDNUNG: cháos ▶ Unbewusstes ▶ Natur ▶ Gefühl ▶ »weibliches« Prinzip

Das Vertrauen in die Ordnung war immer bedroht von der Angst vor dem »Chaos«, dem der Mensch entronnen ist, von außen als Krankheit, als Naturkatastrophe oder Krieg, von innen als Trieb, Impuls, Aggression oder allgemein »Gefühl«. Und mit der »Zähmung« der äußeren und inneren Natur (»Macht euch die Erde untertan« usw.) begann ein bislang beispielloses Experiment der Schöpfung, genannt Zivilisation oder Kulturentwicklung, bei dem sich auch das Zusammenleben der Menschen auf verschiedene Art »geordnet« hat. Die Aufklärung hat dieser Entwicklung noch einen entscheidenden Impuls gegeben.

Verstand und innere Stimme

Schon in den zwei Grundprinzipien der Gruppenorganisation der Säugetiere und Vögel (Treppenstruktur = Hackordnung und Ringstruktur = Kooperation) erkennen wir die Vorläufer der anfangs geschilderten Muster: das hierarchische, lineare und das kooperative, zirkuläre. Ohne diese Prinzipien zu bewerten, können wir feststellen, dass sich im Zuge der Bewusstseins- und Kulturentwicklung des Homo sapiens vor allem auf der Nordhalbkugel das kurzfristig etwas effektivere, lineare, mechanistische, rationale, »männliche« Ordnungsprinzip weitgehend durchgesetzt hat. Es ist offenbar so effektiv, dass seine Betreiber sich auch ganz effektiv selbst ausrotten können – mit oder ohne Atombombe.

Das Ganze fing allerdings bereits an, als die Stämme und Sippen der Frühkulturen sich eine klare Gliederung gaben und sich an einem Häuptling orientierten, so wie beim Einzelnen das bewusste »Ich« die Kontrolle über die übrigen Kräfte der inneren Natur errungen hat. Doch wir wissen ja: Je weiter wir uns von unserem »Mutterboden« entfernen, desto mehr Vertrauen brauchen wir. Am besten wäre in der Tat ein Vertrauen ins Unbewusste!

Der Mensch setzte jedoch immer stärker auf äußere Ordnungen, Regeln, auf Verteilung von Aufgaben und Rollen. Diesen Strukturen vertraute er mehr als der »Stimme der Natur«.

Wieder ein kleiner Blick »nach innen«: Wie geht es Ihnen, wenn Sie in eine neue Situation geraten, einem unbekannten Menschen begegnen, eine Vereinbarung treffen? Vertrauen Sie mehr auf Ihr Gefühl, auf Ihre Menschenkenntnis – oder wollen Sie lieber genauere Informationen, »Personalien« des anderen? Und was beeinflusst Sie bei gegengeschlechtlichen Erfahrungen beim anderen besonders? Statur, Aussehen, Beruf, Bankkonto, Wohnverhältnisse? Pünktlichkeit bei Verabredungen? Oder ist Ihnen da Ihre »innere Stimme« wichtiger, auch wenn die Ihnen vielleicht das genaue Gegenteil von dem einflüstert, was Ihr Verstand betont? Und was zeigen Sie von sich als Erstes? Schöne Augen? Humor? Empathie? Wissen?

Ob es uns behagt oder nicht: Zwischen den Geschlechtern setzte sich, basierend auf den »biologischen Aufgaben«, eine Rollenaufteilung durch, die uns als eines der »Urprogramme« trotz Vernunft und weitgehender »Gleichberechtigung« noch immer in den Knochen steckt – also im kollektiven Unbewussten, das auf dem Seelengrund von uns allen schlummert. Alle modernen Abwandlungen sind zwar möglich, erfordern aber einen gewissen Energieaufwand.

Leider führte der Sieg der Vernunft, der Zivilisation, Hygiene, Rechtssicherheit usw. auch zu einer gewissen Polarisierung der Welt, bei der die von Menschen geschaffenen Institutionen wie Militär und Kirche mithalfen.[33] Wieder ein Schritt fort von der Natur, eine Spaltung und ein Vertrauensverlust, der als Preis für die Weiterentwicklung der Rationalität bezahlt werden musste!

Als Gegenbewegung regt sich heute mehr und mehr unsere Sehnsucht nach Eingebettetsein in einem sozialen Netzwerk, in Gruppen und vertrauensvollen Liebesbeziehungen. Jedoch ist dieses Streben weit weniger zielgerichtet und von außen geregelt als früher. Säuglingsforschung und vergleichende Anthropologie haben gezeigt, dass das Angewiesensein der Menschen aufeinander auf einer biologischen Grundlage basiert und auf Sekundenbruchteile genau »funktioniert«, z. B. beim Austausch nonverbaler Botschaften über basale Affekte. Deren Mimik und Gestik ist bei allen Rassen identisch (Eibl-Eibesfeldt 1970).

Die Sehnsucht nach sozialer Einbettung kann auch pathologisch werden (s. Freuds »Massenpsychologie«). Aber nach C. G. Jung steckt in der »Masse« eine tiefere Sehnsucht nach der (archetypischen) »Großen Mutter«. Hier findet man einen »Mutterboden«, dem viele mehr vertrauen als dem der eigenen Psyche. Um dieser Sehnsucht nachzugehen, identifizieren sich viele mit der Gruppe, die ihnen dann zwar Schutz gewährt, aber auch Vereinheitlichung bewirkt. Die eigene Gruppe muss dann natürlich auch »sauber« sein (vgl. »ethnische Säuberungen«). Individuell heißt das: Auch wenn der bewusste Wille weg will von der Mutter, im Unbewussten suchen wir oft nach dem Halt gebenden Mütterlichen!

Auf diesem Weg sind leider die Männer die Wegbereiter gewesen, die sich im Außen vom Mütterlichen losgerissen haben und in ihre Männerbünde, in Vereine, Labors, Büros oder

Kriege flüchten – und dabei weiter die Mutter als Bild in sich tragen, leider eher negativ. Sie sind von ihr abhängig (im Gefühlsbereich, im »Versorgtwerden«, im Sex, in Süchten und in allem *Materiellen*) und sie benutzen und bekämpfen sie, genauso wie sie die »Mutter Erde« ausrauben auf der Jagd nach größeren und schnelleren Autos und Computern. Das Paradoxe ist: Vom Bewusstsein her vertrauen die Männer diesen Maschinen, Computern, Statistiken usw. mehr als ihren Gefühlen, aber in allen existentiellen Fragen wie Beziehungskrisen oder Krankheiten versagen diese Stabilisatoren kläglich.

Doch auch wenn ein solcher Mann durch Verliebtheit oder andere »Einbrüche« der Irrationalität aus der Bahn geworfen wird (Amors Pfeil ist ein Bild dafür): Wenn der Betreffende Glück hat, kann dies ein »Auf-Bruch« werden: ein Aufbrechen seines Vernunftpanzers und ein Aufbruch in noch wenig erforschte Gefilde von Gefühl und Beziehungsfähigkeit. Manchen Männern liegt der Ausdruck »emotionale Kompetenz« besser. Jung nennt es Fühlfunktion: die Fähigkeit zu einem subjektiven Urteil ohne rationale Begründung. Diese eher den Frauen zugeschriebene Kompetenz muss der Mann auch entwickeln, um aus der Scheinalternative »Macho oder Weichei« herauszukommen und seinem Verstand *und* seinem Gefühl trauen zu können.

Dass für jeden Mann dieses wirkliche »Mannwerden« ein mühsames Unterfangen ist, stelle ich bei Patienten immer wieder fest: Trotz Karriere sind sie in ihrem Innern oft noch »Söhne«, gleichgültig wie die reale Beziehung zur ihrer Mutter ist oder war. Gerade wenn sie mit ihr den Kontakt abgebrochen haben, wird häufig deutlich: Als Kind waren sie abhängig von der Anwesenheit der Mutter – jetzt sind sie abhängig von ihrer Abwesenheit.

Der geteilte und »unreife« Mann trifft die Tochter-Mutter

Oben Prinz, unten Baby – das ergibt noch keinen Mann

Wie der Jungianer Helmut Barz (1984) zeigt, haben bei der Entwicklung zur Geschlechtsidentität beide Geschlechter unterschiedliche Hürden zu bewältigen:

Das Mädchen wächst in einem Wesen heran, das ihm ähnlich ist, es muss seine ursprüngliche Identifikation mit der Mutter auflösen und zu einer eigenen Identität als Frau finden, um fähig zu werden, dem wirklich »Anderen«, dem Männlichen, selbstbewusst gegenüberzutreten. Da der erste Mann in ihrem Leben normalerweise ihr Vater ist, hat der natürlich eine prägende Funktion, im Guten wie im Schlechten. (Leider werden viele Mädchen von der Tochter gleich zur Mutter, ohne zwischendurch eine erwachsene Frau geworden zu sein.)

Der Junge dagegen wächst in einem Wesen heran, das prinzipiell anders als er ist, er ist abhängig von einem Mutterboden, der ihm auf irgendeine Weise fremd ist. Diese prinzipielle Einsamkeit wird dadurch gemildert, dass dieses Wesen im Allgemeinen auf ihn stolz ist, bis hin zu seiner Rolle als »Prinz« (oder

»narzisstische Prothese« für die Mutter, wenn sie nicht genug weibliches Selbstwertgefühl und Lebensinhalt hat). Er muss sich aus dieser Rolle erst einmal befreien, bevor er, jetzt autonom, eine Frau finden und »zum Weiblichen zurückkehren« kann.

Hat der Mann diese Autonomie nicht erreicht, wird er in der Partnerin unbewusst die Mutter suchen und gleichzeitig bekämpfen, um nicht wieder in die alte Abhängigkeit zu geraten. Er muss also sein Vertrauen von der Mutter ablösen, in sich selbst finden und dann »aufs Neue« auf eine Frau richten. Zu diesem Abenteuer brauchen viele Männer ein ganzes Leben.

Kollektiv verbanden sich die Ängste des Männlichen (und dann aller Menschen) vor dem Unbewussten, vor der Mutter, vor der Natur und vor Kontrollverlust mit der Angst des Mannes vor den Naturkräften der Frau. Wenn aber im Unbewussten die Sohnhaftigkeit erhalten bleibt, wird neben der Sehnsucht nach Geborgenheit auch die Angst vor Abhängigkeit aufrechterhalten. Die einen »lösen« das Problem durch Unterdrückung der Frau, juristisch oft in östlichen Kulturen, durch strukturelle Gewalt und männliche Definitionsmacht in der westlichen Kultur, z. B. auf dem Arbeitsmarkt.[34]

Wenn man sich von Extremformen einer autoritär-patriarchalen Einstellung befremdet distanziert, übersieht man aber leicht, wie wirksam diese Art von »Naturbeherrschung« bis heute in unseren Hinterköpfen immer noch ist (besonders in denen von Politikern und »Natur«-Wissenschaftlern). Auch in der Wirtschaft herrscht ja heute noch das kausale, lineare Denkprinzip, das Bemühen um Produktivität und »Wachstum« – selbst in der Ökologie (Umwelt-»Technik«). Leider hat sich durch die industrielle Revolution die Rollenaufteilung der Geschlechter, die in der Geschichte immer wieder gelockert worden war, wieder verfestigt: *Adam dient der Produktion – Eva der »Reproduktion «!*

Solange beide Parteien (freiwillig oder gezwungenermaßen) einverstanden waren, konnte sich diese Polarität erhalten. Aber gerade durch die Industrialisierung wurden die vormals sich überlappenden Lebensbereiche getrennt und »polarisiert«: Der Vater wurde der Familie entzogen, die Produktion wurde dadurch effektiver – die »Reproduktion« dagegen beeinträchtigt! Sie fand nur noch in der Kernfamilie statt, die zum Hort des Privatlebens wurde, der Partnerschaft, der Kinderaufzucht und – der Gefühle. Aber das hierarchische Ordnungsprinzip, das in der Arbeitswelt sicher oft effektiver (aber sogar dort manchmal hinderlich) ist, funktioniert im Privatbereich spätestens seit Kriegsende nicht mehr.

Liebe in den Zeiten der Globalisierung

Hier kommt ein anderer Entwicklungsstrang zum Tragen, den uns die Aufklärung beschert hat: nämlich die Idee der Individualität, der persönlichen Freiheit und Entfaltung – und der Gleichberechtigung der Geschlechter. Spätestens seit den 60er-Jahren ist die Forderung nach gleichen Bildungschancen für Jungen und Mädchen realisiert worden. Beim heutigen schrumpfenden Arbeitsmarkt wird das mit der Zeit zum Problem, denn die gesamte Arbeitswelt aller modernen Industriegesellschaften basiert auf dem Prinzip, dass ein Arbeiter oder Angestellter – bis vor kurzem meist der Mann – seinem Arbeitsplatz voll zur Verfügung steht, fast immer in Lohnabhängigkeit und mit der Notwendigkeit zeitlicher Flexibilität und geographischer Mobilität (er muss z. B. notfalls, wenn die Produktionsbedingungen es erfordern, umziehen). Wenn dieser Arbeitnehmer aber Familie hat (was zum Fortbestand der Bevölkerung wünschenswert ist), so ist diese zur Mit-Mobilität gezwungen, d. h. der Partner hat nicht die Möglichkeit zur eigenen Berufs- und Lebensplanung. Es gibt also kein Gleichheitsprinzip!

Die beiden Resultate der Aufklärung, »effektive Trennung der Lebensbereiche« und »Postulat der Gleichberechtigung«, führen zu einem krassen Widerspruch, der in jeder Partnerschaft individuell wie ein persönliches Problem ausgetragen wird, zwischen Privatlösungen und Scheitern: Welches Stellenangebot soll man annehmen, das für den Mann oder das für die Frau? Wer unterbricht seine Ausbildung beim ersten Kind? Können beide arbeiten, auch um den Preis einer Wochenendehe? Viele misslungene Liebesbeziehungen gehen auf das Konto solcher Belastungen – und Arbeitslosigkeit beeinträchtigt Partnerschaften zusätzlich. Wenn der Arbeitnehmer kein Single ist, hat er einen zweiten Menschen, der häufig von ihm abhängig ist. Und so kam es dazu, dass Millionen Frauen »nur einen Mann weit vom Sozialfall entfernt« sind, wie Elisabeth Beck-Gernsheim (1990) es scharf formuliert.[35] Die oft am meisten leiden, sind die Kinder! Man muss sich also nicht wundern, wenn viele Frauen zugunsten der Karriere oder einer angemessenen beruflichen Identität auf Kinder oder gar auf Partnerschaft ver-

zichten – zumindest reicht es nicht mehr für ein zweites Kind
(siehe den deutschen Durchschnitt von 1,3 Kindern pro Paar).

> Von folgenden drei »Werten« sind höchstens jeweils
> zwei gleichzeitig zu haben:
> 1. Neoliberale globalisierte Marktwirtschaft
> 2. Chancengleichheit der Geschlechter
> 3. Kinder (also Fortbestand der Gesellschaft)

» Neoliberalismus und Chancengleichheit: Keine oder kaum
noch Kinder
» Neoliberalismus und Kinder: Keine Chancengleichheit
» Chancengleichheit und Kinder: Das ginge nur bei einer
tiefgreifenden Änderung der bisherigen Form der Marktwirtschaft und das wegen der Globalisierung nur noch
mit internationalen Absprachen (Steuer-Harmonisierung
usw.)

Der Ruf nach Kindertagesstätten und sonstigen Betreuungsfor-
men ist ein Zeichen dafür, dass wenigstens einige Politiker dieses
Dilemma erkannt haben (und ein rührender Versuch, es zu
lösen). Aber es dürfte sicher allen klar sein, dass dazu noch weit
mehr erforderlich ist, nämlich ein grundsätzliches Umdenken.
Denken Sie an das afrikanische Sprichwort: »Man braucht ein
Dorf, um ein Kind großzuziehen.«

Doch bei Fusionen, feindlichen Übernahmen, »Verschlankun-
gen« und Entlassungen kümmert sich keiner der Manager um

die Partner und Familien, die an den Arbeitnehmern »hängen«. Und wenn beide Partner arbeiten wollen oder aus finanziellen Gründen müssen, sind sie diesen Bedingungen noch stärker ausgeliefert. Wie soll da Liebe wachsen und sogar noch Bestand haben?

In Medien, Werbung oder Politikerreden findet man kaum je einen Hinweis auf die oben dargestellte, unser ganzes gesellschaftliches Leben durchdringende Paradoxie. So wie bei der immer weiter auseinanderklaffenden Schere zwischen Altersstruktur, medizinischem Fortschritt und Kostendeckung im Gesundheitswesen verhalten sich Politiker, Experten und Kommentatoren im Grunde meist so, als gäbe es schon eine Lösung – man müsste sie nur finden. Doch da habe ich Zweifel.

Wie steht es mit Ihnen? Wie haben Sie bisher Ihr Leben, Ihre Partnerschaftsvorstellungen mit der heutigen »neoliberalen« Gesellschaft unter einen Hut gebracht? Sind Sie mit Ihrer bisherigen Lebensplanung zufrieden? Welche Pläne und Träume konnten Sie verwirklichen, und bei welchen haben Ihnen gesellschaftliche Umstände einen Strich durch die Rechnung gemacht? Wie haben Sie einen möglichen Kinderwunsch und berufliche Ziele vereinbart? Haben Sie vielleicht ein Scheitern bestimmter Vorhaben oder von Beziehungen als eigenes Versagen erlebt, obwohl es auch eine Folge ungünstiger Rahmenbedingungen war? Denken Sie an die Tendenz zur Schuldübernahme der Opfer (vgl. Kapitel 3 und 4).

Fluchtburg Liebe

Mit dem Überhandnehmen der Rationalität wurden wesentlichen seelischen Bedürfnissen die Grundlagen entzogen. Unser Gefühlsbereich, unser Wunsch nach Vertrauen und Zugehörigkeit hat in der beruflichen Konkurrenz- und Zweckgesellschaft kaum noch Platz. Die Kirche, vor allem die katholische, beantwortet unsere Sehnsucht nach Zugehörigkeit und Sinn (mehr dazu in Kapitel 7) auf eine nach wie vor relativ »patriarchalische« Weise, die z. B. den Frauen nach wie vor den Zugang zu höheren Ämtern erschwert. Auch aufgrund erstarrter Rituale und Dogmen sind für viele die Kirchen kein ausreichender seelischer Rückhalt mehr. Sekten und Esoterik genügen nicht als Ersatz.

Die Angst des Menschen vor der unberechenbaren Natur, vor dem Chaos im Außen und in seinem Inneren, versinnbildlicht in der »faustischen« Methode des Trockenlegens von Sümpfen, standen wohl auch bei Sigmund Freud Pate, als er den berühmten Satz prägte: »Wo Es war, soll Ich werden.«

Aber wohin mit den zuerst verdrängten, dann »sublimierten« Trieben und Affekten, den irrationalen Phantasien und Sehnsüchten? Wir ahnen es: in die »Liebe«. Auch Schlager und Jazzsongs erzählen unermüdlich davon. Hier ein typisches Beispiel aus »Corcovado« (Quiet nights) von A. C. Jobim und Gene Lees: *»I, who was lost and lonely, believing life was only a bitter tragic joke, have found with you the meaning of existence, oh my love.«* (*Ich, der ich verloren und einsam war und glaubte, das Leben sei nur ein bitterer, tragischer Scherz, habe in dir den Sinn meines Lebens gefunden, du meine Liebe.*)

So müssen wir mit Ulrich Beck und Elisabeth Beck-Gernsheim (1990) konstatieren, dass die Liebe sowohl durch die Widersprüche in der Entwicklung des Zeitgeistes als auch durch die Bedürfnisse nach Geborgenheit, Gefühl und Sinn völlig überfrachtet ist.[36] Wir sollten also in unserer Betrachtung auf der Suche nach möglicher »Vertrauensbildung« als Nächstes diese kleine private Arena der Partnerschaft, auf der die meisten Krisen der »abendländischen« Kulturentwicklung ausgetragen werden, unter die Lupe nehmen. Bei der unendlichen Vielfalt an Erfahrungen, Gesichtspunkten und Theorien werden wir uns jedoch notgedrungen nur mit einer winzigen Auswahl befassen können. Dies wäre Stoff für viele Vorträge und Bücher.

Ist Vertrauen zwischen den Geschlechtern überhaupt möglich?

Dass Frauen von der Venus sind und Männer vom Mars, hat sich ja herumgesprochen. Aber ob diese Unterschiede evolutionär oder eher anerzogen sind und welche Konsequenzen man daraus ziehen soll, darüber herrscht trotz vieler Untersuchungen über die Bedeutung des Geschlechts weiter Unklarheit und Vielfalt der Meinungen (die natürlich eng mit den jeweiligen Lebensgeschichten zusammenhängen). Ich möchte deshalb dem Leser und der Leserin hier einige Beobachtungen vorstellen, auf die sie sich ihren eigenen Reim machen können.

1. Die Psychoanalytikerin Christiane Burckhardt berichtete in einem Vortrag auf der Jahrestagung der deutschen Analytiker 1996 von einem Experiment: Man ließ Versuchspersonen beiderlei Geschlechts schreiende Säuglinge beobachten und fragte sie dann, welches Gefühl ihrer Meinung nach die Kinder ausdrücken wollten. Ergebnis: Wenn ein

Säugling hellblau gekleidet war, wurde sein Schreien signifikant häufiger als Wut gedeutet, wenn er rosa gekleidet war, als Angst. Dass diese Deutungen sich auf Selbsterleben und Verhalten des Kindes auswirken, steht außer Frage. So werden angeblich »genetische« Unterschiede erzeugt.

2. Der Soziologe Francesco Alberoni (1987) bringt in seinem Buch *Erotik: Weibliche Erotik, männliche Erotik – was ist das?* aufgrund von großen sozialpsychologischen Untersuchungen die fundamentalen Sehnsüchte der Frauen und Männer auf zwei entgegengesetzte Nenner, die er für die Frauen mit dem Begriff »Kontinuität« und für die Männer mit »Diskontinuität« umschreibt. Er demonstriert diesen Unterschied am Beispiel der Trivialliteratur am Kiosk. Was suchen die Männer dort? Erotisch anregende Zeitschriften und Pornos. Deren Hauptaspekt ist die Unverbindlichkeit des Vergnügens. Die Frauen suchen Arzt- und Heimatromane, in denen meist ein missachtetes Mädchen von einem »Helden« »entdeckt« und »erlöst« wird (siehe auch viele Märchen).

3. Die US-amerikanische Linguistin Deborah Tannen erkennt aus ihren Untersuchungen, dass Männer eher zu einer »Berichts- oder Sachsprache«, Frauen eher zu einer »Beziehungssprache« neigen (s. Wolfgang Schmidbauer 1991).

4. Der Paartherapeut Michael Mary (1991) vertritt die These, dass Männer und Frauen in der Liebesbeziehung ihre Urerfahrungen mit dem anderen Geschlecht reproduzieren, so dass der Mann in der Liebe wieder die Enge der Mutterbeziehung befürchtet, aus der er (endlich oder noch nicht) entflohen ist, wohingegen die Frau den Mangel in ihrer Vaterbeziehung befürchtet und im Rückzug des Mannes prompt wieder erlebt. Dass beide Befürchtungen samt »Ge-

genmaßnahmen« sich gegenseitig aufschaukeln können, liegt auf der Hand.

5. Die Psychoanalytikerin Claudia Sies beschrieb 2003 in einem Vortrag eine Tendenz der heutigen Jugendlichen zu Geschlechtslosigkeit und Angleichung. Das reduziert die Spannungen zwischen den Geschlechtern. Das Einfühlen in den anderen wird zwar erleichtert – aber die Nachteile sind Ambivalenz, Einsamkeit sowie Mangel an Struktur, Sicherheit und Identität. Die Scheu, sich auf Rollen festzulegen, führt zur ständigen Notwendigkeit des Aushandelns. Die Bereitschaft zu fairer Auseinandersetzung zwischen klaren Positionen nimmt aber ab. Die in jedem (homo- oder heterosexuellen) Partner wirkende Spannung zwischen Sehnsucht nach Gleichheit und Gegensätzlichkeit kann die »Beziehungsarbeit« lähmen.

Wir haben also fünf Gegensatzpaare gefunden:
>> Männliche Aggressionsneigung versus weibliche Angstneigung
>> Männliche Diskontinuität versus weibliche Kontinuität
>> Männliche Sachsprache versus weibliche Beziehungssprache
>> Männliche Engeerfahrung versus weibliche Mangelerfahrung
>> Sehnsucht nach Ähnlichkeit und nach Unterschiedlichkeit

Wenn im Laufe der Evolution zwei Arten sich so unterschiedlich entwickelten, wie das hier von Frauen und Männern beschrieben ist, dann besetzten sie für gewöhnlich verschiedene ökologische Nischen. Das aber ist uns verwehrt, sonst würden wir ja aussterben. Wir sind also gezwungen, mit dem »unbekannten Wesen«, dem »Feind in meinem Bett« wenigstens zur Fortpflanzung und möglichst noch zur Brutpflege zusammenzukommen. Zum Glück gibt es etwas, was uns immer wieder zusammenbringt: die Faszination am anderen. Aber dazu muss ich auch sein Anderssein akzeptieren.

Ich gebe zu, dass ich mein halbes Leben mit dieser Einsicht meine Schwierigkeiten hatte. In der Studentenzeit konnte ich im Musical *My Fair Lady* von Herzen mitfühlen, als Professor Higgins inbrünstig ausrief: »Kann eine Frau nicht so sein wie ein Mann? Kann eine Frau nicht so sein wie – ich?« Doch nachdem ich inzwischen mehrere hundert Patientinnen bei ihrer weiblichen Identitätsentwicklung begleitet habe, lässt mein Misstrauen gegenüber der »Andersartigkeit« der Frauen allmählich nach.

Bei der Konfrontation mit der primären Emotionalität von Frauen, die in Millisekunden eine »Stimmung im Raum« erzeugen, schneller als jeder Mann denken kann, fühlte ich, dass meine »Logik« auf verlorenem Posten war. Und von einem Interview mit einer intelligenten, attraktiven jugoslawischen Schauspielerin im *Zeit*-Magazin fühlte ich mich zutiefst bestätigt. Sie sagte sinngemäß: »Männer behaupten oft, wir Frauen würden nicht die Wahrheit sagen. Das stimmt nicht. Wir sagen schon die Wahrheit. Nur dauert die bei uns manchmal nicht so lang!«

Auch wenn vielleicht hier manche Frauen protestieren mögen: Ich finde, sie hat den Nagel auf den Kopf getroffen. Und manche Frauen können vielleicht jetzt doch einem Mann nachfühlen, wenn er vor diesem Hintergrund der »Wahrheit« von Frauen einfach nicht so recht trauen kann und sich selbst lieber in die Logik flüchtet, weil dort die Wahrheiten länger halten.

Wir wissen es ja schon: Das liegt daran, dass es so genannte

»objektive« und so genannte »subjektive« Wahrheiten gibt. Die subjektiven »halten nicht so lang«, aber sie bestimmen die Stimmung im Raum und zwischen den Menschen. Wohl deshalb hat Michael Mary nach zwanzig Jahren Erfahrung in Paarberatung konstatiert, dass die meisten Frauen ca. fünfundneunzig Prozent des »emotionalen Territoriums« einer Partnerschaft besetzt halten. Dem wäre aus meiner Sicht nichts hinzuzufügen außer, dass sich mindestens fünfundneuzig Prozent der Frauen dieser Überlegenheit in keiner Weise bewusst sind. Wenn aber jedes Geschlecht Angst vor dem anderen hat, wie soll da ein Vertrauensverhältnis entstehen? Dann steht doch immer erst einmal die »Absicherung« im Vordergrund – die erfahrungsgemäß zur Eskalation führt.

Vertrauen oder Machtkampf?

In der Liebe ergeben ein kluger Mann und eine kluge Frau zusammen zwei Narren.

Helen Vita

An dieser Stelle bietet sich eine gute Gelegenheit für die Querverbindung zur Theorie der dynamischen Systeme: Sie erinnern sich sicher, dass wir dort von »Iterationen« gesprochen haben, also von Transaktionen, bei denen aus einem Output wieder ein Input wird. Entweder wirkt er direkt ins eigene System zurück, wie beim Blick in den Spiegel, oder es handelt sich um zwei Systeme in Wechselwirkung: Therapeut–Patient, Elternteil–Kind oder eben zwei Partner.

Systemisch gesprochen entsteht bei einer Liaison aus zwei Systemen ein »Suprasystem«, bzw. ein System mit zwei Subsystemen. Dabei ist es ganz wichtig, wie »offen« oder »geschlossen« beide Subsysteme sind, wie gut sie also ihr inneres »Milieu« bewahren, aber auch, wie gut sie aufeinander einwirken. Wenn die Systemgrenzen sehr durchlässig sind, so dass man oft nicht weiß, wer jetzt diese Meinung oder dieses Gefühl hat, spricht man von Symbiose. Das kann lange gut gehen, aber manchmal bricht einer auch aus, und dann kommt es zu einem »bösen Erwachen« und eventuell zu einem Machtkampf, weil zumindest einer sich weniger vom anderen beeinflussen oder benutzen lassen will.

Diese Änderung tritt typischerweise ein, wenn eine Frau, die bisher gut »funktioniert« hat, Depressionen oder Ängste bekommt. Wenn sie dann in der Therapie eine bessere Abgrenzung lernt, kommt es vor, dass ihr Mann sagt: »Musst du denn immer noch zur Therapie fahren? Das tut dir doch nicht gut!« Das heißt so viel wie »Das tut *mir* nicht gut«. Denn wenn sich einer im Gesamtsystem »Partnerschaft« ändert, muss sich der andere auch ändern. Am unverblümtesten hat es einmal der Ehemann einer Patientin ausgedrückt: »Seit du in Therapie bist, habe ich dich nicht mehr im Griff!«

Es geht also bei diesen Gegensätzen wieder einmal um eine Polarität und die dazwischen sich entfaltende Dynamik. Wir können hier sehr viel von den Denkwerkzeugen aus dem vorigen Kapitel verwenden: Dynamik heißt, dass nicht einer Recht hat und der andere nachgibt, es heißt auch nicht, dass der eine zu sechzig und der andere zu vierzig Prozent Recht hat usw. Das Geheimnis ist: *Beide haben zu hundert Prozent Recht!*

Erinnern Sie sich? Die Quadratur des Kreises ist *ganz* Kreis und *ganz* Quadrat!

Sie werden vielleicht einwenden, dass manches ja wirklich unvereinbar sei. Wenn z. B. der eine behauptet, Bregenz liege in Deutschland, und der andere, es liege in Österreich, dann kann ja wohl nur einer Recht haben. Richtig. Aber um solche Differenzen geht es hier nicht, sondern um die oben bereits angesprochenen subjektiven Wahrheiten, also um Gefühle. Und hier kommen wir bereits an einen Bereich, der viel mit dem Selbstwertgefühl der einzelnen Partner zu tun hat:

Wenn einer der Partner schlecht abgegrenzt ist, wenn schon als Kind über ihn verfügt wurde, wenn seine Gefühle nicht angenommen oder umgedeutet wurden (»Du bist doch gar nicht traurig, du bist bloß müde« usw.), dann besteht ja auch später die Gefahr der Vereinnahmung, Überfremdung. Dann bleiben nur zwei Möglichkeiten: Entweder er unterwirft sich dem anderen und lebt als sein Juniorpartner oder Trabant (was früher üblich war), oder er versucht seinerseits, das Gegenüber zu unterwerfen: »Ich muss als Sieger hervorgehen, sonst gehe ich (wieder) unter!« Hier fällt Ihnen vielleicht wieder der Kreisverkehr ein: Wenn noch nicht genug gegenseitiges Vertrauen besteht, dann muss entweder festgelegt werden, wer immer das »Sagen« hat oder wer in welchem Lebensbereich Regie führt – oder nach welchen Regeln das festgelegt wird.

Wie sieht es bei Ihnen im Beziehungsbereich aus? Wenn Sie in einer Partnerschaft leben, können Sie sich fragen: Haben wir eine Vorfahrtsstraße und eine untergeordnete Straße, eine Ampelkreuzung mit wechselnden Dominan-

zen in verschiedenen Gebieten oder schon einen Kreisver-
kehr? Wie gelingt uns das jeweilige »Aushandeln«? Wie
gehen wir mit Gegensätzen um? Und wenn Sie derzeit
in keiner Partnerschaft leben:»Wie war es bei mir, wenn
ich in einer Beziehung war? Und wie stelle ich mir eine
spätere Partnerschaft vor? Oder will ich mir gar keine
mehr vorstellen? Genieße ich es, nichts mehr mühsam
aushandeln zu müssen oder immer Angst zu haben,
wieder dominiert zu werden oder in neue Machtkämpfe
zu geraten?«

Um nun zu sehen, welche Möglichkeiten es gibt, wie Machtkämpfe sich entwickeln, müssen wir nochmals auf die Iterationen zurückkommen, also das mehrmalige Durchlaufen der
Schleife von Output und Input, wie bei einem Streitgespräch, in
dem sich die Gegensätze entfalten: Für die Wirkung von Kraft
und Gegenkraft im ständigen Hin und Her gibt es im Bereich
der Partnerschaft viele Anwendungen, hier nur zwei Beispiele:

1. Je emotionaler die Frau wird, desto »sachlicher« wird der
   Mann – und je »verkopfter« er wird, desto emotionaler
   (»hysterischer«) wird sie.
2. Die Frau ist »verschwenderischer«, aber je mehr sie ausgibt, desto »geiziger« wird der Mann; je geiziger er wird,
   desto mehr tendiert sie zum »Kaufrausch«.

Man sieht an diesen Beispielen, dass sich innerhalb eines geschlossenen Systems die Gegensätze zwar aufschaukeln, aber auch gegenseitig »in Schach halten«.

Und so folgt hier die angedrohte einzige Formel des Buches, die berühmteste Gleichung der Theorie nichtlinearer dynamischer Systeme, nämlich die sogenannte »logistische Gleichung« – und das ausgerechnet im Liebeskapitel!

Im Idealfall bewirkt eine Kraft X eine Gegenkraft: $1 - X$. (X hat immer einen Wert zwischen 0 und 1!). Der neue Wert der Variablen X_{neu} entsteht durch eine Multiplikation des alten Wertes X_{alt} mit seiner »Gegenkraft« $(1 - X_{alt})$: Je größer X wird, desto kleiner wird $1 - X$. Damit wird ein »Ausufern« von X verhindert.

$$X_{neu} = X_{alt} \cdot (1 - X_{alt}) \cdot R$$

R steht für die Rahmenbedingungen, in einem Ökosystem z. B. die Menge der verfügbaren Nahrung, im Psychischen z. B. der Leidensdruck. (Um die Variable X in dem Intervall von 0 bis 1 unterzubringen, muss ihr Maximum bekannt sein, dieses steht dann für »100 %« bzw. »1«. Beispielsweise kennt man die größtmögliche Zahl von Raupen, die ein geschlossenes Ökosystem ernähren kann.)

Man muss nun diese Gleichung immer wieder durchlaufen, d. h. immer den errechneten Wert von X wieder in die Gleichung einsetzen und daraus das neue X berechnen. Das sind die Iterationen. In den klassischen Beispielen maß man nach jedem Reproduktionszyklus die Zahl der Raupen, Kaninchen usw., in der Partnerschaft sind es typischerweise immer wieder »Rede und Gegenrede«.

Ob eine solche Gegensatzspannung destruktiv oder konstruktiv wird, ist noch lange nicht ausgemacht. Ein Paradebeispiel für eine sinnvolle und stabile Begrenzung innerhalb eines Ökosystems ist die gegenseitige Begrenzung von Jäger- und Beutetierpopulationen. Wenn in der Partnerschaft z. B. Emotionalität und Rationalität sich die Waage halten, kann die obige Gleichung zur Stabilisierung des Systems beitragen. Doch wenn die Rahmenbedingungen nicht stimmen, kann das Gesamtsystem zerbrechen.[37] Oft landet das Paar im Streit auch immer »am selben Punkt«, am »Fixpunkt«!

Sie können die Magie und »Macht« eines Fixpunkt-Attraktors selbst ausprobieren: mit einem Taschenrechner mit Quadratwurzel-Funktion. Geben Sie eine beliebige positive Zahl (größer oder kleiner als 1) ein und drücken dann auf die Wurzel-Taste, immer wieder. Sie werden bemerken, dass sich die Zahl auf Ihrem Display entweder von oben oder von unten langsam an die 1 herantastet. (Sie wird die 1 nie ganz erreichen – denn die ist ja der »Grenzwert« im Unendlichen!) Vielleicht fallen Ihnen jetzt Beispiele ein, z. B. wo Sie mit Ihrem Partner »immer an derselben Stelle landen« – an einer Stelle, wo nichts mehr geht und wo es nur Verlierer gibt.

Beim Fixpunkt-Attraktor haben wir, wie angedeutet, den typischen Fall der Stagnation, z. B. hat einer immer Recht und jeder geht in seinen Schmollwinkel. Der zweite typische Attraktor ist, wie früher erwähnt, der Grenzzyklus: Hier kommt es dazu, dass der Wert von X, also der gemessenen Variablen (was immer das ist, Stimmungsbarometer, Selbstwertgefühl, Angstzustand, was Sie wollen), abwechselnd auf zwei gegensätzliche Werte einpendelt. In Partnerschaften erlebt man es manchmal, dass immer entweder der eine »gewinnt«, Recht behält usw., oder der andere – wie bei einer Kreuzung mit wechselnder Ampel. Einen Kompromiss auf gleicher Augenhöhe oder das Aushalten eines ungeklärten Schwebezustandes gibt es in solchen Systemen nicht.

Bei diesen beiden Attraktoren kann man sich des Eindrucks nicht erwehren, dass es dabei selten um die Sache selbst geht. Was da schwankt, sind subjektive Werte, Gefühle, Zustände von Dominanz oder Unterwerfung, eben die Frage, wer welches »Territorium« zu wie viel Prozent besetzt, usw.

Sie werden es sich schon gedacht haben: Die Attraktoren, die als einzige eine lebendige, ebenbürtige und eben auch nie vorhersehbare Partnerschaft garantieren, sind die Seltsamen Attraktoren. Aber wie können wir die in einer Partnerschaft erreichen? Viele Liebende fühlen sich sicher vom anderen »seltsam angezogen« (attrahiert), der/die Geliebte ist »attraktiv«, aber das kann auch viele andere Ursachen haben!

Wie man diese spannende Gleichung auf das »Sich-Verlieben« anwenden kann, versuche ich im übernächsten Abschnitt zu beleuchten.

Polaritäten und Rahmenbedingungen

> Und wie mag die Liebe dir kommen sein?
>
> *Kam sie wie ein Sonnen, ein Blütenschnein, kam sie wie ein Beten? Erzähle!*
>
> *Ein Glück löste leuchtend aus Himmeln sich los*
>
> *Und hing mit gefalteten Schwingen groß an meiner blühenden Seele ...*
>
> Rainer Maria Rilke

Wie können wir diese poetische, uns in der Tiefe nährende Kraft der Liebe wieder gewinnen und erhalten? Welche Voraussetzungen dafür müssen wir uns zurückerobern? Was macht uns wieder liebesfähig? Oder anders gefragt: Wovon hängt es ab, welcher »Attraktor« das Leben in einer Partnerschaft dominiert? Ob es zu lähmenden Patt-Situationen, ständigem Auf und Ab oder zu einem spannenden Austausch und gegenseitiger Befruchtung kommt? Sind es die äußeren Umstände oder das, was die beiden an Persönlichkeit einbringen? Oder entwickelt sich alles nur im »freien Spiel der Kräfte«? Wohl von allem etwas.

In menschlichen Systemen muss man von einem Kontinuum zwischen *feststehenden* Außen- und Innenfaktoren und *variablen* inneren Systemzuständen ausgehen: An einem Ende befindet sich eine unumstößliche Struktur und Energiequelle, wie die Sonne oder eine Staatsform, die Abhängigkeit von einem Konzern usw., aber genauso die Erbanlagen der Partner. Am anderen Ende sind die flexiblen Zustände der Familie, des Paares, die sich ständig ändern können (wer gibt wie viel Geld aus, wer spült heute ab, wohin gehen wir heute Abend?). Vieles, was noch im neunzehnten Jahrhundert vorgegeben war, ist heute völlig variabel. Partnerschaften unterscheiden sich allerdings in ihrer Abhängigkeit von ökonomischen Bedingungen sehr. Die gewonnenen Freiheiten bringen heute auch eine »Rollendiffusion« mit sich:

1. Immer mehr Frauen geben sich mit ihrer früher gleichsam durch Geburt zugewiesenen Rolle nicht mehr zufrieden. Sie bemühen sich um eine dem Mann vergleichbare eigene berufliche Qualifikation und ökonomische Unabhängigkeit. Meist gelingt das nur entweder durch Verzicht auf Kinder oder/und Partnerschaft oder durch eine Doppelbelastung durch Beruf und Familie. Von Seiten des Staates, der Kommunen und v. a. der Wirtschaft wird diesem Problem noch viel zu wenig Rechnung getragen, deshalb ist die »Krippen-Diskussion« zu begrüßen.

2. Durch die Auflösung der traditionellen Großfamilie fallen auch die familiären Auffangnetze, sogar oft auch die Geschwister, als Hilfe weg, auch die dörflichen Kommunikations- und Unterstützungsstrukturen sind weitgehend aufgelöst, so dass für ein kleines Kind nur noch die Mutter oder/und der Vater zuständig ist.

3. Dies führt zu immer mehr Konflikten innerhalb der Familie und Partnerschaft, an denen auch viele Familien zerbrechen. Die Folge ist ein Anwachsen der Einpersonenhaushalte, der Scheidungsrate sowie der Teil-, Zweit- und Nachfolgefamilien (»meine und deine Kinder streiten schon wieder mit unseren Kindern!«). Aber die Hoffnung stirbt zuletzt: Auch die Wiederverheiratungsziffern wachsen.

4. Die früher Halt gebenden Traditionen, Rollenvorstellungen und religiösen Grundlagen werden heute immer mehr in Frage gestellt und aufgelöst. Dadurch werden immer

mehr Menschen orientierungslos, sie suchen nach Vorbildern bzw. gültigen Normen, die sie manchmal in sozialen oder weltanschaulichen Gruppen finden. Das führt aber oft zu einer Abhängigkeit von diesen Gruppen bzw. zu einem Anwachsen des Psychotherapiebedarfs, aber auch der Macht von Sekten, Heilslehren usw. Für die Mehrheit ist die letzte Hoffnung auf Orientierung, Geborgenheit und Sinnfindung die Liebe.

Fazit: Kann man der Stabilität äußerer Parameter nicht mehr trauen, braucht es umso mehr verlässliche innere Bedingungen, die das Paar sich im Grunde nur mit der Zeit selbst schaffen kann.

Welche neuen Regulationen ließen sich da finden? Beispielsweise könnte sich ein Paar in einem längeren Prozess des »Aushandelns« darüber klar werden, wer welche Aufgaben in der Partnerschaft übernimmt, für welche Bereiche jede(r) primär zuständig ist. Man kann dann natürlich auch den anderen bitten, einmal mit einzuspringen. Wichtig ist dabei die Fähigkeit der Kommunikation, also die »Durchlässigkeit der Subsysteme«.

Oft kommt es heutzutage ja zum Ehestreit wegen der lästigen Hausarbeit. Die Frauen sagen zu Recht: Wenn wir beide arbeiten, um Geld zu verdienen, dann kann der Mann ja auch was im Haushalt tun. Und die Männer? Immer mehr stimmen zumindest verbal einem häuslichen »Job-Sharing« zu – aber in der Praxis hapert es. Das gleiche gilt für die Kindererziehung. In einem Wochenendseminar mit dem Thema »Neue Väter braucht das Land« (mit Kinderbetreuung), das ich vor etwa zwanzig Jahren mit meiner Frau besuchte, wurde gesagt, dass ca. zehn Prozent der Väter sich bereit erklären, auch Hausmann und voll verantwortlicher Vater zu sein, dass davon aber nur ein Zehntel, also de facto ein Prozent, dies in die Tat umsetzen.

Eine wichtige Bedingung stellt natürlich die gegenseitige Wertschätzung dar, die mit einer Kontinuität der Liebe verbunden ist. Vielleicht muss – beim heute verbreiteten Zögern vor juristischen Ehebindungen – die »Vertrauensbasis« auf andere Weise symbolisiert und zelebriert werden. Gemeinsame Kinder, gemeinsame Wohnung usw. können eine Partnerschaft aus dem Stadium der Unverbindlichkeit befreien und dabei helfen, aus den Subsystemen ein neues de-finiertes, also mit einer gemeinsamen Grenze (»finis«) versehenes System zu gestalten.

Auch Rituale für Schwellen- und Übergangssituationen wie Geburt, Taufe, Konfirmation und Kommunion, Heirat etc., müssen, wenn sie schon nicht aus der kollektiven Tradition übernommen werden, selbst gestaltet werden, um den stabilen äußeren Rahmen zu bieten, den ja Phasenübergänge wegen ihrer destabilisierenden Wirkung brauchen.

Die gefährlichste Destabilisierung in Deutschland ist m. E. derzeit durch die Unsicherheit des Arbeitsmarkts und der Rente gegeben. Bis in die 90er-Jahre des vergangenen Jahrhunderts hinein bot der Beruf des einen oder beider Partner einen stabilen Rahmen, in dem Meinungsverschiedenheiten ausgetragen werden konnten und wo Seltsame Attraktoren Selbstorganisation und Stabilität gewährleisteten. Darum müssen wir uns miteinander bemühen, auch neue Parameter und Randbedingungen zu (er)finden und auszubauen, die Selbstorganisation ermöglichen: So können gemeinsame Freundeskreise, Vereine, Engagement in Bürgerinitiativen oder NGOs helfen, dass ein Paar sich in seiner Liebe stabilisiert. Manchmal sollte man sich auch nicht scheuen, Hilfe in Anspruch zu nehmen, sei es in einer Beratungsstelle, beim Pfarrer, Arzt oder Therapeuten. Mit einer so stabilisierten Basis können sie sich dann auch im Außen engagieren und vielleicht sogar politisch und sozial wirksam werden.

»Vive la petit difference!«

Dass unsere Geschlechterrollen sich in Auflösung befinden, ist ein alter Hut. Der Emanzipation der Frauen folgte die Softie-Welle, aber damit waren weder die Männer noch die Frauen zufrieden (siehe das geflügelte Wort »Lieber einen saftigen Macho als einen matschigen Softie«). Und dann kam der »Wilde Mann« auf – fest und flexibel. Auch die Frauen suchen nach einer neuen Geschlechtsidentität jenseits der unseligen »Alternative« zwischen treusorgender Gattin/Mutter und Karrierefrau. Aber wie die Männer haben sie für eine solche neue Rolle in der Geschichte kein Vorbild!

Die kollektive Verunsicherung spiegelt sich in der Psyche der Einzelnen wider, und alle, die nicht ganz sattelfest in ihrem Selbstwertgefühl sind, neigen dazu, sich in der einen oder anderen Aufgabe zu überfordern – bzw. in dem Bemühen, es »allen recht zu machen«: dem Vorgesetzten, dem Ehepartner und den Kindern. Die emotionale Beziehung zwischen den Partnern oder gar deren ganz persönliche Bedürfnisse bleiben dabei natürlich als Erstes auf der Strecke. Und das rächt sich dann zunehmend in Neurosen, Ängsten und psychosomatischen Erkrankungen. Wie steht es nun aber mit der Spannung zwischen den Geschlechtern? Ist sie überhaupt notwendig?

Ich fürchte – ich hoffe! –, sie bleibt notwendig. Denn wie wir aus der logistischen Gleichung gesehen haben, löst jede Entwicklung, vor allem wenn sie zu einseitig wird, eine Gegenbewegung aus. Der Erfolg des Familienaufstellers Bert Hellinger beispielsweise, aber auch das Wiedererstarken fundamentalistischer Religionen zeigt die Sehnsucht vieler Menschen nach Ordnungen – sogar, wenn sie ziemlich rigide sind. In Deutschland unterwerfen sich manche Frauen heute den Regeln des Islam, weil sie dort mehr Halt finden als ihre Geschlechtsgenossinnen mit ihren gerühmten sexuellen und anderen Freiheiten. Und nachdem im Zuge der Emanzipationsbewegung lange von »typischen« Verhaltens- und Erlebensweisen von Frauen und Männern geschwiegen wurde, wird von vielen Autoren inzwischen wieder mutiger auf Unterschiede und Gegensätze hingewiesen (Rubner, Gray u. a.).

Das Spiel der Gegensätze der Geschlechter ist eben nicht aufzulösen durch »Liberalität« und »Gleichheitsgebote«. Nach C. G. Jung ist es archetypisch, einschließlich der in ihm enthaltenen Spannung und Dynamik. Diese ist aber schon in jedem von uns angelegt – denn, wie Jung ja erkannt hat, tragen wir alle einen weiblichen und einen männlichen Pol in uns, die Männer neben ihrer eigenen Geschlechtsidentität eine Anima, die Frauen einen Animus – und das Differenzieren unserer Geschlechtsidentität gelingt nur über die Integration des komplementären Geschlechts in uns (erinnern Sie sich an die Zylinder im letzten Kapitel). Wenn man das nicht beachtet, rächt sich der missachtete Anteil, z. B. indem er plötzlich die Regie übernimmt oder indem wir ihn auf ein anderes Wesen projizieren und dieser Projektion verfallen. (So geschieht es auch oft mit dem verleugneten Schatten, der unsere dunkle Seite verkörpert.)

Fast jede(r) von uns begegnet dem Gegengeschlecht natürlich vor allem (außer in den Elternfiguren) im Partner oder potentiellen Partner. Wird es mit dieser Begegnung »ernst«, kommen plötzlich bislang unbewusste Anteile in uns zum Tragen. Jetzt zeigt sich, was sich in der Kindheit und Jugend entwickelt hat – oder auch nicht: nämlich die so genannte gegengeschlechtliche Beziehungsfähigkeit. Und das Besondere an der ist, dass sie auf eine »sekundäre Bindung« (Norbert Bischof) hinzielt, die gefühlsmäßig als etwas grundsätzlich anderes erlebt werden »sollte« als die »primäre Bindung« zwischen Eltern und Kindern (Bischof 1986, 1991). Die (vorgebahnten) Muster sollten jetzt andere sein als bei der Liebe zwischen Eltern und Kind: nämlich ebenbürtig, damit das »freie Spiel der Kräfte« gelingt. Aber wo hätten wir dieses lernen können? Höchstens in der Beobachtung der Eltern – falls die eines hatten. Erich Fromm hat in seinem in dreißig Sprachen übersetzten Bestseller *Die Kunst des Liebens* solche Muster dargestellt. Auch in der Jung'schen Psychologie geht man davon aus, dass Chaos und Kreativität genau im Spannungsfeld zwischen Polaritäten stattfinden – natürlich besonders in Liebe und Partnerschaft.

> Jede echte Begegnung ist für beide Partner ein Balanceakt zwischen Abgrenzung und Hingabe und nimmt unter dem Einfluss eines Seltsamen Attraktors prinzipiell einen unvorhersehbaren Verlauf. Das gilt in der Beziehung generell und im Liebesspiel im Besonderen. Hier können wir uns vorstellen, dass unsere Bereitschaft, sich auf ein Risiko einzulassen, von unseren Vorerfahrungen, unserer Vertrauensfähigkeit und Selbstsicherheit abhängt.

Das alte französische Sprichwort müssten wir deshalb ergänzen: *»Die Liebe ist das Kind der geschützten Freiheit«.*

Dieser Schutz kann ein Ehevertrag sein, aber noch besser ist ein stabiles, auf Gegenseitigkeit beruhendes Zugehörigkeitsgefühl. (Von der bekannten Kabarett-Figur Erwin Pelzig stammt diese eindrucksvolle Zuspitzung: »Eine Freundin hat mich mal gefragt, ob ich sie heirate. Ich war schockiert und fragte: Ja, vertraust du mir denn nicht mehr?«)

Versuchen beide Partner, eine dominante Position einzunehmen, entsteht ein Machtkampf, der mit den verschiedensten Mitteln geführt werden kann. Davon haben wir alle wohl eine intuitive und aus der Erfahrung stammende Vorstellung. Ich möchte an dieser Stelle neben dem konkreten »Dominieren« (bzw. Streiten um die Dominanz) vor allem auf die indirekten Formen der Machtausübung hinweisen, so z. B.

» Überversorgung und Infantilisierung (den anderen in der Kindrolle festhalten),

» Anpassung und Verursachen von Schuldgefühlen,

» Rückzug und Liebesentzug, Besserwisserei, Ausweichen,

» den anderen vor vollendete Tatsachen stellen,

» Argumentieren, wo eine Gefühlsäußerung am Platz wäre, Affektentladung, wo ein vernünftiges Nachdenken am Platz wäre,

» das Verhalten des anderen nach eigenen Vorstellungen interpretieren und definieren (Definitionsmacht ist »strukturelle Gewalt«),

» die eigenen Erwartungen, Wünsche und Gefühle verheimlichen, um dann »enttäuscht« zu reagieren, wenn der andere sie nicht errät usw. usf.

Nur Mut! Ich könnte mir vorstellen, dass Sie jetzt auch an eigene Erfahrungen denken: Wo bin ich solchen indirekten Machtausübungen begegnet? Habe ich sie erkannt? Wenn ja, wie früh oder spät? Und habe ich mich gewehrt, unterworfen, mit Retourkutschen reagiert? Aber Hand aufs Herz: Jeder Mensch hat so seine Tricks. Warum sollten Sie nicht auch welche haben? Im Krieg und in der Liebe sind ja alle Mittel erlaubt. Also: Sie müssen es ja niemand verraten, aber denken Sie einmal darüber nach, welche Machtmittel Sie selbst – bewusst oder halbbewusst –in der Partnerschaft oder in engen Beziehungen anwenden. Wenn Sie sich das klarmachen, könnte es auch dazu führen, dass Sie sich nicht schämen, sondern sogar stolz darauf sind. Warum auch nicht? Je bewusster Sie solche Machtmittel einsetzen, desto eher können Sie sie steuern bzw. auch einmal darauf verzichten. Nur unbewusste Machtausübung ist wirklich gefährlich – v. a. wenn sie in der Verkleidung der Sorge, Hilfe oder gar Aufopferung daherkommt.

Solche Klärungen können sowohl das Selbstvertrauen stärken als auch das Vertrauen in die Balance der Partnerschaft. Denn wenn man auch die unbewussten Strategien der Beeinflussung mit einbezieht, besteht – wie wir aus der Familientherapie wissen – bei allen Paaren, die länger zusammenbleiben, immer ein Gleichgewicht der Kräfte, auch wenn es von außen nicht so aussieht. Deshalb sollte man sich bei der Beurteilung eines Paares vor voreiligen Schlüssen hüten.

> Konflikte lassen sich leichter ausfechten, wenn nicht immer gleich die »Grundsatzfrage« gestellt wird: ob man überhaupt zusammenpasst oder sich nicht doch wieder trennen sollte. Ist diese Option zu leicht verfügbar, kann es zu keiner wirklich fruchtbaren Auseinandersetzung kommen.

Dann passiert leider immer wieder das, was der Paartherapeut Jürg Willi (1985) eine »fahrlässige Trennung« nennt: Ich weiß aus vielen Therapien: Eine »Bewältigung« eines Problems funktioniert nie ausschließlich auf der Handlungsebene. So ist z. B. bei einer Scheidung immer die psychische Aufarbeitung wichtig. Erst nach einem Betrauern und Abschied von dem, was misslungen ist, kann es zu einer Wiedergewinnung von Vertrauen in mich, in meine Beziehungsfähigkeit und vor allem in den Sinn unserer Gegensätzlichkeit kommen.

Liebes-Chaos – Vertrauen in die Natur der Liebe?

> *Liebe ist der Sieg der Hoffnung über die Erfahrung.*
> *Gottfried Schemmering*

Als ich mit dem Lernen fürs Medizinexamen begann, riet mir eine Bekannte, »mir wieder eine Freundin zu suchen«. Ich lachte und sagte, das sei ja nun wohl der ungünstigste Zeitpunkt überhaupt. Zwei Monate später war ich mit Haut und Haaren verliebt – und die Liebe, die daraus entstand, hält bis heute. Kann es einen besseren »Beweis« für die Chaostheorie geben?

Im Chaos-Kapitel ging es um Kritische Instabilitäten, in denen Ordnungs-Ordnungs-Übergänge, also Phasen der »Umwertung aller Werte« stattfinden können. Wer sich schon einmal verliebt hat, kann das sicher bestätigen. Ein Sinneswandel lässt unser ganzes Leben in einem anderen Licht erscheinen – und das unkalkulierbar. Natürlich ist man in einer solchen Phase besonders empfänglich für den »Schmetterlingseffekt«, die Sensibilität für die Anfangsbedingungen: Kleine Ursachen können in dem Moment große Wirkungen haben – und die Schmetterlinge im Bauch passen da ja perfekt hinein! Aber es geht auch in diesem Fall um eine Selbstorganisation, die stabile Randbedingungen braucht! Was heißt das für die Liebe?

Je sicherer ich mich in meinem äußeren Umfeld, bezüglich Herkunftsfamilie, Beruf usw. fühle, desto mehr kann ich mich dem inneren »Liebes-Chaos« überlassen und hoffen, dass es mich zu einer guten neuen Lebensregie führen wird. Umgekehrt: Je labiler meine äußere Situation ist, beruflich, familiär usw., vielleicht auch im Selbstwertgefühl, desto größer ist die Gefahr, dass ich mich durch die Bindung an einen anderen Menschen zu stabilisieren versuche. Dann begegne ich dem Liebespartner nicht innerhalb eines geschützten Rahmens, in dem wir uns »selbst organisieren« können, sondern ich

> benutze ihn als Stabilisator. Und damit ist er ganz sicher überfordert.

Leider findet aber genau das besonders häufig statt, und leider beruht diese unbewusste Strategie, nämlich das Benutzen des anderen als Stabilisator meines Selbstwertgefühls, oft auf Gegenseitigkeit! Der Lahme führt den Blinden.

So kann das neue System kaum lange überleben; es wird sich im günstigen Fall bald wieder auflösen, im ungünstigen Fall drohen gegenseitige Benutzung, Besitzanspruch, Stagnation (»Entwicklungsvermeidung«) und ein erkaltetes Nebeneinanderher – vielleicht ein »Crash«. Welch zerstörerische Kräfte sich in einem Absturz aus wechselseitigen Illusionen entwickeln können, demonstriert beklemmend der Film *Der Rosenkrieg*. Wenn man Glück hat, gibt es beim Nebeneinanderher immer wieder einmal Perturbationen, also Störungen von außen, wie die Ankunft von Kindern oder Geliebten, die Risiko, aber auch eine fruchtbare Instabilität und die Chance für ein neues Beziehungsmuster bringen.

Der wichtigste Phasenübergang überhaupt ist die Wandlung von Verliebtheit zu Liebe – und da beginnen andere »Kräfte der Natur« zu wirken!

> *Es ist wieder Zeit fürs Innehalten: Vermutlich sind Ihnen beim Lesen dieses Abschnittes schon Erinnerungen*

gekommen: Wie war es bei mir? In welchem Zustand
habe ich mich das erste oder zweite Mal verliebt? Was
bedeutete damals mein Partner für mich? Denken Sie
an den Vers aus »Corcovado« auf Seite 210: Wie weit
war der gefundene Partner für mich Lebensinhalt? Wie
weit konnten wir innerhalb eines stabilen Rahmens (fi-
nanziell, geographisch, sozial usw.) Vertrauen ineinander
aufbauen – wo waren Verunsicherungen, Störfaktoren
von außen? Und wie ging es dann weiter? Wie fand der
Übergang von der Verliebtheit in die Liebe statt?

Oft geschieht der Phasenübergang von der eher instabilen Verliebtheit in eine stabilere (unter der Regie eines Seltsamen Attraktors stehende) dauerhafte Liebesbeziehung durch einen äußeren Einfluss, ein einschneidendes Ereignis wie Schwangerschaft, neue Arbeit, Umzug – oder durch eine zeitweilige Trennung. Durch das Innehalten, das Auf-sich-selbst-Zurückgeworfensein kann sich manches in der Seele ordnen – und man kann sich klarer werden, was einen wirklich am anderen anzieht und ob man ihn wirklich liebt.

Zwei Monate, nachdem ich meine Frau kennengelernt hatte, flog sie zu einem lange geplanten medizinischen Praktikum nach Fernost. In diesen drei Monaten hatte ich keine Ablenkung und »durfte« aufs Staatsexamen lernen. Aber die Liebe wuchs gerade in dieser Zeit. Vielleicht entstand in mir eine »Gegenkraft« gegen diese geographische Distanz? Die Umarmung, als ich sie nach dieser kargen Zeit nachts vom Bahnhof abholte, werde ich nie in meinem Leben vergessen. Sofort danach zogen wir zusammen.

Amors Pfeil

Darf ich mich fallen lassen in deine Abgründe?
Ich möchte springen von der Klippe dieses Augenblicks
In Tiefen deines Wesens, die du noch nicht kennst.
Keine Angst, ich bin kein Selbstmörder!
Mein Vertrauen in die Liebe trägt mich sanft ins Bodenlose.

Hans Kruppa

Selbstunsicherheit aus der Kindheit, übernommen von den Eltern, verstärkt durch die Irritationen der rasanten gesellschaftlichen Entwicklung, durch die Reizüberflutung der Medien, durch den Mangel an Orientierung und Vorbildern, durch die ökologische Bedrohung, durch die Widersprüche der Industrie-, Wachstums- und Flexibilitätsgesellschaft ... angesichts dieser großen allgemeinen Verwirrung vieler Einzelner und Paare könnte man fast an der Zukunft von Partnerschaft und Liebe verzweifeln. Wir müssen uns also fragen, ob und – falls ja – wo es überhaupt noch die Chance für Vertrauen und längerfristige Liebe gibt. In dieser etwas ratlosen Situation kommen wir jetzt an die entscheidende Nahtstelle zwischen den äußeren Bedingungen der Liebe und den »privaten« Problemen in und zwischen den einzelnen Partnern:

Seit der Aufklärung und vor allem im Laufe des letzten Jahrhunderts sind wir kollektiv in den Industrienationen von einem Bereich in der Nähe des »Ordnungspols« (mit klaren vorgegebenen Normen und Rollenzuweisungen) ziemlich weit in Richtung des »Unordnungspol« gerutscht. Damit ist für jeden ein großes Maß an Freiheit entstanden, aber auch mehr »Qual der Wahl« und mehr Selbstverantwortung. Selbst wenn noch nicht ganz sicher ist, wie gut wir biologisch und psychologisch dafür ausgerüstet sind, gibt es genügend Hinweise dafür, dass wir hier der menschlichen Natur und ihren archetypischen Kräften vertrauen können (denken Sie an den »Vertrauenstrieb« im Kapitel 2 und an die »Archetypen, die uns in unserer Entwicklung abholen« im Kapitel 5).

Der Evolutionsforscher William Allman (1996) zeigt in seinem Buch *Mammutjäger in der Metro* Hinweise dafür, dass wir unsere derzeitige psychische Ausstattung in den letzten 500 000 Jahren erworben haben. Der letzte »Schub« kam vor 40. bis 60 000 Jahren mit dem plötzlichen Auftreten von Religion, Kultur, Höhlenzeichnungen und Musik. Unsere wichtigste Fähigkeit ist seiner Ansicht nach das Sozialverhalten, das aufgrund der Gruppenbildungen kulturelle Höchstleistungen, aber leider auch organisierte Kriege möglich macht. Weil diese psychische Ausstattung mit Instinkten und Fähigkeiten für das Leben in einer hochkomplexen technisierten Umwelt sicher nicht mehr ausreicht, benötigen wir noch einige Orientierungen (Parameter) von außen. Deshalb wiegt die Auflösung gesellschaftlicher Normen und Strukturen in den letzten dreißig bis vierzig Jahren besonders schwer. Aus diesem Grund ist es wichtig, neue, informelle persönliche Strukturen zu knüpfen, wie Freundeskreise, Interessensgruppen oder Vereine. Auch wenn innerhalb dieser Gruppierungen manche Bindungen nicht lang anhalten, können doch in ihnen dauerhafte Freundschaften und Partnerschaften entstehen.

Ich erlebe das Wachsen von Vertrauen auch täglich in meinen analytischen Gruppen: Allein dadurch, dass die Gruppenmitglieder sich von ihrem Leben, ihren Sorgen und Beschwerden erzählen, wächst das gegenseitige Vertrauen oft so weit, dass sie auch heikle, peinliche oder schmerzhafte Punkte berühren, von denen sie noch nie in ihrem Leben jemand erzählt haben.

Wenn die Ordnung und Sicherheit, die früher den Menschen durch Obrigkeiten und Sinnstifter von außen geboten wurden, nun innerhalb der Partnerschaft gewährleistet werden sollen, kann es schief gehen, wenn jeder Partner, wie beschrieben, Sicherheit und Anerkennung beim anderen sucht: Dann wird er wahrscheinlich Macht ausüben oder sich der Macht des anderen unterwerfen. In seinem Modell der »gewaltfreien Kommunikation« betont Marshall B. Rosenberg (2004), dass eine der wichtigsten menschlichen Antriebskräfte die Sehnsucht nach Anerkennung ist. Wenn dieses grundsätzliche Akzeptieren des anderen zwischen verfeindeten Gruppen gelingt, sinkt die Gefahr der Gewaltanwendung und Vertrauen kann wachsen. Wir sind aufgrund der o. g. evolutionären Ausstattung fähig, miteinander zu kooperieren und uns zu ergänzen. Dafür sorgen unsere Spiegelneuronen – Hirnzellen, die helfen, uns in unser Gegenüber hineinzuversetzen, es zu imitieren und zu verstehen (Bauer 2005).

Neben der polaren Struktur in allem Lebendigen ist eines der grundlegenden »Gesetze« der belebten Natur der u. a. von Jung beschriebene Wechsel zwischen diesen Polen, das Hin und Her oder Auf und Ab.[38] Henrik Ibsen schreibt dazu in einem Brief an einen Freund: »Ja, haben Sie denn noch nie bemerkt, dass bei jedem Gedanken, wenn man ihn zu Ende denkt, das Gegenteil herauskommt?«

Hier noch ein häufiges Beispiel für nichtlineare Gegenbewegungen innerhalb einer Partnerschaft, die man besonders gut bei der sogenannten »Nähe-Distanz-Regulierung« beobachten kann: Wenn ein Partner den anderen umsorgt, sich ihm anpasst, mit ihm zusammen sein will usw., so ist das in Zeiten der Verliebtheit für den anderen wunderbar – es ist die Erfüllung aller Sehnsüchte nach Geborgenheit und Einssein. Aber mit der Zeit »ruft« uns die Autonomieentwicklung, die Jung im Rahmen der Individuation, also der Selbstwerdung beschrieben hat. Somit entstehen Gegenkräfte, die bewirken, dass man den Abstand zum anderen vergrößern will. Da dieses Ausbalancieren von Hingabe und Abgrenzung jedoch selten bei beiden Partnern synchron verläuft, wird es beim Übergang von der Verliebtheit zur Liebe in den meisten Fällen zu Asymmetrien kommen, d. h. einer hätte es gern enger, der andere etwas lockerer.

Nach den Erfahrungen von Michael Mary (1999) ist die Etablierung einer gewissen Distanz den Männern im Durchschnitt etwas eher ein Bedürfnis. Das mittlere »Optimum« des Wohlfühlens in der Partnerschaft wird also meistens bei beiden Partnern nicht an derselben Stelle liegen und nicht zur gleichen Zeit erreicht werden. Das Schicksal des Paares entscheidet sich daran, ob sich Nähe und Distanz immer wieder gegenseitig regulieren (wie bei Jäger- und Beute-Populationen) oder ob es zu einem Aufschaukeln kommt.

Echte Geschlechts-Unterschiede

> »Je t'aime!« – »Moi non plus!«
> (»Ich liebe dich« – »Ich dich auch nicht!«)
>
> Serge Gainsbourgh

Wenn wir nun schon einmal bei den Geschlechtsunterschieden sind, kann ich mich ja gleich noch etwas »unbeliebt« machen und auf einige fundamentale Gegensätzlichkeiten und Asymmetrien hinweisen (die viele von uns wohl schon erlebt haben, bewusst oder unbewusst), z. B. mit folgendem Bonmot: *Der »Mann« sagt: »Das ›Menschliche‹ ist oft unsachlich!« Die »Frau« sagt: »Das ›Sachliche‹ ist oft unmenschlich!«*

Von Simone de Beauvoir stammt der Satz: »Für den Mann ist die Liebe eine interessante Beschäftigung, für die Frau ist sie das Leben.« Friedrich Nietzsche behauptet: »Das Glück des Mannes heißt: Ich will. Das Glück des Weibes heißt: Er will!«

In dem provokant formulierten Spruch von Nietzsche, der natürlich zu vielen Missverständnissen Anlass bietet, kann man m. E. (jenseits der *political correctness*) auch einen Hinweis darauf finden, dass die Frau beim Mann wissen will, woran sie ist, um sich dann selbst positionieren zu können. Ich höre immer wieder von Patientinnen, dass das bei ihren Männern schwer ist, weil diese wenig von sich zeigen (vgl. Alon Gratch 2001: *Wenn Männer reden könnten*). Und wie man u. a. aus dem Zitat der (emanzipierten!) Simone de Beauvoir erkennen kann, ist Frauen generell die Beziehungsebene wichtiger als Männern.

Ein gemeinsamer Bezugsrahmen mit einem anderen Menschen, das tiefe, ersehnte und beglückende Erleben von Zugehörigkeit, die Möglichkeit von Leidenschaft und Ekstase – all das ist für beide Geschlechter gleichermaßen wichtig. Ebenso gilt für beide der fundamentale Zusammenhang zwischen Erotik und Selbstwertsystem – und zwar mehr, als wir uns eingestehen wollen. Aber damit hören die Gemeinsamkeiten schon fast auf. In der Art, wie wir uns selbst, den anderen und die Welt erleben, deuten und was wir benötigen, um Vertrauen zum anderen aufzubauen, und in vielem mehr unterscheiden Frauen und Männer sich (zumindest von Natur aus) grundlegend.»Von Natur aus« heißt, wir können es fast beliebig ändern, das erfordert jedoch einen Energieaufwand!

Die Aufträge der Natur an die Geschlechter sind unterschiedlich.[39] Aus den unbewussten und unterschiedlichen Zielvorgaben der Natur haben sich im Laufe der Menschheitsgeschichte zwei Arten oder Schwerpunkte entwickelt, ein subjektives Vertrauen oder »Sicherheitserleben« in der Beziehung herzustellen: durch Kommunizieren und Verstehen oder durch Kontrollieren und Konstanthalten. Das will näher erklärt sein:

Ich kann langsam Vertrauen entwickeln, indem ich Informationen sammle, nach Tatsachen forsche, versuche, herauszufinden, »woran ich bin« mit einem Menschen oder Sachverhalt, und indem ich mich dann einfühle. Dann kann ich mein Gegenüber oder die Situation besser einschätzen. Die andere Form, Vertrauen zu entwickeln, besteht darin, das System bzw. seine Umgebung zu kontrollieren und zu stabilisieren, das heißt, möglichst wenig zu verändern. Daraus folgen die Thesen:

» *Im Innenbereich* des Beziehungssystems bevorzugt der Mann eher das Vereinfachen und Konstanthalten der »Variablen« (indem er schweigend Fernsehen schaut, nur einfache Fragen stellt, auf Fragen einsilbig antwortet usw.), die

Frau dagegen kümmert sich mehr um die Gestaltung und Differenzierung (Sprechen über Gefühle, Aufrechterhalten von Beziehungen).

» *Im Außenbereich* des Beziehungssystems interessiert den Mann eher die Gestaltung und Differenzierung der Parameter (befördert werden, neue Wohnung suchen etc.), die Frau dagegen deren Konstanthalten (»Bleib doch bei deinem Job, wozu brauchen wir ein stärkeres Auto?«).

Bei der »Kontrolle nach innen« scheitern viele Männer, weil deren Frauen sich ändern, sich »emanzipieren«, man könnte auch sagen, sich weiterentwickeln. Bei der Kommunikation im Innenbereich scheitern viele Frauen, weil ihre Männer sich emotional eben nicht weiterentwickeln. Doch woher kommt das alles?

Im »weiblichen« Prinzip dürfte wegen der größeren – biologisch bedingten – Nähe zu Naturprozessen (von Schwangerschaft bis Brutpflege) die sichere Einbettung in Umweltbedingungen eine größere Rolle spielen, so dass die Frau den Rücken frei hat, um sich innerseelischen und zwischenmenschlichen Variablen wie Brutpflege, Beziehungsbereich, Zusammenhalt des Clans zu widmen – auch dem Chaos wechselnder Stimmungen und Gefühle (und der nonverbalen Kommunikation!).

Dem »Mann« dagegen ist dieser unberechenbare »Familiensumpf« oft ein Greuel. Denn um für die Auseinandersetzung mit den Außenfaktoren (Nahrungsbeschaffung, Klima, Werkzeuge, Waffen, Konkurrenten, Feinde) den Rücken frei zu haben, benötigt er eher eine Einbettung in einen stabilen inneren, emotionalen Bereich, der dann – ähnlich wie für die Frau die äußeren Parameter – die emotionale Sicherheit liefert, in die er nicht viel zu investieren braucht. Kurz gesagt:

> »Die Frau« befasst sich lieber bei äußerer Stabilität mit
> dem inneren Kräftespiel, »der Mann« lieber bei innerer
> Stabilität mit dem äußeren Kräftespiel.

Typische Rollenunterschiede findet man schon bei den Computerspielen der Jugendlichen: Jungen bevorzugen im Durchschnitt »Terrorismusbekämpfung«, im Klartext »Ballerspiele«, Mädchen eher Spiele im Bereich Beziehungen, Schatzsuche, Siedlungsbau etc.[40] Es ist hier immer die evolutionäre psychische Ausstattung gemeint: die Ausgangsbasis für unser von Kultur und Biographie überformtes reales heutiges Verhalten und Erleben, das heute völlig anders aussehen kann – nur habe ich die Erfahrung gemacht, dass wir häufig die geschilderten *unbewussten Voraussetzungen* zu wenig beachten und oft von ihnen eingeholt werden.

Auf Seite 227 habe ich C. G. Jungs Konzept der Anima des Mannes und des Animus der Frau erwähnt. Die Anima steht für seine (meist erst zu entwickelnde) Gefühlsseite und Beziehungsfähigkeit, der Animus für ihre Fähigkeit zu Rationalität, Struktur und dreidimensionalem Vorstellungsvermögen.[41] Wenn ich die gegengeschlechtliche Komponente in mir selbst kennengelernt habe, lerne ich dadurch nicht nur, das reale Gegengeschlecht besser zu verstehen, sondern übe auch das Ertragen und Erleben der Polarität dieser »Gegensätze« in mir – und dieser »Spannung« zu vertrauen. (Um Feuerwehr zu spielen, hätten die Mädchen erst ihren Animus ausreifen lassen müssen und umgekehrt!)[42]

Aus unseren bisherigen Erfahrungen lässt sich recht gut

ableiten, dass das Wachsen von Vertrauen bei beiden Geschlechtern unterschiedlich abläuft: Bei den Männern spielen dabei technische, geografische, berufliche Sachinformationen eine größere Rolle, bei den Frauen mehr die direkte Begegnung, die Mimik und die »Schwingungen«. Dies könnte in einer Partnerschaft eine gute Ergänzung sein. Beim Sich-Verlieben fasziniert ja so etwas Gegensätzliches am anderen. Aber leider bleibt es oft nicht so, dann klagt der eine: »Du mit deinen Gefühlen!« und die andere: »Du bist so verkopft!«. Auch in der Haltung gegenüber dem »Chaos« bestehen vermutlich typische Geschlechtsunterschiede:

»Männliche« Form: Männer bevorzugen es, die Komponenten des Chaos zu differenzieren, das heißt, die Unvorhersagbarkeit von Systemen zu klassifizieren, die Wahrscheinlichkeit von Kritischen Instabilitäten abzuschätzen – kurz, so mit dem »Chaos« umzugehen. Sie legen Bereiche fest, wo Chaos »stattfinden darf« und wo Ordnungen und feste Regelungen gelten sollen. Die »weibliche« Form besteht in einer emotionalen Akzeptanz des Chaos, einem Zulassen, ja sogar Benötigen von natürlichen Selbstregulationsvorgängen in der Beziehung, wobei »Inhalte« zurücktreten gegenüber dem Beziehungsgeschehen.

So hatte ich beispielsweise in den ersten Jahren unserer Ehe immer etwas vor, alleine oder zusammen. Immer stand etwas auf dem Programm, oder ich fragte: »Was machen wir heute Abend?« Einmal fragte meine Frau, warum ich immer etwas Konkretes machen wolle – man könne doch einfach so zusammensitzen. Ich muss wohl ziemlich verständnislos dreingeblickt haben, denn sie bemühte sich, mir das genauer zu erklären: Sie wünsche sich mit mir gelegentlich ein »unstrukturiertes Beisammensein«, d. h. man sitzt einfach im gleichen Zimmer, jeder beschäftigt sich mit irgendwas, man spricht vielleicht kurz etwas an, liest etwas vor, was man gerade gelesen hat, oder liest einfach schweigend – aber ist letztlich immer auf den anderen bezogen. Achtung: Ein Fachbuch lässt sich da schwerlich lesen, man kommt kaum voran, schon wegen der Unterbrechungen (ich hab's probiert!) – aber dafür kann es zu unerwarteten, spannenden Gesprächen kommen.

Okay – ca. zwei Abende in der Woche, aber das reicht dann auch, oder?

Da ähnliche geschlechtsspezifische Verhaltensmodelle wie gegenüber dem Chaos auch im Verhalten in der Liebe zu finden sind, ist es für beide Geschlechter eine große Herausforderung, dem anderen in seinem Anderssein zu vertrauen:

>> Die Frau muss lernen, einem Mann zu vertrauen, der ihre Gefühle (oder ihr Gefühlschaos) nicht oder nur unbeholfen nachempfinden kann, der selbst nicht weiß oder schwer ausdrücken kann, was er fühlt.

>> Der Mann muss lernen, einer Frau zu vertrauen, die er oft nicht versteht, die in seinen Augen unberechenbar und einfach oft »unlogisch« ist. Dass sie *ihn* versteht, das erwartet er oft gar nicht mehr. Er ist schon froh, wenn sie ihn etwas mehr in Ruhe lässt.

Nun sind Sie wieder einmal am Zuge: Vermutlich haben Sie beim Lesen schon ein bisschen in sich hineingefühlt: Wie ist das bei mir? Woraus beziehe ich mein Sicherheits-

gefühl? Bin ich eher rational, logisch – und misstraue den »subjektiven Wahrheiten« von anderen – oder stehe ich auch zu wechselnden eigenen Gefühlen? Wie kann ich diese dann dem anderen zeigen? Oder habe ich es trainiert, sie bei mir zu behalten, weil sie der andere oder die anderen ja doch nicht verstehen? Wie gehe ich als Mann mit »unlogischen« Frauen um? Wie gehe ich als Frau mit »verkopften« Männern um? Kann ich diese Spannungen zwischen Gefühlschaos und Verstandesordnung ertragen? Kenne ich sie sogar in mir selbst ein bisschen?

Echte Abgründe

Auf meinem Weg zum Grunde des Seins führe ich unhaltbare Pläne mit mir, die kühnsten, die man erdenken kann. Wer kann denn wissen, welche Sanftheit mich trägt, welche Dreistigkeit des Liebenden und, plötzlich, welche entscheidende Raserei?
Meine Sanftheit: Angst und Liebe, Zärtlichkeit und Tränen fließen ineinander.
Das Gute und das Böse werden eins.

Georges Bataille, »Erster Epilog«

Eine Betrachtung des »Liebeschaos« wäre wirklich unvollständig, wenn ich nicht auch die Schattenseiten der Liebe würdigen würde: Wir haben inzwischen ein Gefühl dafür bekommen können, aus wie vielen Gegensätzen die Liebe ihre Kraft, Spannung und Gefahr bezieht. Es geht bei ihr oft wirklich ums »Ganze«. Das ist auch evolutionär zu verstehen:

Solange wir uns eingeschlechtlich durch Teilung vermehrten, waren wir unsterblich. Erst durch die Zweigeschlechtlichkeit und Sexualität sind wir sterblich geworden – jetzt bekommen wir Kinder und müssen ihnen irgendwann das Feld ganz überlassen. Also hatte Gottvater im Paradies Recht: Durch das Essen vom Baum der Erkenntnis haben wir sowohl unser Selbst-Bewusstsein und Verantwortungsgefühl erhalten als auch die Sexualität einschließlich Scham, Angst und Lust. – Damit wissen wir aber jetzt auch, »was gut und böse ist«. Auch das Böse ist mit der Erkenntnis und der Sexualität ins Leben gekommen. Besonders bemerkenswert ist in diesem Zusammenhang, dass im Hebräischen das Wort für »Erkennen« und für »Beischlaf« dasselbe ist. Doch auch Aggression und »Sünde« sind nun in die Welt getreten. Liebe ohne Aggression ist fade.

Oft werden durch das Verliebtsein, aber auch in längeren Partnerschaften, dunkle Seelenanteile, Eigenschaften und Tendenzen wachgerufen. Das »To fall in love« kann ein echtes »Fallen« sein, ein Verlust der Selbständigkeit. Manchmal fühlen wir uns, die wir uns schon recht gut im Alleinsein eingerichtet hatten, zurückgeworfen in eine Situation der Kindheit: einsam und abhängig, wenn der andere uns im Stich lässt, nicht anruft, nicht versteht, als wären alle Errungenschaften der Autonomie und Selbstfindung jetzt wieder beim Teufel (also in der Hölle – im »Schatten«). Der Schatten kommt leider oft erst in der Trennung zum Vorschein und wird dann destruktiv. Die meisten Leser werden Beispiele für »Rosenkriege« kennen: Dies sind häufig Hinweise darauf, dass die Liebe sich in Hass umkehrt, der ebenso stark und bindend sein kann wie vorher die Liebe.

Und wie oft fragt man sich, ob das »Opfer« in einer brutalen Scheidung wirklich keinerlei eigenen Anteil an dem Drama hat, man sucht nach der Wechselwirkung zwischen beiden. Der Betroffene fragt sich: Ich hab doch den anderen einmal geliebt und ihm vertraut! Und jetzt quält er mich aufs Blut! Vielleicht hat ein solcher Mensch eigene Schattenaspekte lange Zeit verdrängt, nicht mehr am Leben teilhaben lassen, vielleicht hatte er sich mühsam aus dem Gefühl der kindlichen Hilflosigkeit herausentwickelt und war »erwachsen« geworden. Die Trauer, Wut und Angst wurden zusammen mit den Minderwertigkeitsgefühlen verbannt, von hohen Erwartungen an sich und vor allem an den Partner überdeckt. Aber jetzt wird um einen hohen Einsatz gespielt! Ein großer Teil des Gewaltpotentials in der Liebe entsteht durch eine solche Überfrachtung mit Sehnsüchten und Erlösungswünschen. Dadurch rückt jedoch auch die Enttäuschungswut in greifbare Nähe. Statistiken zeigen, dass ein beachtlicher Teil von Gewalt und Mord im engsten Familienkreis stattfindet.

Allerdings muss man auch hier immer zwischen direkter und indirekter Gewalt unterscheiden: Beide Geschlechter haben ein Repertoire auch an latenter Macht- und Gewalt-Ausübung: Die Männer vor allem durch Logik und ihre »Definitionsmacht«, die Frauen durch das »Stimmungmachen«.[43]

Sowohl das Bedürfnis nach grenzenloser Befriedigung als auch die um sich greifende Entpolitisierung (bzw. politische Resignation) ergeben zusammen einen Rückzug in die »libidinös« überladene Welt des Konsums, was beides den Kapitalismus fördert und gleichzeitig ad absurdum führt. Die echte Partnerschaftsliebe bleibt dabei auf der Strecke.[44]

Das Paradoxon der Liebe

> *You've got reasons a-plenty for goin', this I know, this I know,*
> *But for the weeds have been steadily growin' – please don't go!*
> *(Du hast viele Gründe zu gehen, ich weiß –*
> *aber weil das Gras stetig weiter wächst – bitte geh nicht!*
>
> Tom Paxton

Spannung und Balance

Wir haben uns nun mit vielen Gegensätzen und Polaritäten beschäftigt, die alle im Spannungsfeld der Liebe am Werke sind und das gegenseitige Vertrauen beeinträchtigen oder gar verhindern. Doch man kann es auch positiv ausdrücken:

Die Liebe ist wohl die einzige Kraft, die fähig ist, diese Gegensätze zu überbrücken und in einem übergeordneten Ganzen zusammenzuhalten. Nicht nur Freud hat diese Kraft »Eros-Prinzip« genannt, die Philosophen zu allen Zeiten haben darin ein universelles Phänomen erkannt, auch Jung. Was er mit der »Coniunctio oppositorum«, der Gegensatzvereinigung gemeint hat, können wir im persönlichen Bereich immer nur erahnen. In ihr sind die Gegensätze »aufgehoben« im Hegel'schen Sinn (s. Anm. 29). Dabei bleibt die Spannung zwischen ihnen erhalten, sie tolerieren sich – mehr noch: Es wird deutlich, dass sie sich benötigen, dass jede Seite sich selbst vor dem Hintergrund der anderen definiert – so wie Mann und Frau.

Wenn Jung die logistische Gleichung gekannt hätte, hätte er sie sicher an dieser Stelle erwähnt! In Platons »Gastmahl« berichtet Sokrates eine Legende, die er von der Priesterin Diotima gehört hat: Ihr zufolge waren alle Menschen früher doppelgeschlechtlich. Da sie deshalb jedoch zu mächtig zu werden drohten, spalteten die Götter sie in zwei Hälften – und nun sucht jeder seine andere Hälfte, die er zur Vollständigkeit braucht. Diese Sage ist zwar wunderschön, aber sie verleitet dazu, nach dem »idealen Partner« zu suchen, mit dem ich zusammenpasse wie Schlüssel und Schloss. Die Lebenswirklichkeit sieht jedoch anders aus: Je größer meine Beziehungs- und Liebesfähigkeit wird, mit desto mehr und desto verschiedeneren Partnern kann ich zusammenpassen. Und umgekehrt: Solange ich noch mit der eigenen Existenzsicherung, der Jagd nach Zuwendung und Anerkennung beschäftigt bin, desto geringer ist die Chance, mit irgendeinem Menschen in eine echte Beziehung zu kommen. Wenn nur die Liebe mir ein »Vertrauen in Gottes Schöpfung« vermitteln soll, ist die Enttäuschung vorprogrammiert. Denn um mich auf einen anderen, der anders ist, einzulassen, muss ich einen Vertrauensvorschuss aufbringen. Dann kann die Liebe Katalysator sein.

Viele, die in sich selbst nicht recht zu Hause sind, finden sich immer wieder in einer Zwickmühle: Sie können nur schlecht allein sein und suchen deshalb Anschluss und ein Gegenüber, auf das sie hinleben können. Aber wenn sie ein solches gefunden haben, werden sie von ihm abhängig und bekommen immer mehr Angst, vereinnahmt oder unerwartet verlassen zu werden. Dann fliehen sie wieder aus dieser Partnerschaft. Dieser »Grenzzyklus« zeigt deutlich, dass es sich um eine Scheinalternative handelt. Durch Pendeln zwischen Singledasein und Partnerabhängigkeit kommt man nicht vorwärts auf dem Weg zur Autonomie. Ein Segler würde sagen, ich kreuze gegen den Wind, ohne »Höhe« zu gewinnen. Der eine, der sein Heil in einer stabilen Partnerschaft sucht, in der er »versorgt« ist, hat

Angst vor der Leere der Einsamkeit. Dann wird er sich wohl einmal bewusst ihr stellen müssen. Der andere, der sein Heil im »Singletum« sucht, hat vielleicht Angst vor der Enge der Bindung, vor den Ansprüchen des anderen. Solange er aber dieses Wagnis nicht eingeht, wird er diese Abgrenzung auch nicht lernen können. Wachstum geschieht immer dort, wo etwas noch nicht entschieden und vorgeplant ist – also im deterministischen Chaos. Wir könnten auch sagen, es findet statt in einem Spiel-Raum, in jedem Partner und zwischen zwei Partnern. Dann müssen sie aber auch miteinander spielen! Also immer wieder etwas Neues ausprobieren, Rollen spielen und Rollen tauschen, Ideen von »draußen« in die Partnerschaft einbringen, sich Geschichten ausdenken.

> Vertrauen ist nicht das Ergebnis von Erfahrung oder einer gelingenden Liebe, sondern deren Voraussetzung, also ein Vorschuss.

Aber woher soll ich wissen, dass das Chaos, auf das ich mich einlasse, auch »deterministisch« ist, also global einigermaßen abschätzbar? Diese Thematik ist zutiefst mit meiner Persönlichkeit und meinen bisherigen Erfahrungen verknüpft – ich werde also nicht darum herumkommen, mich mit den Bedingungen in mir und um mich herum zu befassen: Was bringe ich mit? Wie viel Vertrauen habe ich in mich selbst? Und zwar nicht nur in meine angestammten Fähigkeiten, sondern auch in die latenten, v. a. dem Gegengeschlecht zugeschriebenen! Wie ist unsere soziale Situation? Welche Belastungen, Irritationen

kommen auf uns zu, wenn wir uns aufeinander einlassen? Gibt
es gemeinsame Nenner? Gibt es auch genügend »komplemen-
täre« Aspekte, in denen wir uns ergänzen können?

*Es ist wieder Zeit für eine Reflexion: Erinnern Sie sich, wie
Sie Ihr Gegengeschlecht kennengelernt haben? Im Allgemeinen ist es ja eine Elternfigur. Wie war diese Person?
Was haben Sie von ihr gelernt? Wie haben Sie dieses
Bild durch andere Personen des gleichen Geschlechts
erweitert? Welche Bilder sind in Ihrem Kopf und Herzen
von den Geschlechtern entstanden, welche Vorurteile
vielleicht? Wann, wie und wie weit haben Sie gegengeschlechtliche Fähigkeiten und Möglichkeiten in sich
wachsen lassen? Und wie viel Vertrauen haben Sie in
Ihren Animus oder Ihre Anima?*

Wir hatten bei der soziologischen Betrachtung festgestellt, dass
das Wegfallen der äußeren »Ordnungen« in Gesellschaft und
Religion zu einem Ringen um Strukturen, Orientierung und
Sicherheit *innerhalb* der Partnerschaften geführt hat. Doch hier
gerät dieses Sicherheitsbedürfnis in Konflikt mit dem anderen
Prinzip, nämlich dem der Freiheit, dessen Kind ja die Liebe sein
soll. Mit Freiheit meine ich in diesem Zusammenhang vor allem Lebendigkeit, Selbstausdruck und Gefühlsoffenheit. Aber
unser Gefühlsleben ist nun einmal prinzipiell subjektiv und
»dynamisch-chaotisch«. Wurde ich jedoch durch die Einflüsse
von Gesellschaft und Erziehung an einer Differenzierung meines Gefühlslebens gehindert und auf »Objektivität« getrimmt,

werde ich wenig Vertrauen ins Abenteuer der Liebe haben und vielleicht eine Vernunftehe eingehen, und trotzdem kann es passieren, dass Amors Pfeil mir die »Anima-Projektion« auf eine Balletttänzerin oder die Animus-Projektion auf einen »Tarzan« oder Piloten beschert.

Die Art des entstehenden Machtkampfes wird immer vom individuellen Sicherheitsbedürfnis der Partner abhängen – und der Bereitschaft, einen Preis dafür zu zahlen: Für Menschen, die in ihrer Elternbeziehung wenig Geborgenheit und Angenommensein erfahren haben und deshalb ihrer eigenen Subjektivität nicht trauen, kann das Ringen um Sicherheit beim Partner ein Kampf um die Existenz sein, was man an vielen Eifersuchtsdramen ablesen kann, die letztendlich von Misstrauen und Angst vor dem Verlassenwerden ausgelöst und aufrechterhalten werden. Wenn ich in mir selbst zu wenig stabile Parameter habe, muss ich sie – notfalls mit Gewalt – in der Liebe finden bzw. herstellen. Es liegt auf der Hand, dass unter diesen Umständen eine Liebe als Wechselwirkung auf gleicher Ebene, als Geben und Nehmen, nicht gelingen kann, sondern ein Katz- und Mausspiel von gegenseitigen Besitzansprüchen wird – einer klammert und der andere flieht …

Wenn zwei Menschen es schaffen, sich Schritt für Schritt eine Balance zu »erarbeiten« und dabei Vertrauen in sich selbst und in den anderen zu entwickeln, können sie in den Bereich eines Seltsamen Attraktors kommen, in dem die Spannung zwischen dem Vertrauten, das Sicherheit gibt, und dem Reiz des Neuen immer wieder hergestellt und wieder gelöst wird, in einem Wechsel zwischen stabilen (starren) und flexiblen (labilen) Phasen.

Das dynamische Chaos der konkreten Liebesbegegnung

Wer je gelebt in Liebesarmen,
der kann im Leben nie verarmen.

Theodor Storm

Es ist beeindruckend, dass man Phänomene, die wir beim Sichverlieben und in Partnerschaften erleben, auch bei der einzelnen Liebesbegegnung erkennen kann. Je sicherer beispielsweise der Gesamtrahmen einer Beziehung, desto eher können Phantasien einander mitgeteilt und »Experimente« gewagt werden (z. B. in »Inszenierungen«). Je sicherer sich z. B. beide Partner sind, dass sie jetzt bereit sind zum Liebesspiel (klare Definition des »Ambiente«), desto besser können sich beide fallenlassen, d. h. sich einem dynamisch-chaotischen Geschehen im wirklichen Sinne »hingeben«. Wohlgemerkt: Nicht nur der eine gibt sich dem anderen hin oder umgekehrt, sondern beide geben sich dem gemeinsamen Spiel hin!

Ist keine klare Definition des Rahmens gegeben, besteht ein großer Teil der Spannung (in jeder Hinsicht) zunächst im

Finden dieser Bedingungen, d. h. zuerst sogar in der Einigung auf das »Ob oder ob nicht«. In diesem Vorfeld, wo es ja um Verführen und Verführtwerden geht, ist das System natürlich instabiler und entsprechend stärker der »Sensitivität gegenüber den Anfangsbedingungen« unterworfen. Man kann leichter »etwas falsch machen«. Außerdem spielen generelle Faktoren jetzt eine größere Rolle, d. h. die Sehnsucht, der Erwartungsdruck, die Versagensangst – alle abhängig vom jeweiligen Selbstwert-Regulationssystem der einzelnen Person. Je mehr Irritationen und Ambivalenzen hier enthalten sind, desto größer ist die Rolle, die die Rahmenbedingungen für das Liebesspiel spielen: gesicherte Zeit, gesicherter Raum, Musik usw.

Es lohnen sich Vereinbarungen, über die nicht jedes Mal neu »verhandelt« werden muss. Das erspart beiden Kräfte, die sie dann für das eigentliche aktuelle »Liebeschaos« einsetzen können – in dem es ja immer noch genug Unwägbarkeiten gibt. Und immer wieder zeigt sich die dialektische Beziehung zwischen der »Sicherheit des Rahmens« und der vom Vertrauen getragenen »Freiheit innerhalb dieses Rahmens«. Dieses Prinzip gilt z. B. auch beim Umgang mit Phantasien! Mein Freund und Kollege Günter Heisterkamp vertrat in einem Vortrag (1990) die These, dass das dialogische Verhalten der Partner in der körperlichen Liebe in einer Art Mikrokosmos beispielhaft die Grundthemen und Polaritäten des Paares aufzeigt ebenso wie die Konflikte der Einzelnen mit sich selbst und miteinander.

Das erotische Beisammensein beinhaltet nach seiner Meinung die wesentlichen Prinzipien, wie man sich auf einen Menschen, aber auch auf eine Aufgabe, eine Weltanschauung usw., einlässt, sich mit jemand oder etwas identifiziert, mit ihm verschmilzt, um sich dann wieder zu trennen, sich zu »ent-identifizieren«, um in seine eigene Identität zurückzukehren. Dann werden die Grenzen wieder etabliert, jedes System kehrt zu seiner eigenen Selbstregulation zurück. Spezifische Störungen im »sexuellen Handlungsdialog« lassen nach Heisterkamp auf entsprechende Störungen im Seelenleben des bzw. der Einzelnen schließen.

Manchmal kommt aber auch von außen eine erlösende »Störung«, die dem System einen Wechsel seines Gesamtzustandes aufzwingt, um es aus seiner Stagnation zu erlösen. Sind wir in uns und in unserer Beziehung sicher genug, uns immer wieder auf das dynamische Chaos der Liebe einzulassen und fruchtbare Krisen zu nutzen?

Kennen Sie das aus Ihrem Leben? Haben Sie schon den Einbruch einer unerwarteten Kraft, einer Störung erlebt, die alles durcheinanderbrachte? Und wenn ja, wie haben Sie darauf reagiert? Haben Sie schnell die Ordnung wiederhergestellt, oder haben Sie das Chaos länger wirken lassen? Ist es wieder zu einer neuen Balance gekommen? Und wenn ja, wann und wodurch? Hatten Sie in solchen »Kritischen Instabilitäten« einen Schutzrahmen, eine Anlaufstelle, wo Sie das Kräftespiel wirken lassen konnten? Welche Erfahrungen sind Ihnen von diesen Krisen geblieben? Und haben diese Erfahrungen Ihr weiteres Leben und Lieben beeinflusst?

Die »Botschaften des Chaos«
an die Liebenden

Die Liebe leben heißt, das Leben lieben –
und umgekehrt.

R. H.

Die Natur liebt weder totale Eintönigkeit und Determiniertheit noch völlige Regellosigkeit bzw. Zufall. Das Grundprinzip der Evolution ist eine Integration von Freiheit und Sicherheit, von Kontinuität und Diskontinuität. Doch sie gelingt nur, wenn das Prinzip der Selbstorganisation gewahrt ist: wenn das System innerhalb definierter Grenzen *auf sich selbst zurückwirken kann*. Das heißt, wenn die komplementären Kräfte nicht durch äußere Kontroll- und Machtfaktoren am »freien Spiel« gehindert werden, z. B. indem man sie säuberlich voneinander trennt.

Aber was tun, wenn man sich miteinander in einer Sackgasse befindet? Sie werden sicher von mir keine Rezepte erwarten. Ich hoffe, dass das, was ich vorgestellt habe, den einen oder die andere zum Nachdenken und Nachfühlen anregt. Die wichtigsten Fragen müssen wir uns selbst stellen – und wenn wir nicht gleich eine Antwort wissen, dann müssen wir eben die Unsicherheit der unbeantworteten Frage erleiden und sie nicht weiter elegant umgehen. Das heißt auch, künstliche Sicherheiten und Illusionen aufgeben.

Die Überbeanspruchung der Liebe und die in sie gesetzten Erwartungen haben wir bereits als eine Quelle von Enttäuschung entlarvt. Also muss es jetzt darum gehen, den Blick für meine eigenen Ängste und Kontrollbedürfnisse und für die realen Unterschiede zwischen uns zu schärfen, die wohl ein bisschen mehr akzeptiert werden wollen. Vielleicht muss ich nun erstmalig ernsthaft Trauerarbeit leisten, dass der Partner nicht meinen Idealvorstellungen entspricht und auch nicht durch die besten Erziehungsbemühungen dahin zu bringen ist! Andererseits brauche ich ihn nicht so zu schonen, sondern kann mich ihm mehr zumuten – mit all meinen Gefühlen und Wünschen, auch wenn er meine mitgebrachten Mangelzustände nicht aufheben kann. Aber vielleicht kann ich durch diese »Aufgabe« (im doppelten Sinn) etwas individueller, erwachsener und vielleicht sogar beziehungsfähiger werden. Und dafür sind die Voraussetzungen trotz aller kollektiver Belastung und Verunsicherung heute besser denn je (oder gar ihretwegen?). Ein amerikanischer Eheberater sagte einmal, er sei schon mehrmals verheiratet gewesen – aber immer mit derselben Frau. Sie hätten sich immer wieder entfremdet und wieder zusammengerauft. Natürlich braucht man dazu Risikobereitschaft – Liebe mit Garantieschein gibt es nicht.

Einige wichtige Botschaften des »Chaos« könnten lauten:

» Haltet euch nicht zu sehr an (äußeren) Sicherheiten fest, vertraut der Dynamik der aufeinander wirkenden Kräfte, im Gefühlsleben jedes Einzelnen ebenso wie zwischen euch beiden.

» Achtet auf die Grundlagen und Bedingungen in euch und in eurer Beziehung. Lasst ruhig auch mal etwas Druck entstehen, wenn ihr ihn bisher vermieden habt.

» Macht immer wieder einmal irgendetwas ganz anders als vorher! Vielleicht rutscht ihr dadurch in einen anderen Attraktorbereich.

» Versucht, die Begrenztheit des anderen anzuerkennen, dann ist vielleicht sogar erst die Basis geschaffen, sich und ihn genau in dieser Einschränkung zu verstehen oder gar zu lieben.

» So wie die Betrachtung eurer selbst kann auch die Begegnung mit dem »andersseienden anderen« für euch zum Sinnerlebnis werden. Wie Martin Buber sagt: Alles wirkliche Leben ist Begegnung. Der andere ist also weder Gegenstand noch Geg-ner, sondern »Gegen-über«.

» Jeder von euch braucht letztlich die Bereitschaft, auf Gedeih und Verderb beim anderen zu bleiben und – so paradox es auch klingt – die Bereitschaft, sich zu trennen, wenn sein seelisches Überleben und seine eigene Würde es erfordern.

» Wenn wir mitsamt unserer Verletzlichkeit und schützenswerten Würde immer wieder in der Begegnung das Ja zum anderen (und das Nein!) wagen, sind wir im Lebensnerv der Liebe. Und wenn wir Glück haben, erwächst aus einer solchen Begegnung immer wieder etwas Neues, etwas Drittes, eben ein eigenständiges Beziehungswesen, das ebenso lebendig, pflegebedürftig und unvorhersehbar ist wie jedes Einzelwesen.

Bei den alten Griechen waren der Gott Logos und der Gott Eros Söhne des Chaos. Logos stand für die Vernunft und das Trennende, Eros dagegen war immer ein Getriebener, ein unbeständiger Gott, der das Verbindende, aber auch das Verwirrende betonte und darstellte. Man musste ihm dienen und opfern, so wie man heute die Beziehung als wertvoll und schützenswert ansehen soll. Die Jungianerin Anita von Raffay zitierte in einem Vortrag sinngemäß die Dichterin Sappho:

»Den machtlosen, unendlichen Chaos als Vater haben, heißt für Eros, dass er ein Sohn der Freiheit ist, dass alles für ihn noch möglich ist, dass man es in der Liebe mit Grenzenlosigkeit und mit Grenzensetzen zu tun hat. Er fordert aber einen schmerzhaften Verzicht auf das Besitzen des geliebten Menschen, also auf die absolute Sicherheit und Ewigkeit einer menschlichen Bindung. Die Liebe ist nicht süßlich, die Liebe schneidet in das lebendige Fleisch.«

Wie geht es Ihnen damit? Lesen Sie nicht zu schnell weiter! Denn das sind ja im Grunde große Forderungen und Herausforderungen. Sie haben einen anderen Geschmack als das, was man landläufig in Zeitschriften und Ratgebern zu lesen bekommt. Gehen Sie im Geiste Ihre Partnerschaft(en) durch, halten Sie inne, wenn Sie an eine schmerzhafte Erfahrung kommen. Wo waren Sie misstrauisch? Wo haben Sie zu viel vertraut? Wo haben Sie »geklammert«? Kamen Sie an einen Punkt, wo Sie die »Notbremse« ziehen mussten – oder der andere? Oder wo Sie im Innern resigniert und eine Hoffnung begraben haben? Und wenn das geschah – wann und wie haben Sie dieses Opfer betrauert?

7.
Zuversicht durch Sinnerleben

Mich wundert, dass ich fröhlich bin

> *Der Sinn, von dem man sprechen kann,*
> *ist nicht der Sinn.*
>
> *Laotse*

Unser Thema Vertrauen hat uns von der äußeren und kollektiven Situation über die persönliche und psychologische Dimension und deren Querverbindungen bis zur Liebe und Partnerschaft geführt. Nun zeigt sich, dass es auch ein Wegweiser zu einem allgemeinen Hintergrund ist, der uns alle trägt, und den wir ganz unzulänglich mit Begriffen wie Sinn, Philosophie, Spiritualität und vielleicht auch Glaube umschreiben. Aber das Zitat von Laotse müsste uns eigentlich von vornherein abschrecken, wir müssten ja, wenn es nach ihm ginge, schon am Anfang des Kapitels aufhören. Können wir trotzdem weitermachen? Mein Vorschlag kommt schon im Titel des Kapitels zum Ausdruck: Befassen wir uns weniger mit dem »Sinn« als solchem, sondern mit dem Sinnerleben – und mit den Blockaden, die uns bei der Sinnsuche behindern – und dann vor allem damit, wie man in dieser Suche die Erfahrung von Vertrauen machen kann. Das indogermanische Wort »sinh« heißt »Weg« – natürlich fällt einem dazu der Spruch ein »Der Weg ist das Ziel« (und das Ziel ist weg, wie manche spötteln). So wird auch dieses

Kapitel etwas werden, was Jung und andere Suchwanderung nennen: die (meist spiralförmige) Einkreisung von etwas, das wir direkt nicht mehr benennen können, da gebe ich Laotse recht. Wir wollen also gleichsam mit einem Auge den menschlichen Lebensweg betrachten und die Sinnfrage im anderen Auge behalten.

Deshalb möchte ich mich – nach einer kleinen »kosmologischen« Hinführung – zunächst mit der Suche nach Sinn und Bedeutung in verschiedenen Lebensstufen und in den krisenhaften Phasenübergängen dazwischen befassen. Später soll es dann eher um Dimensionen des Sinnes gehen, die sich durchs ganze Leben ziehen – und um typische Blickwinkel und Muster, die ich u. a. mit einem Beispiel aus der Musik deutlich machen will. Schließlich werde ich mich auch dem Thema der Spiritualität zuwenden. Vermutlich können die meisten mir zustimmen, dass »Vertrauen« und »Glaube« sehr nahe miteinander verwandt sind, ja in einigen Sprachen sogar begrifflich identisch sind (z. B. lateinisch »fides«).

Sinnieren über den Sinn

Wenn wir verliebt sind, musizieren oder aus anderen Gründen glücklich sind, fragen wir nicht nach dem tieferen Sinn (wohl, weil wir mitten in ihm drin sind). Doch sonst, im Zustand der Entspannung und Ruhe, denken wir schon einmal über uns nach – und manchmal merken wir dabei, dass wir im Grunde seltsam unbefriedigt bleiben. Wir Menschen verbuchen einen technischen Erfolg nach dem anderen, und gleichzeitig zertrümmern uns die so genannte »Wissen«-schaft und Philosophie unsere mühsam errungenen Gewissheiten wie die Atome: Subatomare Teilchen werden zu Wahrscheinlichkeitswellen, frühere »Tatsachen« entpuppen sich als Konstruktionen von Weltbildern, als Modelle, die uns die längst verlorene Geborgenheit nicht zurückgeben können. Nicht nur im Versagen und im Leiden, sondern manchmal auch am Gipfelpunkt des Glücks spüren wir wie eine Mahnung unsere Begrenztheit, das Absurde, Unsichere und Aufrüttelnde, aber auch das Mysterium des Lebens auf einem Staubkorn im Randbereich einer der Milliarden Galaxien des Kosmos, auf einem kleinen gerade noch blauen Planeten, den jeder von uns einen kosmischen Lidschlag lang bewohnen darf – an der Kante der wahnwitzigen Kluft zwischen Existenz und Nichts.

Doch woher nehmen wir Vertrauen und Hoffnung? Was schützt uns vor Unsinn und Wahnsinn, was verlockt uns zu Eigensinn und Gemeinsinn? Wie finden wir unsere Sinne, unsere Sinnlichkeit wieder, nachdem wir sie gründlich durch Reizüberflutung betäubt haben? Wie können wir uns mit den Worten Bonhoeffers »von guten Mächten wunderbar geborgen« fühlen? Können wir das auch im Kleinen erleben, ohne unseren Verstand an der Garderobe abzugeben? Oder müssen wir uns wieder an die klassischen Heilslehren halten, nachdem wir sie eifrig demontiert haben? Ist Sinn die verweltlichte Form des alten religiösen Heils? Ist es der Göttliche Funke in uns, wie ihn Arthur Koestler nennt? Haben Krisen einen »Sinn«? Oder stören sie uns nur im Rausch der Stärke, des Reichtums und der »Fitness«? Ob Geld, Gott, Guru oder Droge – ist nicht alles erlaubt, um nur nicht ans Eingemachte zu kommen, um nicht Schwäche und Einsamkeit zu spüren? – Alle sagen »Ich habe keine Zeit.« Doch eigentlich ist Zeit gleich Leben, oder?

Denn nicht die Zeit vergeht, sondern wir!

Gibt es sinn-volle Zufälle?

Ich muss gestehen, dass mir manchmal ein bisschen Blauäugigkeit anhaftet – wobei ich allerdings in den meisten Fällen damit gut gefahren bin. Aber auf den Prozentsatz der »Flops« kommt es mir hier nicht an, sondern auf die generelle Haltung. So haben meine Frau und ich z. B. nie Wohnungen per Anzeige gesucht, weder aktiv noch passiv. Wir tappten fünfmal auf die richtige Wohnung zur rechten Zeit. Extrem war es in Bamberg: Als wir eines Samstags in aller Frühe am Bahnhof eine Zeitung kaufen wollten, um eine Wohnung zu suchen, haben wir uns so verfranzt, dass wir in der Nähe der Nervenklinik landeten, wo wir ja bald anfangen wollten. Und als wir in einer Metzgerei nach einer Zeitung fragten, um die Anzeigen zu lesen, sagte der Metzger: »Aber da drüben bei der Frau Schmidt wird doch bald eine frei!« Und Sie werden es kaum glauben: Wir bekamen sie sofort, und es waren fünf Minuten zu Fuß zur Klinik. Wäre alles korrekt vonstatten gegangen, wer weiß, wo wir gelandet wären.

Sich (wohldosiert, versteht sich) dem »sinnvollen Zufall« überlassen, kann heißen, dem Schick-sal eine Chance zu geben (d. h. zu warten, was es schickt): Wenn ich jedoch zu sehr auf bestimmte Überzeugungen oder Ziele »fixiert« bin und zu viel Angst vor Neuem habe, hat der sinnvolle Zufall weniger Chancen und ich selbst kann auch nicht »im Fluss sein« – dann fließt vielleicht das Leben an mir vorbei. Fixierungen sind wie Knoten in einer Saite oder Schmutz in einer Flöte: Die Saite oder die Luftsäule kann nicht gut schwingen. Umgekehrt lassen sich durch Meditation, Kontemplation, Gebet usw. diese Verunreinigungen oft lösen. Den Satz »Es gibt keine Zufälle!« höre ich oft in Therapiegruppen, vor allem wenn sich etwas ereignet, was Jung »Koinzidenz« nennt, also nicht kausal erklärbares, aber »sinn-volles« Zusammentreffen von Ereignissen, die etwas miteinander zu tun haben.

Aus »stimmigen« Erfahrungen (bis zu so genannten Psi-Phänomenen) zu folgern, dass alles, was uns geschieht, eine besondere Bedeutung habe, wäre meiner Ansicht nach jedoch unrealistisch. Wir können nicht darauf vertrauen, dass »alles irgendwie seinen Sinn hat«. Und dennoch können wir damit rechnen, dass viel mehr eine tiefere Bedeutung hat, als wir zunächst annehmen.

Wie steht es mit Ihnen? Ist Ihnen schon etwas passiert, was nach den Gesetzen der Wahrscheinlichkeit fast unmöglich war? Oder dass »Dinge sich fügen«? Oder ist es gerade umgekehrt, dass Sie den Eindruck haben, dass sich »alles gegen Sie verschworen« hat? Und wenn etwas davon stimmt: Lassen Sie es einfach so stehen, versuchen Sie dem Ereignis auf den Grund zu gehen, glauben Sie an »gute Mächte« oder an »schwarze Magie«?

Auf einem Symposion, wo sich ein kleiner Haufen »bunter Hunde« aus verschiedensten Wissenschaften zu einem Stelldichein mit der Chaostheorie traf, hielt uns der Physiker und Psychologe Walter von Lucadou einen Vortrag über Psi-Phänomene. Dann bot er verschiedene Hypothesen zur Erklärung an – und entkräftete eine nach der anderen. Wir waren gespannt, wann er endlich mit einer annehmbaren Erklärung herausrücken werde. Doch der Vortrag endete mit einer herben

Enttäuschung – oder, wenn Sie so wollen, mit einer heilsamen Erfahrung: Am Ende eröffnete er uns, es gebe einfach keine Erklärung, die mit unserem Verstand und allen derzeit bekannten wissenschaftlichen Bezugsrahmen in Einklang zu bringen wäre. Wir müssten damit leben, dass der größte Teil dieser Phänomene zu viel sei, um sie als reinen Zufall oder Betrügerei abzutun, und zu wenig, um sie zu beweisen oder gar zu wiederholen. (s. auch v. Lucadou 1995)

Mein Brieffreund Wilhelm Gauger, ein Anglist in Berlin, der jedes Jahr bei den Parapsychologen einen Vortrag hält, tritt dafür ein, sich mit diesem Phänomen des »Strittigen«, dem noch nicht Erklärten und niemals Erklärbaren, anzufreunden, es zu erhalten und zu pflegen. Aber warum erzähle ich das? Weil ich Sie wieder aus einer Polarisierung und Scheinalternative herauslocken möchte: Ist dieses Phänomen wiederholbar – oder ist es Scharlatanerie? Hat diese Krankheit für mich eine Bedeutung, einen Sinn – oder ist sie Zufall?

Und so weiter. Doch wir wollen nicht vorgreifen.

Kosmos und Leben – Zufallsprodukte?

> *Nicht der Zufall hat das Leben hervorgebracht,*
> *sondern die Selbstorganisation.*
>> Arnold Benz

Warum sollte man sich in einer Zeit der ökonomischen Umbrüche, der ökologischen, sozialen und terroristischen Bedrohung Gedanken über den Kosmos und die Entstehung von Galaxien,

Planeten, Leben und menschlichem Bewusstsein machen? Und auch noch darüber, ob man über diesen Umweg zu mehr Vertrauen in dieses Leben kommen könnte? Meine Antwort ist: Gerade jetzt sollte man sich solche Gedanken machen, und zwar aus folgenden Gründen:

1. Dass wir uns bei Problemen aufs (vermeintlich) Wesentliche konzentrieren, ist oft wichtig, z. B., wenn man bei einem Autounfall die Unfallstelle sichern muss oder bei Krankheit, Scheidung usw. Es kann aber auch dazu führen, Scheuklappen aufzusetzen: Wenn wir immer nur wie viele Politiker von einer Krisenbewältigung zur nächsten hasten oder umgekehrt uns aus dem politischen Leben ins »Private« zurückziehen, verpassen wir vielleicht die Chancen, etwas an der heutigen Sackgasse der (vor allem »abendländischen«) Menschheit besser zu verstehen oder Möglichkeiten der Veränderung zu entdecken. Wir laufen nämlich in beiden Fällen Gefahr, wegen der Einengung des Blickwinkels das »größere Ganze« zu übersehen.[45]

2. Um wieder Vertrauen ins Leben zu finden, lohnt es sich, einen Schritt zurückzutreten und sich wieder zu besinnen auf den Wert des Lebens – und auf den atemberaubenden Glücksfall, dass es Leben überhaupt gibt.[46]

3. Gerade in einer Zeit, wo der Einfluss sinnstiftender Institutionen und Gemeinschaften schwindet, werden für ethisches und verantwortungsbewusstes Handeln solche Begründungen wichtig, die sich nicht ausschließlich auf eine Religionszugehörigkeit stützen. Wir brauchen für alle nachvollziehbare »Wert-Axiome« (Max Weber). Hier könnte ein objektiver Ausgangspunkt die allgemein anerkannte Kosmologie sein, die natürlich in Chaostheorie und

Synergetik wertvolle Ergänzungen erfährt: Dieser Glücksfall von Planet ist erhaltenswert!

4. Die kosmologische Betrachtungsweise fordert und fördert – wie die Chaostheorie – eine Zusammenarbeit verschiedener Disziplinen und stärkt damit die Toleranz zwischen ihnen und die eigene Flexibilität, d.h. das Relativieren des eigenen weltanschaulichen und wissenschaftlichen Bezugsrahmens. Was der Theologe Hans Küng mit dem Frieden zwischen den Religionen im Blick hat, sollte auch zwischen Theologie und Naturwissenschaft, Philosophie, Politologie, Psychologie und Wirtschaftswissenschaften angestrebt werden. Solche Dialoge sind sicher am Beginn schwierig, weil jeder mit einem bestimmten Begriff etwas anderes meint – aber das ist ja gerade die Herausforderung. Die geschilderte Erweiterung des Blickwinkels lässt die einen staunen, andere frösteln. Sinn und Sinnlosigkeit scheinen immer näher beieinanderzuliegen.

In den meisten philosophischen Schulen wird als Gegengewicht zur fundamentalen Existenzangst des Menschen das Eingebettetsein in einen Sinnzusammenhang gesehen, dem er von Anfang an vertrauen kann (vgl. Kapitel 2). Dieser »Mutterboden« kann durch eine bestimmte Religion, aber auch durch Geborgenheit in Familie, Beruf, Sippe, Firma usw. vermittelt werden. In der so genannten »Postmoderne« befinden sich jedoch wie gesagt alle diese Systeme im Wandel bzw. in einer Krise, so dass sich immer mehr Zeitgenossen »auf sich selbst zurückgeworfen« fühlen. So erging es auch den Physikern Anfang des 20. Jahrhunderts. Vor allem seit der Entwicklung der Quantenmechanik haben sie festgestellt, dass ihr Denken, und v.a. die Paradoxa, mit denen sie konfrontiert wurden, sie immer wieder in Berührung mit Philosophie und Religion bringen (Einstein 1950). Niels Bohr, der dänische Nobelpreisträger für Physik, wurde Taoist. In der Tat ist die Physik des 20. und 21. Jahrhunderts wieder besser mit einer spirituellen Grundhaltung vereinbar als die mechanistische des 18. und 19. Jahrhunderts.

Sie haben sicher schon gemerkt, dass ich Sie wieder von der Beruhigung durch »Ordnung« und »Sicherheit« weglocken will: Warum soll Sinnhaftigkeit an ein Ziel gebunden sein? Das deterministische Chaos, die Dynamik, hat ja auch kein festgelegtes Ziel und die offene Auseinandersetzung in der Partnerschaft auch nicht. Merken Sie, dass es eigentlich viel schöner ist, sich »im Ungeborgenen geborgen« zu fühlen? Dass es viel spannender und vielleicht sogar »würdevoller« ist, sich dem offenen Ausgang zu überlassen, »dem Weg, der beim Gehen entsteht«?

Vielleicht können Sie sich tatsächlich jetzt einmal versuchsweise von dem erwähnten Gedanken des Ziels oder »Schöpfungsplans« etwas lösen und den Mut haben, ohne eine solche Tröstung auszukommen – ich glaube, Sie werden dafür belohnt werden. Wenn Sie Ihr eigenes Leben kritisch betrachten: War da das meiste zielgerichtet? Vielleicht hatten Sie schon einige Pläne und Ziele – aber wie viele haben Sie davon erreicht? Und war ein erreichtes Ziel immer verbunden mit dem erhofften Erfolg? Oder stellte sich manchmal heraus, dass es ein

»falsches« Ziel war? Seien Sie ehrlich: Vieles wurde doch auch durch Zufall bestimmt, und insgesamt vermute ich, dass Sie damit meistens auch nicht schlechter gefahren sind als mit den zu genauen Planungen. Geben Sie also – wieder einmal – dem »sinnvollen Zufall« eine Chance und lassen Sie die Idee zu, dass vielleicht sogar die Evolution oder Gott auch auf diese Karte setzen (also gegen Einsteins Vermutung doch »würfeln«). Und das Ergebnis kann sich doch sehen lassen! Wenn Sie diesen Gedanken erst einmal zulassen können, sind Sie dem Vertrauen ins Unvorhersehbare wieder ein Stück näher gekommen.

Auch wenn die Evolution des Kosmos und auf der Erde nicht deterministisch (zielgerichtet) ist, gerät sie doch immer wieder an Gabelungen, an denen sie sich für einen von mehreren möglichen Wegen »entschieden« hat. An diesen Stellen konnte es nur durch den Einfluss Seltsamer Attraktoren zur Vielfalt der Erscheinungen kommen. Aber die Vermutung, hier habe an manchen Stellen eine Entscheidung in Richtung auf »Leben« und später Bewusstsein stattgefunden, ist ein heißes Eisen, weil sie das Kausaldenken verlässt und sich aufs »finale« Glatteis begibt, d. h. weil hier im Grunde eine »Absicht« suggeriert wird – aber wessen Absicht? Wären wir nicht besser beraten, wenn wir auch ohne eine Antwort auf diese Frage Vertrauen in den Kosmos bekämen?

Ich hoffe, Sie konnten mir bisher noch »vertrauensvoll« folgen. Dann können Sie auch getrost weiterlesen, vor allem da es jetzt wieder persönlicher wird.

»Sinn-Zusammenhang«

> *Wer ein Warum zum Leben hat, erträgt fast jedes Wie.*
>
> Viktor Frankl

Neben einer zunehmenden »perspektivischen« Sichtweise auf
das Leben stammt die entscheidende Motivation zur Beschäftigung mit dem Thema Sinn aus meinem Beruf. Denn hier habe
ich es tagtäglich mit Patienten zu tun, die – ausdrücklich oder
indirekt – die Sinnfrage stellen. Gerade in Depressionen und
in Krisen taucht oft die Frage auf: »Was hat das alles für einen
Sinn?« oder die Feststellung »Ich finde keinen Sinn mehr in
meinem Leben«. Dies hat mich bestätigt in meiner Wahl, die
Tiefenpsychologie nach C. G. Jung zu studieren, der u. a. darauf
hingewiesen hat, dass hinter vielen Neurosen und psychosomatischen Krankheiten, vor allem ab der Lebensmitte, das Hauptthema der Psychotherapie der Umgang mit der Sinnfrage ist.
(Damit haben sich u. a. auch Viktor Frankl, der Begründer der
Logotherapie, Roberto Assagioli, der Begründer der Psycho-
synthese, und Abraham Maslow, der Begründer der Humanistischen Psychologie, befasst.)

Sogar in der Depression kann man nach und nach einen
»Sinn« finden. So ist es manchmal tröstlich, für Patienten wie
für »Gesunde«, zu erkennen, dass Stimmungstiefs auch Tiefe
bringen – jedenfalls halte ich es für sinnvoll, wenn nicht die
ganze Bandbreite des Erlebens durch zu viele Medikamente
eingeebnet wird. Trauer, Rückzug, Minderwertigkeitsgefühle, Einsamkeit gehören zum Leben. In vielen Therapieformen
ist diese Änderung des Blickwinkels bekannt, z. B. unter dem

Stichwort Reframing: dem »Bild« (Situation, Problem) wird ein anderer Rahmen gegeben (z. B. in der Verhaltenstherapie und in der Systemischen Therapie). Ein typisches Beispiel dafür hat mir einmal ein Analysand berichtet, der eine Ausstellung über das menschliche Bewusstsein besuchte.

Die Besucher drängten sich in einem etwas düsteren Gang. Da wurde man plötzlich von einem Mann von hinten so angerempelt, dass man sich ärgern musste. Am Ende sah man denjenigen, der einen gerempelt hatte, seitlich vorbeikommen: Er trug eine Blindenbinde am Arm. Man sieht: Das Angerempeltwerden bekommt durch drei schwarze Punkte einen völlig anderen Sinnzusammenhang. Und diese Bedeutung bestimmt allein die Gefühle.

Wenn unser Junior im Souterrain Schlagzeug übt, klingt das so, als würde er neben meinem Ohr spielen. Wenn er aber dafür nur über Mittag Zeit hat, kann ich trotzdem wunderbar meinen Mittagsschlaf halten, denn ich bin froh, dass er übt und dass es ihm Freude macht! Die *Gefühle* bestimmen, ob einen etwas stört oder erfreut, ob man schlafen kann oder nicht.

Vertrauen in eine Situation, in einen Menschen, und natürlich auch in uns selbst, hat viel zu tun mit diesem Erleben von Zusammenhang, von einem »sinn-vollen« Hintergrund, einem stimmigen Kontext. Dies geht sogar so weit, dass unser Empfinden von Schönheit und Harmonie einer Figur, ob optisch oder akustisch, stark von diesem Hintergrund beeinflusst wird.[47]

Um Vertrauen zu finden, ist es also wichtig, den Blick von der aktuellen »Figur« und dem konkreten Geschehen zu lösen (so wie die Henne Berta vom Futter), um »dahinter« zu sehen, um den Blick zu erweitern und zu vertiefen. Diese Veränderung des Blickwinkels kann in einer Therapie geschehen ebenso wie im Gespräch mit einem Freund oder Partner, der sich von unseren aktuellen Sorgen und Klagen nicht zu sehr beeindrucken lässt. Er oder sie kann uns vielleicht die Augen öffnen und uns den Kopf »zurechtrücken«, so dass wir den Hintergrund erkennen können – oder sogar eine gemeinsame Wurzel von mehreren Problemen.

Oft klagen meine Patienten in jeder Stunde über etwas anderes, sie sind unzufrieden mit ihrem Beruf, mit dem Chef, mit dem Ehepartner, mit ihrer mangelhaften Gesundheit, mit ihren Leistungen, mit ihren Eltern, überhaupt mit ihrer Vergangenheit. Alles hat sich verschworen, überall hakt's, da hat man ja gar keine Chance, wo soll man denn da überhaupt anfangen?

Es ist gleichgültig, wo man anfängt, denn wenn man sich länger mit solchen Themen beschäftigt, merkt man oft: Sie sind nur an der Oberfläche, gleichsam »über Wasser«, so verschieden und so heterogen –je mehr man ihnen »auf den Grund« geht, desto mehr erkennt man, wie viele miteinander zusammenhängen. Vielleicht gibt es nur wenige »Stämme«, aus denen sie wachsen – oder alle kommen sogar aus einem einzigen »Wurzelstock«.

Verschiedene Probleme entstammen oft einem einzigen Wurzelstock

Bei meinen Patienten hat dieser Wurzelstock fast immer mit dem Selbstwertgefühl und mit der Suche nach Sinn zu tun. Aber kollektiv? Haben die finanziellen, sozialen, ökologischen, politischen und ökonomischen Krisen unserer Zivilisation auch einen gemeinsamen Wurzelstock? Ja – vielleicht ist die Vertrauenskrise, die im ersten Kapitel thematisiert wurde, in der Tiefe eine Sinnkrise bzw. die geistige Krise, von der Fritjof Capra (1996) in seinem Buch *Lebensnetz* ebenso wie Al Gore (1992) spricht. Um hier einen Mangelzustand zu spüren, muss man nicht Anhänger einer bestimmten Glaubensrichtung sein. Es genügt wohl, offen zu sein für eine Tiefendimension des Lebens. Wenn überhaupt Zuversicht wachsen oder wieder wachsen kann, dann kommt sie m. E. aus diesem Urgrund, wie auch immer er heißt – bewusst oder unbewusst.

Der Übergang von einer Lebensstufe zur anderen bringt zwar einerseits einen neuen Bezugsrahmen, erfordert aber auch ein Vertrauen in den Gesamtzusammenhang. Ich sage meinen Patienten oft, das Vertrauen ins Leben ist in uns allen vorhanden, es ist verlässlich, es ist gleichsam in jede Zelle »einprogrammiert«. Was uns verunsichert, sind die *Zwischenschichten*, die bei jedem Menschen je nach individuellem Schicksal unterschiedlich gestaltet und oft auch verunstaltet sind. Durch Therapie, durch Selbsterfahrung oder das Aushalten der jetzigen Situation in einem geschützten Rahmen kann die Seele durch die beschädigten Zwischenschichten hindurch zu diesem tragenden Grund gelangen. Denken Sie an die ergreifende Geschichte der Krebspatientin im »Prolog«!

Was sich im Laufe des Lebens ändert, sind eben diese »Zwischenschichten« zwischen dem Urgrund und der aktuellen »Figur«, dem konkreten Problem oder Erlebnis. Es ist kein Zufall, dass neurotische Symptome und Krankheiten oft in Schwellensituationen auftreten. Die bekannteste ist die Midlife-Crisis, zu der sich seit einigen Jahren die »Quarterlife-Crisis« gesellt hat, die Krise zwischen Zwanzig und Fünfundzwanzig, in der immer mehr junge Erwachsene noch orientierungslos sind und noch zu wenig Mut zu den anstehenden beruflichen und partnerschaftlichen Entscheidungen haben. Weil man gerade in diesen Schwellensituationen Vertrauen braucht, verlorengegangenes Vertrauen wiederfinden oder neues in sich aufbauen muss, möchte ich in diesem Kapitel noch etwas genauer auf die wichtigsten Lebensphasen eingehen.

Können Sie sich an typische Übergänge und Neuorientierungen in Ihrem Leben erinnern? Verliefen sie jedes Mal anders? Oder gab es immer wieder typische Probleme? Wie viel Vertrauen hatten Sie in sich, in einen tragenden »Grund«, der auch in der neuen Lebensphase standhält? Hatten Sie Helfer und Stützen in diesen Übergangsphasen? Oder haben Sie sie allein bewältigt? Welche Lebensstufen, welche Wandlungen stehen Ihnen noch bevor?

Stufen und Krisen

Nachdem Ödipus seinen Vater erschlagen hatte, wanderte er weiter in Richtung Theben, wo die Sphinx, ein geflügeltes Ungeheuer, das vorn wie eine Jungfrau, hinten wie ein Löwe gestaltet war, auf einem Felsen saß und den Ankömmlingen ein

Rätsel aufgab. Wer es nicht lösen konnte, den fraß sie auf. König Kreon, der nun anstelle des erschlagenen König Laios (Ödipus Vater) herrschte, versprach dem, der die Stadt von der Würgerin befreie, das Reich und seine Schwester Iokaste zur Gemahlin. Das reizte Ödipus – er ging zur Sphinx. Sie fragte ihn:»Es ist am Morgen vierfüßig, am Mittag zweifüßig, am Abend dreifüßig. Unter allen Geschöpfen wechselt es allein die Zahl seiner Füße. Was ist das?«

Wir kennen die Antwort des Ödipus, mit der er die Sphinx besiegte (so dass sie sich den Abhang hinabstürzte), worauf er König von Theben und der Gemahl seiner Mutter wurde: Es ist der Mensch, der als Kleinkind auf allen Vieren krabbelt, als Erwachsener aufrecht auf zwei Beinen und als Greis am Stock geht.

Bei einem kurzen Überblick über die verschiedenen Phasen des Vier-, Zwei- und Dreibeiners soll es nur auf das jeweils Wichtigste ankommen: welche bewussten und unbewussten Ziele er zu erreichen sucht und wie er mit den Veränderungen zurechtkommt, die mit dem Wechsel zur nächsten Stufe verbunden sind, also mit den Phasenübergängen (siehe Kapitel 5). Und wir wollen einige typische Krisen betrachten samt den Faktoren, die zum Gelingen oder Misslingen des Übergangs beitragen – kurzum, wie an solchen »Knackpunkten« Vertrauen ins Neue entsteht. Das altgriechische Wort Krise heißt auf Deutsch »Entscheidung«, der chinesische Ausdruck dafür, wei-chi, bedeutet »Gefahr und Chance«.

Meist wissen wir zunächst nicht, ob für eine bestimmte Entwicklung Krisen unbedingt nötig sind oder wann und wie weit ein Übergang »harmonisch«, im Sinne einer Evolution, ablaufen kann. Vermutlich ist manchmal das Problem selbst die Krise und manchmal, dass es zu keiner Krise kommt (z. B.

bei der Loslösung junger Erwachsener vom Elternhaus). Es gibt hier wohl alle Zwischenstufen zwischen einem organischen Wandlungsprozess und einer »Kata-Strophe« (»Kehrt-Wendung«) am anderen Ende. Außerdem geht es immer um viele Entwicklungslinien:

Oft erlebe ich bei Patienten, dass sie in ihrer Jugend und im frühen Erwachsenenalter eine recht geradlinige Entwicklung durchlaufen haben, was ihre intellektuellen und beruflichen Fähigkeiten betrifft, aber gleichzeitig enorme Defizite im Gefühls- und Beziehungsbereich aufweisen: so als wäre die eine Linie durchgezogen, die andere unterbrochen worden. Sie verspüren dann durchaus Selbstvertrauen in Bezug auf ihre berufliche und intellektuelle »Kompetenz«, aber auf der emotionalen Ebene sind sie recht unsicher – was aber oft erst viel später spürbar wird, typischerweise in der sogenannten Midlife-Crisis. An dieser Stelle, wo sich die Sinnfrage stellt, wird man von alten Defiziten eingeholt. Vielleicht findet man erst dann – jenseits der »Identifizierungen« mit Werten anderer – zur eigenen Identität?

Phasen und Phasenübergänge

Es gibt ja in jedem Leben viele Phasenübergänge, Umbrüche, neue Herausforderungen, wie Kindergarten, Einschulung, Lehrlingszeit, Abitur, Examen, Hochzeit, Elternschaft, Berufsweg, Umzüge, Rentenbeginn, Großelternschaft, Eintritt ins Altenheim usw. Ich möchte der Einfachheit halber nach dem Bild der Sphinx die drei wichtigsten Stufen des Menschseins als Leitlinie verwenden:

1. Die Aufbruchszeit der Kindheit und Jugend,
2. die Blüte- und Reifezeit des Erwachsenenalters und
3. die Erntezeit des Alters.

Bei dieser Vereinfachung geht es also vor allem um zwei Übergänge: das Hineinwachsen ins Erwachsenenleben mit Berufs- und Partnerwahl und das Herauswachsen aus den biologischen und sozialen Verpflichtungen. Diese Prozesse können natürlich auch in mehreren Stufen erfolgen. Doch erfahrungsgemäß drängen sich an diesen Stellen am ehesten Probleme auf. Oft müssen wir alles Bisherige in Frage stellen. Über die Spannung zwischen den Beharrungskräften und der Neugier haben wir uns beim Thema Fortschritt und bei der Paradies-Geschichte ja schon Gedanken gemacht.

Jetzt bedienen wir uns wieder einmal der Terminologie der Chaosforschung: Wie im Komplexitäts-Kapitel erwähnt, entwickeln Systeme sich weiter, indem sie auf sich selbst zurückwirken; und diese dynamische Rückkoppelung führt ein System in einen allmählichen Veränderungsprozess, der – wie das Wetter – nur für kurze Zeit voraussagbar ist. Natürlich gibt es stabile Umweltbedingungen, unter denen nur wenig Veränderung zu erwarten ist, und andererseits auch labile Systemzustände, die schon beschriebenen »Kritischen Instabilitäten«, bei denen ein minimaler Reiz (der so genannte Schmetterlingseffekt) jeden Moment einen Umschlag in eine ganz andere Organisationsform auslösen kann. Der Mensch als lebendes System entwickelt sich dementsprechend nicht kontinuierlich, sondern in Sprüngen.

Und bei diesen Sprüngen, diesen »Staustufen im Lebensfluss« sammeln sich typischerweise die »unerledigten Geschäfte« (Fritz Perls) an.

> Wann, wenn nicht jetzt, ist es an der Zeit, die »ollen Kamellen« aufzuarbeiten, anstatt sie als Hypothek in die nächste Lebensphase mitzunehmen?

Tun wir das nicht, werden sie uns vielleicht mehr belasten als vorher, denn in den neuen Bezugsrahmen passen sie sicher noch schlechter als früher. Dieses Aufarbeiten ist jedoch fast immer verbunden mit einer »Instabilität«.

Beim Betrachten der Entstehungsgeschichte von Krankheitssymptomen kann man oft erkennen, dass der Patient oder sein Familiensystem über längere Zeit stabil war. Störungen von außen konnten aufgefangen und verarbeitet werden, bis der Gleichgewichtszustand wieder hergestellt war. Bei genauem Hinsehen zeigt sich jedoch, dass sich oft unter der Oberfläche schon etwas angesammelt hat, z. B. die Unzufriedenheit eines Familienmitglieds, ein »Druck« hat sich erhöht, bis es zur Eskalation und zum Umschlag kommt. Manchmal kann das Familiensystem eine Katastrophe noch einmal abfangen (das Kind nimmt Nachhilfeunterricht, die Mutter Valium, der Vater eine Freundin).

Eltern, die ihr auffälliges Kind zur Erziehungsberatung bringen, wollen es meistens so behandelt haben, dass in der Familie »alles beim Alten« bleibt. Aber auch trotz Beratung kann die Familie irgendwann in eine echte Krise mit einer radikalen Veränderung kommen, z. B. ein Kind zieht aus, die Eltern trennen sich. Ist ein System sehr starr, muss der Druck enorm ansteigen, bis er einen Phasenübergang bewirkt, und der wird dann nicht mehr organisch, sondern schmerzhaft sein.

Kindliche Abhängigkeit

Bei dem Sketch aus dem Paradies handelt es sich um ein aus psychotherapeutischer Sicht recht gelungenes Erwachsenwerden. Leider herrscht bei uns ein Mangel an Vorbildern für die Bewältigung derartiger Schwellensituationen.

In den Geschichten, die wir in der Kindheit hörten, hieß es »Vertreibung aus dem Paradies« und »Sündenfall«: Der Übergang von einer Lebensstufe zur nächsten ist in dieser Vorstellungswelt keine vertrauensvolle Weiterentwicklung, sondern verknüpft mit Schmerz, Trennung und Schuld. Kein Wunder, dass auch in vielen Lebensläufen Weiterentwicklung mit Schuld, Schmerz und Angst verbunden ist. Aber das muss nicht so sein. Wie wir in dem ersten Sketch aus dem Paradies sehen konnten, kann es auch eine Verlockung ins Neue hinein bedeuten.

Ein Kind wird in ein bereits bestehendes komplexes Gefüge hineingeboren, und mit seinem Erscheinen sind Erwartungen, Hoffnungen und Sorgen verbunden. Gleichzeitig bringt es selbst Eigenschaften, vielleicht auch Aufgaben, mit. Das neue und das alte System bilden ein neues gemeinsames: aus einem Paar wird eine Familie. Viele Eltern legen dann bis auf Weiteres ihre Partnerschaft auf Eis, die Mutter verliebt sich in das Kind, der Vater in seinen Beruf. Es liegt nahe, dass sich so etwas früher oder später rächt.

Das Kind, das als »physiologische Frühgeburt« völlig auf

seine Umgebung angewiesen ist, hat seinen »Sinn« in seiner Zugehörigkeit zu einer Mutter und zu einem »Nest«. Wenn es als Neuankömmling das alte System durcheinanderbringt und dennoch (oder deshalb?) willkommen ist, wird es auch später kaum nach dem Sinn seines Lebens fragen, sondern ihn einfach leben. Ist aber die primäre Geborgenheit in Frage gestellt, kommt es meist zu Störungen und Ausgleichsversuchen. Immer entstehen in dieser frühen Abhängigkeit Grundmuster, die in allen späteren Beziehungen wirksam sind, wenn auch meist unbewusst.

Bevor man also nach dem »Sinn« seines Lebens forscht, sollte man wohl erst nach dem Sinn dessen fragen, was einem »zustößt« (Symptome, Krankheiten, Enttäuschungen über andere) – das heißt, alleine oder mit Hilfe herausfinden, ob möglicherweise ein Muster dahintersteckt.

Erinnern Sie sich an Krankheiten, plötzliche Wendungen im Leben, Störungen von außen oder innen: Wie sehr haben Sie einfach darunter gelitten, wie sehr haben Sie die Krankheit, den Nachbarn, die Verhaltensstörung des Kindes, bekämpft – und wie weit haben Sie versucht, dahinter einen Sinn zu finden? (Erinnern Sie sich an mein

Postulat, dass man schwer etwas gleichzeitig bekämpfen und verstehen kann!) Dabei geht es uns fast allen so, dass wir anfangs hadern angesichts unangenehmer Zeitgenossen, enttäuschender Freunde, Unfälle etc. Wer sofort darin den »Sinn« sucht, läuft Gefahr, die dazugehörigen Gefühlsreaktionen zu überspringen – und die holen uns später wieder ein.

Wie weit ist es Ihnen also vielleicht gelungen, im Nachhinein in diesen Ereignissen oder Enttäuschungen einen »verborgenen Sinn« zu suchen oder gar zu finden – besonders bei Erfahrungen, die einem bestimmten Muster folgen?

Loslösung und Suche

... und darum lässt sich eines nie wieder gutmachen: Versäumt zu haben, seinen Eltern davongelaufen zu sein.

Walter Benjamin

Offenbar gibt es heute mehr Nesthocker als früher: Junge Erwachsene bleiben im »Hotel Mama«, obwohl sie eigentlich groß genug wären auszuziehen. Wie dagegen die Ablösung vom Elternhaus gelingt, hängt stark von der Qualität der Eltern-Kind-Beziehung ab. Hier sehen wir einmal mehr, wie Extreme sich ähneln: Sowohl eine »zu gute« Versorgung als auch ein Mangel an Geborgenheit haben am Ende die gleichen Auswirkungen: eine Abhängigkeit oder Abhängigkeitsbereitschaft bleibt bestehen.

Im Kapitel 3 haben wir das Modell des Übergangsraums kennengelernt. Dieser spielt hier eine entscheidende Rolle. Wie hat dieser junge Erwachsene, der jetzt vertrauensvoll ins Leben hinaus möchte, diesen Raum in sich aufbauen können? Haben die Eltern immer wieder in diesen Raum eingegriffen und damit die Entfaltungsmöglichkeiten des Kindes eingeschränkt? Brauchte z. B. die Mutter das Kind als Ansprechpartner zusätzlich zum Ehemann, als Partnerersatz oder gar als Lebensinhalt? Brauchte der Vater z. B. seinen Sohn als Stammhalter oder die Tochter als Prinzessin? Gerade die ersten frühen Autonomiebestrebungen des Kindes lösen bei solchen Eltern oft Ängste aus, die sie vor sich selbst als berechtigte Sorge um das Wohl des Kindes legitimieren. Aber in zu hoher Dosis kann dabei beim Kind Angst entstehen – vor Gefahren in der Welt draußen und vor eigenem Versagen. Das Kinderlied erzählt davon: »… aber Mutter weinet sehr, hat ja nun kein Hänschen mehr. Wünsch dir Glück, sagt ihr Blick, kehr nur bald zurück!«

Umgekehrt können Eltern bei den ersten Ablösungsversuchen des Kindes auch zu distanziert reagieren, z. B. nicht anwesend sein, wenn das Kind wieder zurückkommt, um sich des Rückhalts von Mutter oder Vater zu versichern. Dann wird das Kind in Zukunft vorsichtiger bei seinen Gehversuchen nach außen sein und enger an ein Elternteil gebunden bleiben – und später wegen seiner drohenden Verlassenheitsängste seinen Partner eifersüchtig bewachen. Es ist dabei zweitrangig, ob ein Mensch sich vom Bewusstsein her von den Eltern distanziert bzw. mit ihnen »gebrochen« hat oder ob er sie immer noch bewundert.

Ja, es spielt nicht einmal eine Rolle, ob seine Eltern noch leben. Den Schweregrad solch einer innerseelischen Abhängigkeitsbereitschaft erkennt man oft erst im Laufe einer Therapie, die ja selbst auch so etwas wie ein nachgeholter Übergangsraum ist. Aber Nachholen ist nicht dasselbe wie wiederholen! Dazu ein Beispiel:

Eine 59-jährige Gruppenpatientin war so entwertend von ihren Eltern behandelt worden (auch noch in der Zeit, als sie selbst eine Familie aufgebaut hatte), dass sie den Kontakt zu ihnen ganz abbrach und zu Beginn der Therapie bereits seit zwanzig Jahren völlige »Funkstille« herrschte. In einer Sitzung erzählte sie, dass vor der jetzigen Therapie in einer psychosomatischen Klinik beim Essen an ihrem Tisch eine Frau gesessen hatte, die ihrer Mutter wie aus dem Gesicht geschnitten war. »Es war verrückt! Ich habe in dieser Zeit kaum was essen können, ich hatte vor jeder Mahlzeit Angst vor dieser Frau – obwohl sie mir ja völlig fremd war! Da habe ich gemerkt, dass ich auch in zwanzig Jahren ohne Kontakt noch nicht von meiner Mutter losgekommen war. Und ich fürchte, mit meinem Vater ist es genauso. Ich weiß nicht, was ich machen soll, wenn er eines Tages stirbt: ob ich dann zur Beerdigung gehen soll und ob ich dann wieder Kontakt mit meiner Mutter finde.« Die Gruppe ging feinfühlig mit ihr um und half ihr, die Erkenntnis ihrer immer noch bestehenden Abhängigkeit mit Würde zu tragen und ihre Loslösung dem weiteren Verlauf der Gruppentherapie zu überlassen. – Drei Wochen später rief mich die Patientin völlig aufgelöst an und sagte, ihr Vater sei gestorben. Was solle sie nur tun? Ich gebe ja selten einen Rat. Aber da sagte ich entschlossen: »Gehen Sie zur Beerdigung, damit Sie später nichts bereuen müssen!« Sie ging zitternd zur Beerdigung, aber fühlte sich gut und stark dabei. Ihre Mutter lehnte sich weinend an sie und hielt während der ganzen Trauerfeier ihre Hand.

Dass ihr Vater gerade zu diesem Zeitpunkt starb – bekommt man da nicht das beklemmende Gefühl, das hatte auf eine seltsame Art »sein müssen«? Da ich in meinem Beruf solche Erfahrungen immer wieder machen darf, fällt es mir leicht, hinter vielen Geschehnissen einen Sinn zu erahnen oder zumindest nach der subjektiven Bedeutung zu fragen. Wäre meine Patientin vor ihrer Kur schon in Therapie gewesen, hätte sie sich überlegen können, warum ihr diese andere Frau begegnet – sie hätte sicher auch gelitten, aber ihr Leiden umgemünzt in »Seelenarbeit«, also in ein Erkennen, dass etwas noch nicht beendet (abgehackt ist nicht abgehakt!) und noch Abschieds- und Trauerarbeit zu leisten ist: Mangel an Vertrauen ins Neue und ängstliches Festklammern am Alten, selbst wenn es furchtbar war – das sind zwei Seiten einer Medaille.

Jetzt können wir feststellen, dass der Wiederholungszwang offenbar auch eine wesentliche Komponente der seelischen Abhängigkeit ist. Es geht hier also nicht einfach nur darum, dass man bestimmte Handlungen oder Fehler immer wieder macht. Was den Wiederholungszwang so bedrückend macht, entlarvt das Wort, wenn man genau hinhört: Man will sich etwas wieder holen, woran man sich entweder zu sehr gewöhnt oder was man zu wenig bekommen hat.

Doch wenn man sich auf einer Lebensstufe immer etwas wieder holen will, was eigentlich auf eine frühere gehört (z.B. Geborgenheit), blockiert das wichtige Kräfte und erschwert den Blick auf das Neue. Gleichzeitig ergibt sich aber immer wieder Gelegenheit, sich mit dem alten Problem konstruktiv auseinanderzusetzen, seinen »Sinn« zu erkennen. Mit der Idee, den Sinn von Leiden zu suchen, gilt es jedoch vorsichtig umzugehen, um nicht zynisch zu werden. Diese Ahnung entfaltet ihre Bedeutung nur im Leidenden selbst – wenn die Zeit reif ist.

Als ich gerade mit diesem Thema beschäftigt war, kam meine Frau aus unserer Praxis und erzählte mir ganz bewegt: Eine Patientin, die in ihrem Leben schlimme Schicksalsschläge erlitten hatte, hatte im Sandspiel in die Mitte ein »Juwel« gelegt und ganz wenig Steine darum herum. Dann hätten die beiden überlegt, was Juwelen für die Patientin bedeuten und wie in der Muschel eine Perle entsteht. Da fiel es mir wie Schuppen von den Augen: durch eine Störung oder Verletzung. »Genau!«, sagte meine Frau. »Wenn ein Fremdkörper eindringt, z.B. ein Sandkorn, schützt sich die Muschel, indem sie darum herum Perlmutt ablagert.« – Ob wir aus Beschädigungen und Kränkungen in unserem Leben auch Perlen machen können?

Eng mit dem Wiederholungszwang verknüpft ist die zweite zentrale Komponente der Abhängigkeit: eine passive Grundeinstellung, durch die sich der Betroffene immer wieder als Opfer der Umstände, des Verhaltens des Partners, Arbeitgebers usw. erlebt. »Ich kann ja nichts machen, weil der andere ...«

(vgl. Kapitel 3). Das »Opfer« meint, es müsste darauf warten, dass sich der andere oder die Bedingungen ändern – aber dabei fühlt es sich immer noch ausgeliefert wie in der Kindheit und hindert sich weiterhin daran, Vertrauen in seine eigenen Gestaltungskräfte zu entwickeln.[48]

Für einen jungen Erwachsenen gilt es in dieser Zeit nicht nur, einen Beruf zu finden, sondern auch einen Partner, wobei er oft Probleme aus der Eltern-Kind-Beziehung in diese »Arena« hineinschleppt. Das ergibt die geschilderten Projektionen beim Sichverlieben und die Missverständnisse im Beziehungsalltag. So wie die Berufswahl den jungen Erwachsenen ökonomisch von den Eltern unabhängig machen soll, so müsste im günstigen Fall die Partnerwahl ihn aus seiner psychischen Abhängigkeit befreien. Aber in vielen Fällen soll er die Wünsche und Erwartungen der Eltern erfüllen, also entweder den Familienbetrieb weiterführen oder Ziele anstreben, die die Eltern nicht erreicht und an ihn »delegiert« haben. Er erfüllt dann nicht seinen eigenen Lebenssinn, sondern den der Eltern. Habe ich also meinen Beruf gewählt, weil ich in ihm endlich die Anerkennung bekomme, die mir früher versagt wurde? Kann ich dadurch meinen Eltern eine Freude machen oder ihnen endlich eins auswischen? Kurzum: Werde ich mich in meinem Beruf als »sinnvoll« erleben – oder das Gefühl bekommen, durch ihn am eigenen Leben vorbei zu leben?

Mein Vater musste mitten im Medizinstudium zu Arbeitsdienst und Wehrmacht. Er machte mehrere Feldzüge mit, auch den Russlandfeldzug. Als ihm im Kessel von Stalingrad ein Granatsplitter den linken Arm abriss, verdankte er diesem Opfer wohl sein Leben, denn deshalb wurde er als einer der Letzten aus dem Kessel geflogen. (Hatte also die Verwundung einen »Sinn«?) Er konnte nun zwar das Medizinstudium nicht mehr angemessen beenden, da aber großer Lehrermangel bestand, studierte er Pädagogik und Psychologie, wurde Lehrer, Schuljugendberater usw. Ich habe also die »Delegation« mitbekommen, sein Medizinstudium zu vollenden und in die Psychologie hineinzuwachsen. Mir war das schon als Schüler bewusst und ich würde es heute wieder genauso machen. Was ich bei seiner Beerdigung neben der Trauer noch stärker fühlte, war Dankbarkeit. Und als unser älterer Sohn von der Soziologie zur Psychologie wechselte, tat er das nach eigenem Bekunden, weil die ihm mehr Freude machte.

Es geht also nicht darum, unbedingt etwas anderes als die Eltern machen zu müssen, sondern um die »heimlichen« Aufträge der Eltern, die dem Leben eine im Grunde fremdbestimmte Richtung geben, die es einem sehr schwer machen, eigen-sinnig zu sein, also seinem »eigenen Sinn« und den eigenen Zielen zu vertrauen. Damit wird dann genau das Gegenteil erreicht von dem, was mich aus der Abhängigkeit führen würde: Ich vertraue dem un-eigentlichen Leben mehr als dem eigentlichen, auch wenn ich darunter leide.

Wären auch Sie an dieser Stelle bereit, ihre Berufs- und Lebensplanung einmal unter diesem Gesichtspunkt unter die Lupe zu nehmen?

Wie, wann und durch wen sind Sie auf Ihre Ausbildung, Ihren Beruf gekommen? Wer hat Ihnen dazu Ideen vermittelt? Wessen Anerkennung haben Sie möglicherweise ersehnt? Und wenn Sie den Eindruck haben, weitgehend fremdbestimmt worden zu sein: Sind Sie auf dem »falschen Dampfer« geblieben? Oder haben Sie Ihrem Leben eine eigen-willige Wendung gegeben? Und wenn Sie am Alten festgehalten haben, lag es daran, dass Sie nicht genug Vertrauen in Ihre Initiative und Ihre Energien hatten? Hätten Sie mehr Hilfestellung gebraucht? Oder hatten Sie zu wenig Mut, andere um Hilfe zu bitten? Oder haben Sie viel zu spät gemerkt, dass dieser Beruf, diese Familie, nicht das von Ihnen gewollte Leben war, hatten aber nicht mehr die Kraft, das Steuer herumzureißen?

Es gibt auch die Möglichkeit, dass Sie einen Lebensweg gefunden haben, der zwar ursprünglich nicht gewollt war, in den Sie aber hineingewachsen sind, den Sie sich »zu eigen« gemacht haben. Dann wäre nur die Frage, ob Sie Ihr ursprünglich erträumtes, aber ungelebtes Leben gebührend in sich verabschiedet haben? Falls das nicht der Fall sein sollte: Für diesen Abschied ist es nie zu spät!

Die Sinnfrage kann zu einem Motor der Selbstfindung werden, der Individuation, wie sie Jung nennt: zu einem roten Faden, der sich durch die Entwicklung zieht – deshalb die Verwandtschaft der Begriffe Sinn und Weg. Oft erkennt man den Faden erst rückblickend. *Das Leben wird vorwärts gelebt und rückwärts verstanden.*

Selbständigkeit: Vom Symbiose-Paradies in die Dornen und Disteln?

> *Das wahre Glück besteht darin,*
> *dass wir uns an ein Ziel verschwenden.*
>
> John Mason Brown

Ich bin mir sicher: Der amerikanische Autor und Theaterkritiker Brown selbst hat mit diesem Ziel nicht die Familie oder den Beruf gemeint – obwohl diese uns in der Mittelphase des Lebens oft am meisten ausfüllen. Was diese Lebensstufe betrifft, will ich mich hier kurz fassen. Wer davon betroffen ist, kennt ja Freud und Leid der mittleren, der »Sandwich-Generation«, die außer für sich selbst und die eigene Altersvorsorge auch für die anderen beiden Generationen zuständig ist. Und den Staat müssen wir auch noch mit unseren vielen Abgaben erhalten, so dass wir getrost sagen können: »Der Staat bin ich!«

An dieser Stelle müssen wir wohl oder übel nochmals einen kurzen Blick auf die professionellen »Sinn-Vermittler« werfen, die im vierten Kapitel schon einmal erwähnt wurden: vor allem Kirche, Militär, Universitäten und andere Instanzen, die uns Werte und Ziele anbieten. Sind wir noch unsicher und haben außer dem Fluchtreflex aus dem Elternhaus noch keine Identifizierungsmöglichkeit, dann kann das Eintreten in solche »mütterlichen« Institutionen, die schon aufgrund ihrer Tradition und Größe »vertrauenswürdig« sind, erst einmal eine Hilfe sein. Aber ob das für einen Menschen ein Durchgangsstadium ist oder ob er hängen bleibt in der Identifikation mit seiner Motorradclique, seiner Uniform, seiner »Therapieschule«, seiner schwarzen Robe oder seinem weißen Kittel, das hängt davon ab, wie viel er durch diese Rolle kompensieren muss.

Gewöhnlich wird in der »Zweibeiner-Zeit« unser Sinnerleben sich vor allem danach richten, wie wir die verschiedenen familiären und beruflichen Anforderungen »unter einen Hut bringen«, besonders die Ansprüche an uns selbst. Wer mit sich zufrieden ist, wird auch in dieser Lebensphase kaum nach dem Sinn seines Lebens fragen, sondern ihm einfach vertrauen. In diesem Stadium leiden wir jedoch häufig daran, dass wir glauben, den eigenen Ansprüchen nicht gerecht zu werden. Wenn wir außerdem »eigentlich« etwas anderes werden wollten, ist die Midlife-Crisis nicht weit. Viele reagieren auf eine solche Krise mit mehr Aktivität, und für viele wird das wohl auch das Beste sein. Aber es kann auch um etwas anderes gehen: um eine Änderung in der persönlichen Prioritätenliste, um eine Wandlung in der Einstellung zu uns selbst und zu unserem Leben.

Ein Patient aus meiner Montagsgruppe hatte schon als Kind im elterlichen Betrieb mitgearbeitet und ihn dann übernommen, bis er mit fünfzig Jahren Schmerzen in Brust und Bauch bekam, die ihn erfolglos von einem Arzt zum anderen führten. Er hatte sein Leben lang wochentags für die Firma gearbeitet, war aber stolz, dass er am Wochenende Sport betrieb. Erst bei näherem Hinsehen stellte sich heraus, dass er ihn mit dem gleichen Ehrgeiz betrieb wie die Arbeit als Firmenchef. Und genau diesen Ehrgeiz bremsten nun die Schmerzen. Ihm hätte der Rat, seine Midlife-Crisis mit Sport zu bekämpfen, nichts genützt. Sein Körper zeigte ihm, dass etwas Grundsätzliches in Frage gestellt und neu bedacht werden musste.

Wie alte Muster, bisher gültige Lebensprinzipien sich überlebt haben, formuliert Hermann Hesse in seinem berühmten

»Stufen«-Gedicht so treffend: »Kaum sind wir heimisch einem Lebenskreise und traulich eingewohnt, so droht Erschlaffen. Nur wer bereit zu Aufbruch ist und Reise, mag lähmender Gewöhnung sich entraffen!«

Natürlich werfen Menschen in Krisen, vor allem in Partnerschaftskrisen, immer wieder die Frage auf, ob sie in dieser Beziehung ihren Lebenssinn verfehlen, ob sie ihn nicht besser alleine oder mit einem anderen Partner finden könnten. Es ist nicht leicht, allen Single- oder Liebes-Betroffenen klarzumachen, dass es im Grunde nicht darauf ankommt, zu welcher Fraktion man (gerade) gehört. Man kann in beiden jeweils autonom oder abhängig sein. Wer innerseelisch unselbständig ist, den werden auch Jahrzehnte des Singledaseins nicht selbständiger machen. Wenn er die Zeit des Alleinseins für seine seelische Weiterentwicklung nicht genutzt hat, kann er durch eine »unerwartete« Liebesaffäre auch nach Jahren wieder in eine Abhängigkeit hineinrutschen. Der häufigste Fehler ist die »fahrlässige« äußerliche Trennung in der irrigen Erwartung, nun auch seelisch unabhängiger zu werden. Das einzige, was dadurch erreicht wird, ist ein Freiraum, der mir die Möglichkeit gibt, über die bisherigen Verstrickungen zu brüten. Der zweite Kardinalfehler besteht darin, sich nach einer Trennung zu schnell wieder zu binden oder gar eine Trennung nur mit Hilfe eines neuen Partners zustande zu bringen.

Da die Übergänge von einer Stufe zur anderen, die »Vertreibungen« aus echten oder scheinbaren Paradiesen zu allen Zeiten für die Menschen ein Problem waren, haben alle Kulturen Übergangsrituale entwickelt: von den Pubertätsriten und Mutproben der Naturvölker bis zu den Examina an psychotherapeutischen und anderen Instituten. Auch Konfirmation und Kommunion, Hochzeitsfeier und Leichenschmaus gehören hierher. Ist es nicht ein schöner »Zufall«, dass in dem Wort Spiritualität das Wort »Ritual« steckt? Ganz zu schweigen von dem vielfach erwähnten Zusammenhang zwischen »Sinn« und »Sinnlichkeit«!

Vieles deutet darauf hin, dass bei jedem Übergang, auch dem vom Tag in die Nacht, die Seele gern ein »Gefäß« hat, das ihr diesen Wechsel erleichtert. Ich glaube, dass Zuversicht weniger durch Argumente oder vernünftige Absicherung wächst, sondern v. a. durch einfache Handlungen, die um ihrer selbst willen vollführt werden. Dabei denkt man nicht an Vergangenheit oder Zukunft, man ist im »Hier und Jetzt«. Die reine Gegenwart ist ein Geschenk. Das erkennt man besonders schön im Englischen, wo »present« beides heißt!

Verinnerlichung und Integration

> *Der Sinn des Daseins liegt in der Freude an der verbleibenden Zeit.*
>
> Volksweisheit

Nun sind wir vorbereitet auf den Übergang zum Älterwerden, auf die Wandlung hin zu mehr inneren Werten, die Verlagerung von der äußeren zur »inneren Handlung« in unserem Lebensroman. Es hat sich als günstig erwiesen, wenn dieser Vorgang nicht erst am Tage der Berentung oder Pensionierung beginnt, wenn ein Mensch plötzlich aufwacht und sich fragt, wozu er eigentlich dreißig Jahre für diese Firma gearbeitet hat, in der bald kein Hahn mehr nach ihm kräht.

Jetzt kann man den glücklich preisen, der entweder zwischen Beruf und Familie noch eine Lücke für seine eigenen Interessen gefunden hat oder schon vorher durch eine Midlife-Crisis darauf aufmerksam gemacht wurde, dass der Sinn seines Lebens nicht ausschließlich aus »Meetings« und der Entwicklung von noch weißer waschenden Waschmitteln besteht. Übrigens auch nicht darin, als »ewige Mutter« mit diesen Waschmitteln die Wäsche von fast ganz erwachsenen »Kindern« zu waschen, auf deren Dankbarkeit man ebenso lange warten wird wie auf ihre Autonomie. Und falls sie sich doch losreißen und die Ex-Mutter keinen guten Ersatz hat, entstehen bei ihr Depressionen oder körperliche Krankheiten, ähnlich wie bei vielen Arbeitnehmern am Tage der Berentung. Die fünf Werkmeister, die vor einigen Jahren von einer Firma in unserer Nachbarstadt wegen Stellenabbau frühberentet wurden, starben alle innerhalb von drei bis vier Jahren an Krebs. *Was kränkt, macht krank.* Ähnlich wie die Krisen zwischen Eltern und Kindern, die der Ablösung dienen, dient also die Krise gegen Ende der Zweibeiner-Zeit einer Lockerung unserer Identifizierung mit Beruf oder Mutterrolle. Im letzteren Fall, wenn auch die Kinder sich aus Bequemlichkeit und Angst vor Selbstverantwortung nicht lösen wollen, entsteht eine symbiotische Allianz der Entwicklungsverweigerung, die beiden Parteien zunehmend schadet.

Wie beim ersten Übergang geht es jetzt wieder zeitgleich, aber mit umgekehrtem Vorzeichen, um Beruf und Partnerschaft. So wie damals das Finden eines neuen Partners am Beginn des Weges in die Selbständigkeit anstand, so steht nun häufig das Wiederfinden unseres (langjährigen) Partners auf dem Programm: Wer ist der andere eigentlich? Auf welcher Basis steht unsere Partnerschaft? Haben wir uns die letzten dreißig

Jahre vorwiegend als Mama und Papa definiert, waren wir vor allem eine Geldbeschaffungs- und Kinderaufzuchts-GmbH, bei der Arbeit gute Einzelkämpfer oder ein Team, im Bett eher wie Brüderchen und Schwesterchen? Welche Gefühle haben wir noch füreinander? Können wir einander noch an-, auf- und erregen? Wie sieht unsere gemeinsame Grundlage aus?

Und wieder kommen alte Themen hoch: War der Partner damals für mich ein Geborgenheitsgarant, dann soll er mich auch jetzt wieder auffangen, wenn ich die Identifikation mit dem Beruf oder mit der Elternschaft verloren habe, die mir bisher den Lebenssinn garantiert hat – und wehe, er hat gerade jetzt Unabhängigkeitsflausen im Kopf oder steht selbst vor einem Loch! Und wenn ich mich damals fürs Single-Dasein entschieden hatte: Will ich auch weiterhin alleine leben? Oder wie müsste ein möglicher Partner sein? Einige »unerledigte Geschäfte« holen mich spätestens in dieser Übergangsphase ein!

Auf dem Individuationsweg entwickeln wir uns von der Bedeutung der äußeren Umstände für das Sinnerleben allmählich hin zu einer Verinnerlichung, von den verschiedensten Identifikationen mit Faktoren wie Familie, Berufsrolle, Prinzenrolle, Weltanschauung geht es über immer wieder nötige Ent-Identifikationen hin zu einer eigenen Identität. Die ist allerdings immer weniger beschreibbar (ähnlich den Vorzügen des/der Geliebten, die letztlich nicht unsere Liebe begründen). *Der unerklärbare Rest führt zum Sinn und zum Vertrauen in die Zukunft.*

Wie dieser dritte Lebensabschnitt gelingt, hängt natürlich davon ab, wie manche meiner Eigenschaften sich verstärken, und davon, wie die Vorgänge der Verinnerlichung und Individuation verlaufen, wie weit ich also meinen Sinn in mir selbst, in einem für mich wesentlichen »Lebensthema« gefunden habe.

Ein 88-jähriger sehr wertvoller Freund, ein wahrer Humanist, schrieb mir nach einem Gespräch über dieses Thema, für ihn sei der Übergang ins Pensionärsdasein ganz zwanglos verlaufen, weil er sich kaum mit seiner Berufsrolle identifiziert habe, dafür aber von der Philologie, seiner lebenslangen Leidenschaft, bis heute gleichermaßen fasziniert sei – unabhängig von den Aufgaben oder äußerlichen Beziehungen, in denen er gerade stehe.

Ich halte diesen Hinweis für enorm wichtig, weil es sonst so aussehen könnte, als wäre es das Beste, sich aus allen Themen und Inhalten herauszunehmen und bloß noch »bei sich selbst« zu sein, wie ein Yogi, der nur noch meditiert. Für unseren Kulturkreis ist es sicher angebracht, sich auch mit konkreten Inhalten zu befassen – aber nicht nur im Begreifen, sondern auch im »Sich-ergreifen-Lassen«: Eine Sache »um ihrer selbst willen« zu tun ist ein Weg zur Altersweisheit!

Heilsame Ungewissheit?

Vertrauen ins Äußere oder Innere?

Als bisheriges Resümee können wir festhalten: »Vertrauen finden« und »Sinn finden« ist nahezu das Gleiche und ereignet sich gleichsam von selbst, wenn etwas, das wir erleben, sich in ein bestehendes oder gerade geschaffenes Bezugssystem einordnet. Diese Fähigkeit zur Vertrauens- und Sinnfindung ist natürlich stark davon abhängig, wie eng oder flexibel die Regeln waren, in denen wir aufgewachsen sind. Waren sie zu streng, ist das Kind auf sie fixiert und kann schwer Vertrauen in neue Regeln aufbauen. Gab es jedoch kaum klare Rahmenbedingungen, konnte es erst recht keine innere Struktur als Schutz gegen spätere äußere Einflüsse entwickeln. Die daraus erwachsende Anfälligkeit gegenüber kollektiven Institutionen und destruktiven Ideologien hat der Psychoanalytiker Arno Gruen (2000, 2002) am Beispiel des autoritären Charakters eindrucksvoll dargestellt.

Welche äußeren »Regeln« und Glaubenssätze haben in Ihrer Kindheit auf Sie gewirkt? Wie starr, wie flexibel, wie verlässlich waren diese Rahmenbedingungen? Wie weit konnten Sie das Vertrauen auf diese äußeren Stabilisatoren ins Innere verlagern und daraus Selbst-Vertrauen wachsen lassen? Und wie gut hat diese Verlagerung Sie später getragen, auch wenn sich die äußeren Umstände geändert haben? Worauf beruht zurzeit Ihre innere Stabilität? In welche äußeren Strukturen, Glaubenssysteme setzen Sie Ihr Vertrauen? Sind Sie eher ein flexibler Schmetterling oder ein wertekonservativer »Fels in der Brandung«? Wie gut können Sie sich in andere Menschen oder »Weltanschauungen« hineinversetzen, ohne im eigenen Standpunkt verunsichert zu werden?

Erst ab einem gewissen Alter kann sich ein Kind vorstellen, dass die Menschen um ihn eine andere Meinung, ein anderes Gefühl haben als es selbst. Aber diese Fähigkeit war wahrscheinlich eine entscheidende Komponente der menschlichen

Hirnentwicklung: Der Homo sapiens wurde zum Sozialwesen, indem er feststellte, dass durch Kooperation auch unterschiedlicher Menschen und durch Toleranz des Andersartigen trotz Spannungen das Überleben der Gruppe besser gesichert werden kann als alleine und in reiner Konformität (vgl. Allman 1996). Wer jedoch ist besser in der Lage, Fremdes zu akzeptieren, wer schlechter? In welcher Situation konstruiert ein Mensch oder eine Gruppe sich einen Sinn, der mit der Mehrheit (der Gruppe oder der Welt) in Widerspruch steht, etwa einen individuellen Verfolgungswahn oder einen kollektiven Hexenwahn? Dazu müssen wir etwas weiter ausholen.

Beim Kind, das in seinem Körper zu Hause ist, ist Denken, Fühlen und Handeln noch nicht getrennt. Wenn es wütend ist, stampft es auf, wenn es traurig ist, dann weint es – es *hat* keinen Hunger, es *ist* hungrig, es *hat* keine Wut, sondern es *ist* wütend. Auch dem Jugendlichen verleiht eine Überzeugung oder ein bestimmter Glaube zunächst einmal Stabilität und Orientierung. Für ihn bildet die Zugehörigkeit zu einer Familie oder Ersatzfamilie (Verein, Firma, Jugendgang) einen Hintergrund, eine Art Matrix für seine eigene Entwicklung. Dann aber beginnt – nach Jean Piaget etwa ab viereinhalb Jahren – sich die Fähigkeit zum Perspektivenwechsel zu entwickeln.[49]

Forscher konnten zeigen, dass Erwachsene, die als Kinder einer starren und einengenden Erziehung ausgesetzt waren, mit dem Perspektivenwechsel größere Probleme haben. Ähnliches gilt für Kinder, deren Erziehung zu verwöhnend und/oder unstrukturiert war, denn sie hatten ja nie einen Grund, sich in andere hineinzuversetzen, weil sich alle ihnen angepasst haben.

Zu Fanatismus und Abhängigkeit von Ideologien kommt es v. a. dann, wenn die betreffende Person oder Gruppe kein Vertrauen in andere Menschen oder Gruppen hat, aber gleichzeitig wegen Defiziten in ihrer Entwicklung sich auch ihrer selbst nicht sicher ist. Deshalb braucht sie zur Selbststabilisierung eine Ideologie und die Abgrenzung gegenüber »Gegnern« (z. B. in den wieder häufigeren Kämpfen zwischen »Streetgangs«) – auch als Versuch, ein subjektives Gleichgewicht (die »Ehre«) wieder herzustellen. Wer Kinder misshandelt, ist meistens früher selbst misshandelt worden. Aus Opfern werden Täter. Das Rachemotiv kann lange Zeit ein Ersatz für einen konstruktiven Lebenssinn sein, wie man auch aus Western weiß. Der Perspektivenwechsel ist dagegen die Grundlage für die Fähigkeit zur Ambivalenz, in der andere Sichtweisen eines Themas zugelassen werden können und die Bereitschaft besteht, Widersprüchliches (wenigstens eine Zeit lang) in sich selbst auszuhalten, ohne gleich herausfinden zu müssen, wer Recht hat. Leider werden die Gegensätze meist mit verteilten Rollen ausgefochten.

Ein Lied, das ich in den 80er-Jahren auf einer eigenen »Liedermacher-Langspielplatte« sang, heißt »Suche«. Der Refrain lautet:

Und wieder und wieder fragten sie mich, ob dafür,
> *ob dagegen ich bin.*
Es scheint doch so einfach, sich klar zu entscheiden,
doch mich zieht's mal her und mal hin.
Und wieder und wieder sucht' ich die Klarheit,
was richtig, was falsch ist, zu sehn.
Ich finde sie nicht, die beruhigende Wahrheit,
muss den eig'nen verschlung'nen Weg gehn.

Ohne Reflexion und Ambivalenz besteht wenig Anlass zur Sinnfrage. Auch das kann man bei Sekten und fundamentalistischen Strömungen erkennen. Ayaan Hirsi Ali (2005), die aus

Somalia stammende mutige ehemalige Abgeordnete des holländischen Parlaments, die mit dem ermordeten Regisseur Theo van Gogh an Filmen über die Unterdrückung muslimischer Frauen mitarbeitete, schrieb in ihrem Buch *Ich klage an*, dass nach ihrer langjährigen Erfahrung die radikaleren Islamisten zu wenig Bereitschaft zur Selbstreflexion haben. Dies gilt für alle Arten von Fundamentalismus, ob pietistisch oder »wissenschaftsgläubig«, wie Werner Huth (1995) in seinem Buch *Flucht in die Gewissheit* darlegt. Die Tiefenpsychologen sagen dann, jemand ist mit seiner Meinung, seinem Gefühl *identifiziert*, er hat keinen Abstand zu dem, was er sagt oder tut. Das Gefühl wird ausgelebt, es kann aber kaum wahrgenommen oder angemessen mitgeteilt werden.

Perspektivenwechsel und Umgang mit Polaritäten erweisen sich auch als wesentliche Motoren der sozialen Entwicklung. Dazu sollte die Geborgenheit in der Kindheit nicht zu abrupt beendet werden, damit das Kind oder der Jugendliche *allmählich* aus seinen Abhängigkeiten herauswachsen und Selbstverantwortung üben kann. Sonst bleibt die heimliche Wunde der »Vertreibung aus dem Paradies« und damit die ständige Notwendigkeit, sich irgendwo angenommen und zu Hause zu fühlen, also seinen Sinn von außen ver- bzw. geliehen zu bekommen – gleichzeitig aber auch die Angst, diesen Boden erneut zu verlieren.

Wenn ich genug inneren Boden habe, kann ich Widersprüche *in mir selbst aushalten* und muss nicht

immer eine Seite dieser Gegensätze auf jemand projizieren und dort bekämpfen oder erlösen, sei es im Partner, im psychisch Kranken, im Ausländer oder in anderen Parteien.

Ein weiteres wichtiges Ergebnis organischer Phasenübergänge
in der Kindheit besteht darin, dass wir später wichtige Bereiche,
Personen, Objekte wieder loslassen können, wenn es an der Zeit
ist. Alles hat seine Zeit, weiß der Volksmund. Wenn eine Beziehung, eine Tätigkeit auf einer Stufe nicht ein Sicherheitsgarant
bzw. ein Ersatz oder Mittel für einen anderen Zweck sein musste, kann ich diese Identifikation wieder beenden, wenn es sein
muss. In fernöstlichen Traditionen wie dem Zen spricht man in
diesem Zusammenhang von der »zuversichtlichen Ungewissheit« (Olvedi 1984).

Vertrauen in die »Wissen«-schaft als Wirklichkeitskonstruktion

Wissenschaft ist eine Leidenschaft, die nicht
Wissen schafft, sondern Leiden schafft.
Norbert Öttinger

Dass die unvollständige Aufklärung uns auch zu einem Verlust
unserer spirituellen Einbettung in die Natur führte, habe ich
u. a. im zweiten Kapitel beschrieben (vgl. Thurn 1981). Im jetzigen Kontext geht es darum, dass deshalb viele an sich sinn-volle
Lebensbereiche zu Ersatzreligionen werden können, wie Kunst,

Politik, Liebe und Wissenschaft. Gerade die Letztere soll nun uns, den Nachkommen der aus ihrem Paradies vertriebenen Ureltern, das Gefühl von Sinnzusammenhang zurückgeben – zusammen mit dem Auftrag »Macht euch die Erde untertan«. Und schleunigst haben wir begonnen, uns der Erde zu bemächtigen.

Jede Wissenschaft, die sich die Naturwissenschaft zum Vorbild nimmt und wie Dr. Faustus nach Fakten und Ursachen sucht, kann deshalb auch zu einer Absicherungsbemühung werden. Dabei liegt m. E. nahe: Je unsicherer jemand in seinem Gefühl, in seiner emotionalen Kompetenz ist, je weniger Vertrauen er in der Kindheit von seinem Umfeld vermittelt bekam, desto wichtiger werden ihm »objektive Tatsachen«. (Böse formuliert: »Denken als Mutterersatz«.)

Dass indes die Art, wie man in einem rationalen Weltbild an ein Problem herangeht, auch unseren Umgang miteinander prägt, sahen wir im Kapitel 6: Viele glauben immer noch, sie könnten auch im Zwischenmenschlichen alles »in den Griff kriegen«, und wundern sich, dass das zu Machtkämpfen und Trennungen führt. Was wir im »positivistischen« Weltbild nicht lernen können (aber vielleicht aus der Chaosforschung): uns auf *Unwägbarkeiten* einzulassen – und die sind zentraler Bestandteil menschlicher Beziehungen. Viele Männer versuchen, ihren Frauen logisch zu beweisen, dass sie unlogisch sind, und viele Frauen sind verzweifelt, weil ihre Männer sie nicht verstehen – und quälen sie mit ihren »Verstimmungen«! Doch Gefühle sind nicht logisch, höchstens psycho-logisch!

Sinnerfüllung ist ein Geschenk, das sich eher dann einstellt, wenn man es nicht erzwingen will. Diese Erkenntnis widerspricht nun allem, was sich die Naturwissenschaft in den letzten zweihundert Jahren mühsam erarbeitet hat. Aldous Huxley (1975) empfiehlt in seinem berühmten Essay *Die Pforten der Wahrnehmung*, sich etwas zu wünschen und dann ein Vorschussvertrauen in das freie Spiel der Kräfte zu haben. Das klingt im ersten Moment eher wie kindliches Wunschdenken oder Aberglaube – aber etwas Besseres steht uns nicht zur Verfügung!

Ein nicht verdrängter Wunsch, eine Sehnsucht, die wir bewusst aushalten, die können mit der Zeit tatsächlich Kräfte entwickeln wie ein Sauerteig. Die Zeit, »wo das Wünschen noch geholfen hat«, ist nämlich noch nicht vorbei! Aber leider sind wir mittlerweile so gründlich zur Aktivität erzogen und von der Machbarkeit des Glücks überzeugt (auf gut amerikanisch: »You can get it if you really want«), dass Vorstellungen wie »etwas reifen lassen« eher altbacken klingen.

Natürlich kommen viele Menschen mit enttäuschten Erwartungen und Sehnsüchten zu mir. Sie sind deshalb traurig, oft auch depressiv geworden. Sie fühlen sich vom Leben, von den Eltern, Arbeitgebern usw. benachteiligt, missachtet – und das meistens auch zu Recht! In der Einzeltherapie bewahre ich meistens eine Zwischenposition zwischen zu viel Mitgefühl und zu früher Konfrontation. In der Gruppe reguliert sich eine verbitterte oder hoffnungslose Haltung meistens durch erfahrenere Gruppenmitglieder von selbst. Mit deren Hilfe und wenn sie »lange genug in diesem Labor hier« sind (wie das eine Patientin einmal ausdrückte), lernen die Klienten dann zwischen Wunsch und unrealistischer Erwartung zu unterscheiden.

Je exakter und sicherer eine Aussage ist, desto unwichtiger ist sie häufig für unser emotionales und spirituelles Leben, aber je bedeutsamer ein Inhalt in dieser Hinsicht ist, desto schwerer ist er messbar, beweisbar und mitteilbar. Gibt es also gar keine

Brücke zwischen der Welt des subjektiven Erlebens und der objektiven Wissenschaft? Diese Frage steht noch ziemlich offen.

Unerklärliche Lücken und Phänomene gibt es viele, diese werden aber meistens von den Forschern verschämt verschwiegen. Gerade durch die Chaosforschung bekommen wir jedoch neuerdings immer mehr Hinweise darauf, dass gerade in der *nicht erklärbaren Lücke* das dynamische Chaos, also die Kreativität des Lebendigen und damit vielleicht auch sein »Sinn« verborgen liegen.

> Wir werden also auch hier darauf hingewiesen, dass Sinn – wie fast alle existentiell bedeutsamen Phänomene – sich nicht herstellen, ja nicht einmal suchen lässt, sondern zu den (nach Gauger) »strittigen« Dingen gehört, die uns finden, nicht wir sie. Wenn man sie dingfest machen will, entziehen sie sich, und wenn man sie leugnen will, drängen sie sich auf.

Neben der Chaosforschung könnte eine neuere Richtung in der Wissenschaftstheorie und -philosophie möglicherweise sogar eine plausible Begründung für diese überragende Stellung der Subjektivität geben, der sogenannte Konstruktivismus, der besagt, dass wir unsere Wirklichkeit im Hirn erschaffen.[50]

Verschiedene Philosophen seit Plato haben diese Idee auch schon gehabt, und in den 60er-Jahren hat sie Thomas Kuhn auch auf den Wirklichkeitsbegriff der Naturwissenschaften angewandt. Auch er kam zu dem Schluss, dass die Art, wie wir einen Gegenstand, einen Vorgang oder einen anderen Menschen erleben, von der Einordnung in einen Bezugsrahmen abhängt. Kuhn nennt das vorherrschende Bezugssystem, in das wir unsere Erkenntnisse einordnen, Paradigma. Zwei Beispiele für Paradigmenwechsel:

In der Wissenschaft vollzog sich im 19. Jahrhundert ein Wechsel von der Newton'schen Mechanik, in der alle Vorgänge reversibel (umkehrbar) waren, zur Thermodynamik, in der man erkannte, dass Wärme nur noch zum Teil in eine höhere Energieform umgewandelt werden kann.[51] In der Gesellschaft vollzog sich seit der Mitte des 20. Jahrhunderts ein Wandel in Bezug auf die Stellung der Frau: Inzwischen erwartet man von ihr z. B. ganz allgemein, dass sie genauso wie ein Mann eine Berufsausbildung absolviert, und man mokiert sich nicht mehr darüber, wenn sie abends allein ausgeht.

Was nun Mechanismus und Bedeutung solcher Paradigmen betrifft, so besteht kein prinzipieller Unterschied zwischen der Verliebtheit, einer wissenschaftlichen Theorie, einem persönlichen Sinngefüge oder einem psychotischen Wahnsystem. Unterschiede gibt es natürlich in der »Plausibilität« oder Konsensfähigkeit solcher Konstruktionen. Aber alle haben den gleichen »Sinn«:

Sie sollen uns Vertrauen in die Wahrheit, Sicherheit und Sinn geben. Dabei kommt es nicht darauf an, wie groß jeweils der Anteil von »Faktum« und »Fiktion« ist. Wahrscheinlich ist das sowieso nur selten sicher zu entscheiden. Wilhelm Gauger sagt: »Wahrheit ist etwas, das zu entwickeln, nicht zu ermitteln ist.« Wenn Sie das zu sehr verunsichern sollte, dann fühlen Sie in Ihren Körper hinein: Trotz aller Unwägbarkeiten, aber eigentlich wegen des chaotischen Anteils im ganzen »Kosmos« (das griechische Wort für Ordnung und Schönheit – siehe

»Kosm-etik«!) hat sich unser Leib in der Evolution so wunderbar gestaltet, dass fast alles darin ohne unser bewusstes Zutun funktioniert. Schon das ist für mich ein Grund, dem Leben zu vertrauen! Haben Sie in Ihrem Leben schon die Erfahrung gemacht, dass etwas sich »von selbst« regelt, dass Ihr Körper »sich selbst geholfen« hat? Oder haben Sie es bei anderen miterlebt? Das wird die Kunst sein, dass Sie in Zukunft das Vertrauen in diese Selbstheilungskräfte finden oder wiederfinden. Auch hier: Etwas Besseres haben wir alle nicht!

> Auch wenn es uns nicht behagt: Wir können weder Gefühle noch Lebenssinn noch Vertrauen herstellen. Doch wir können den Blockaden dafür nach und nach auf die Schliche kommen! Schlaf, Leben, Zuversicht, Liebe – das alles kommt von selbst, wenn wir es nicht behindern.

Sinn, Sex und Tod – das Abenteuer der Selbstverantwortung

Neben der Religion war und ist die klassische Antwort auf die existentielle Einsamkeit des Menschen die zwischenmenschliche Beziehung und Partnerschaftsliebe. Wie jedoch im sechsten Kapitel gezeigt und sicher von uns allen erlebt, handelt es sich gerade dabei um ein hoffnungslos komplexes Phänomen, in dem sich Kindheitserfahrungen, die Beziehung zu uns selbst und zu unserem Körper und noch tausend andere Komponenten unentwirrbar zusammenballen – und diesem Knäuel liefern wir uns in der Liebe aus, ohne vorher zu wissen, was heraus-kommt, und das oft sogar mit Erfolg. Da Erwachsenwerden, Selbstverantwortung und Liebesfähigkeit ebenfalls hoffnungs-los miteinander verwoben sind und auch das mit Adam und Eva angefangen hat, schauen wir noch mal im Paradies vorbei. Denn die Geschichte hätte ja auch anders laufen können ...

Verlockungsversuche

Gott (im Vorbeigehen): »*Na, ihr beiden seid ja schon ziemlich fett geworden.*«

Eva: »*Aber Vater, ich war doch vorher viel zu dünn. Fast wie eine – äh – Rippe! Jetzt ist wenigstens etwas Fleisch an mir dran.*«

Adam: »*Nicht nur das, Eva! Etwas mehr Bewegung würde dir schon gut tun.*«

Eva: »*Okay, wenn du mitmachst – du hast's genauso nötig! Aber hier ist ja kein Platz zum Joggen. Überall stehen Bäume, Büsche und Blumen rum.*«

Gott (betont nebensächlich): »*Außerhalb des Gartens gäbe es schon andere Bewegungsmöglichkeiten.*«

Adam: »*Waaas? Da gibt's noch etwas außerhalb?*«

Gott: »*Ja, natürlich, was dachtet ihr?*«

Adam: »*Und da sollen wir joggen? Was gibt's denn da draußen zu sehen?*«

Gott: »*Ooch, es ist zwar nicht so warm und gemütlich wie hier, aber da könntet ihr neue Gegenden kennenlernen – und selbst entscheiden, was ihr pflanzen wollt, und mal was anderes essen als die ewigen Früchte hier.*«

Eva: »*Aber die schmecken uns doch sehr gut!*«

Adam: »*Ja, fast zu gut! Wie soll man da abnehmen! Aber was gäb's denn da sonst noch zu essen?*«

Gott: »Das ist es ja! Das dürftet ihr selbst bestimmen und anbauen.«

Eva: »Anbauen? Was ist das?«

Gott: »Das heißt pflügen, säen, bewässern, ernten.«

Adam: »Noch nie gehört. Aber du würdest uns zeigen, wie das geht, oder?«

Gott: »Natürlich! (Pause) Aber da gibt es ein Problem.«

Eva: »Und das wäre?«

Gott: »Ihr müsstet selbst denken lernen und herausfinden, was ihr wollt, was ihr nicht wollt – und für das, was ihr tut, Verantwortung übernehmen.«

Adam (verständnislos): »Verantwortung? Auch noch nie gehört. – Naja, wem Gott gibt ein Amt, dem gibt er auch den Verstand – wenn er Glück hat.«

Gott: »So ähnlich. Aber das dauert. Also: Falls ihr Interesse habt an diesem Experiment – dann wäre da noch eine Kleinigkeit.«

Eva (misstrauisch): »Jetzt kommt bestimmt der Pferdefuß ...«

Adam (halblaut): »Du meinst wahrscheinlich der Schlangenschwanz.«

Gott: »Also – da draußen gelten andere Regeln. Da wird man nicht aus Lehm und Rippen gemacht und so weiter. Da wird man geboren, wächst, liebt sich, kriegt Kinder, wird alt und ... stirbt.«

(Betretenes Schweigen)

Eva: »Stirbt – was ist das?»

Gott: »Ach, äh ... Vielleicht sollten wir das Ganze ja doch lieber vergessen.«

Eva: »Langsam ... da war einiges dabei, was wir noch nie gehört haben.«

Gott: »Kein Wunder, bisher wart ihr ja nicht gerade bildungshungrig, oder?«

Adam: »Das kann noch werden. Du wirst uns ja sicher aufklären, Vater?«

Gott: »Aufklären ... ja, ja. Du sprichst ein heikles Wort gelassen aus. Vieles kann ich euch mit Worten nicht erklären, das muss man selber ausprobieren. Learning by doing, heißt das auf Neuparadiesisch. Etwas Mut für einen solchen Sprung ins Ungewisse bräuchtet ihr schon.«

Eva (nach einigem Grübeln): »Irgendwas springt bei diesem Sprung aber doch hoffentlich auch heraus, oder?«

Gott: »Ja, es lohnt sich todsicher ... äh, ganz bestimmt.«

Adam (zögernd): »Inwiefern soll sich das lohnen?«

Gott: »Wie gesagt, das ist schwer theoretisch zu erklären. Da gibt es so einige interessante Erlebnisse und Genüsse, die ihr noch gar nicht kennt. Habt ihr zum Beispiel schon mal bemerkt, dass ihr nicht genau gleich ausseht?«

Eva (blickt an sich herab): » Ach – wir dachten, das hat nichts zu bedeuten.«

Gott (lächelt verschmitzt): »Also, das kann ich nun nicht gerade behaupten. (Zu sich selbst: Santa innocenza!) Diese Details haben schon ihren tieferen, äh, Sinn. Ich glaube, das Beste wäre, ihr würdet euch über dieses Thema mal mit der Schlange unterhalten. Am Anfang war sie noch kein Umgang für euch. Aber jetzt ist sie wohl genau die richtige Ansprechpartnerin.«

Eva: »Da hast du uns vorher was verschwiegen ... und jetzt machst du uns neugierig! Wer oder was ist diese Schlange?«

Gott (schweigt, kämpft mit sich, räuspert sich)

Adam: »Was ist los mit dieser Schlange? Nun sag schon!«

Gott (flüstert): »Also gut – heute sollt ihr es erfahren. Sie heißt Kundalini und ist die Tochter aus meiner Ehe mit Sophia, der Göttin der Weisheit.«

So interessant kann Pubertät sein. Inzwischen wissen wir, was damals passierte: Durch den Baum der Erkenntnis, also die Bewusstwerdung, haben unsere Ureltern am Unterschied zwischen Gut und Böse *Selbstverantwortung* gelernt und gleichzeitig den Unterschied zwischen den Geschlechtern, das »Thema Nummer eins«, das uns »Erkenntnis« bringt – und wir Armen suchen sie in der Wissenschaft! Das »Fatale« (»Schicksalhafte«) ist, dass wir uns mit Selbstverantwortung und Zweigeschlechtlichkeit die Sterblichkeit eingehandelt haben. Nicht umsonst bekommt dieser riesige Schritt zu Erkenntnis und Sexualität im christlichen Abendland den Geschmack der Sünde. Doch damit wird vielleicht auch besser verständlich, warum wir alle in menschlichen Beziehungen Liebe und Sinn suchen. Und da stoßen wir oft an existenzielle Grenzen. Manchmal wachsen wir, indem wir diese anerkennen, manchmal, indem wir sie endlich überschreiten.

Der Konflikt zwischen Freiheit und Geborgenheit ist ein ewiges Feld zum Lernen und Üben. »Familie – das ist Krieg und Frieden.« Dieser Satz aus einem Schüleraufsatz beschreibt in Kürze den Kampf dieser Urgiganten, der nie entschieden wird, weder durch den Sieg einer Partei noch durch einen Kompromiss: Selbst wenn man ihm auszuweichen versucht, in die Dauer-Kindrolle, in die Versorgungsehe, in den Dauer-Singlestatus, zum Stammtisch, ins Büro, in den Krieg oder zum/zur Geliebten – man wird immer wieder eingeholt werden und sich fragen müssen, wo man steht und was man dazugelernt hat!

Martin Buber (1983) sagt sinngemäß: Die Liebe zum Partner ist für uns immer wieder ein Anreiz und eine Herausforderung, das Anderssein des anderen zu respektieren und dabei auch uns selbst treu zu bleiben. Wir werden uns also damit abfinden müssen, auch im täglichen Ringen um Nähe und Distanz einen Sinn zu sehen – selbst wenn wir den anderen nicht verstehen. Es ist immer noch besser, eine Diskrepanz, ein Unverständnis »stehen zu lassen«, als das Verhalten und Reden des Gegenüber falsch zu deuten und ihn damit zu verfehlen oder aber sich oder den anderen zu unterwerfen. Dabei dürfen wir nie aufgeben, ihn verstehen zu wollen – sonst würden wir uns auseinanderleben und uns auch vom anderen nicht mehr verstanden fühlen. Eros schneidet ins lebendige Fleisch. Aber er ist das Beste, was uns im Leben passieren kann, Missverständnisse inbegriffen:

Adam (liest die Ackerbau-Zeitung)
Eva: »Schatz – liebst du mich?«
Adam (zerstreut): »Ja – gleich!«

Grenzerfahrungen des Bewusstseins

Hier ein kurzer Blick auf die Erforschung erweiterter Bewusstseinszustände, die schon vielen einen Zugang zu spiritueller Erfahrung vermittelt haben. Ihr berühmtester Vertreter, Stanislav Grof, der aus Prag stammende Psychiater und Psychoanalytiker, hat schon früh mit ersten Proben von LSD gearbeitet und später mit seiner Frau Christina eine Atemtechnik entwickelt, die zusammen mit archaischer Musik, die von Naturvölkern zum Erreichen ekstatischer Zustände eingesetzt wird, auch ohne Chemie zu Bewusstseinsveränderungen führen kann.

Für mich ist das, wozu Grof seinen Klienten verhilft, eine Bestätigung für vieles, was Jung aus Träumen und Imaginationen intuitiv erfasste und beschrieb. Ich kann hier nicht auf die Technik des Holotropen Atmens und auf die umfangreichen Theorien von Grof eingehen.[52] Ich habe gleichwohl durch eigene Erfahrungen mit dieser Methode, Lektüre seiner Bücher und in Gesprächen mit ihm eine glaubwürdige Vorstellung von dem bekommen, was Menschen, die diesen Bewusstseinsweg weiter gegangen sind, als ich es bisher konnte, erlebt und »erkannt« haben. Diese Erfahrungen ergänzen sich alle und stimmen ebenso mit den Beschreibungen der Mystiker aller Religionen seit mehreren Jahrtausenden überein wie mit den Berichten von klinisch Toten, wie sie von Raymond Moody (1977), Elisabeth Kübler-Ross u. v. a. gesammelt wurden.

Sinnerfahrung im Innenraum

> Solang du in dir selber nicht zu Hause bist, bist du nirgendwo zu Haus.
>
> Peter Horton

Siebtes Kapitel siebter Abschnitt – wir sind beim »Schlussstein des Gewölbes« angelangt.

Es steht immer noch die Frage im Raum, wie man trotz einer brüchigen Basis, trotz Minderwertigkeits- und Schuldgefühlen zu Autonomie, echter Beziehungsfähigkeit und zu einem vertrauens- und sinnvollen Leben kommen kann. Dazu müssen wir uns wieder in den »Übergangsraum« des Kindes begeben.

Wie ein Kind im Spiel mit »Objekten« im Übergangsraum trotz starker Imaginationskraft lernt zu unterscheiden zwischen äußerer Wirklichkeit und »Als ob«, konnte ich einmal plastisch erleben. Als unser älterer Sohn noch klein war und beim gemeinsamen Spielen mit einem »gefährlichen« Gegenstand hantierte, glaubte er offenbar, mich beruhigen zu müssen: »Keine Angst, Papa, das ist nur eine Vorstellungsbombe!«

Ich habe im dritten Kapitel kurz beschrieben, wie in dieser Entwicklungsphase der Boden für jenen innerseelischen Übergangsraum geschaffen wird, in dem sich eine bewusst erlebbare Gefühlswelt entwickeln kann, eine Arena fürs freie Spiel der Kräfte und Gegensätze, also ein Zuhause, ein Mutterboden für das Vertrauen in sich und die Welt. Zum Glück kann ein solcher Boden auch später noch wachsen, aber nicht durch Appelle an die Vernunft und gut gemeinte Ratschläge. Auch Bücher im Stile von »Positiv Denken« oder »Sorge dich nicht, lebe!« wirken erst, wenn ein gewisser Mutterboden in uns bereit ist. Der jedoch braucht zu seinem Wachstum einen »Erwachsenen-Übergangsraum«: eine Freundesclique, einen Verein, eine Familie, eine Partnerschaft – manchmal auch eine Therapie.

Wenn ich in einem solchen Übergangsraum meinen Innenraum etwas entwickelt habe, kann ich probeweise die Rollen anderer Menschen in meinem Umfeld übernehmen, und dann kann ich vielleicht sogar erkennen, dass ich Anteile des anderen als Möglichkeiten auch in mir selbst habe. Später kann ich mich dann auch »innerseelisch« in dieses »Gärtlein« zurückziehen. (Ein reales eigenes Zimmer ist dafür in jedem Fall gut, auch für Erwachsene, wenigstens eine eigene »Nische«.)

> *Manchmal scheint uns alles falsch und traurig,*
> *Wenn wir schwach und müd in Schmerzen liegen.*
> *Jede Regung will zur Trauer werden,*
> *jede Freude hat gebrochne Flügel,*
> *Und wir lauschen sehnlich in die Weiten,*
> *ob von dorther neue Freude käme.*

Alle Meditationsformen beruhen auf der Idee des Innenraums. So können auch Menschen, die zu sehr Opfer ihrer Umwelt und/oder ihrer Impulse sind, lernen, sich selbst gegenüber zu einer wohlwollenden Neutralität zu kommen – ein Mutterboden für das Wachsen von Vertrauen in den eigenen Wert und Sinn. Zeitweilige Trennung vom Partner hat letztlich immer den »Sinn«, solch einen Entfaltungsraum zu ermöglichen. Deshalb ist es fatal, wenn ein mühsam geöffneter Innenraum gleich wieder von einem neuen Partner bevölkert wird. Diesen Fehler begehen nach meiner Erfahrung Männer häufiger als Frauen – während gerade Frauen mit »Mehrfachbelastung« sich eher in verschiedenen Rollen zerteilen und ihren Innenraum vernachlässigen. In ihm entfaltet sich auch die Wirkung der Rituale und festigt ihn. Dabei basiert der Gefühlsbereich auf dem Körper – der zeigt uns unsere Begrenztheit und kann gleichzeitig einen Weg zur Spiritualität öffnen, wie das in fernöstlichen Lehren gezeigt wird (»Über die Sinne zum Sinn«). Leider sind viele Rituale bei uns eher sinn-entleert; in Kommunion und Konfirmation, Hochzeit und Begräbnis findet die Seele oft kaum noch Halt wie früher. Deshalb ist es wichtig, wieder sinnliche Rituale zu finden.

Dabei können uns Kinder helfen: Bei ihnen kann man oft beobachten, wie sie im Spiel spontan Rituale erfinden. Und wir alle haben diese Fähigkeit – wenn wir einen ausreichenden Übergangsraum hatten oder uns später einen angemessenen Innenraum eingerichtet haben. Erst durch diesen Tummelplatz meiner Gefühle, widersprüchlichen Bedürfnisse und Ängste, durch Gedankenchaos und Phantasien und durch die Gelassenheit, sie einfach geschehen zu lassen, werde ich sowohl fähig für eine Beziehung zu mir selbst und anderen, als auch zu einer Erfahrung, die möglicherweise auf tiefere Dimensionen hinweist.

Das Wertvollste am Innenraum und an jeder bewusstseinserweiternden Arbeit ist, dass sie uns an die letzte und gültigste Frage des Menschen führt: »Wer bin ich?« Diese Frage bringt uns nun zum eigentlichen Kern, d. h. zu weltanschaulichen Themen und zur Spiritualität. Auch wenn die Einbettung in eine Religion im Allgemeinen eine »seriöse« Form von Sinnerleben darstellt, so bedeutet diese Einbindung noch nicht, seinen Sinn gefunden haben. Wer sehr überzeugt ist oder gar zu abrupt zu einer anderen Glaubensrichtung wechselt, läuft Gefahr, eine Gewissheit durch eine andere zu ersetzen.

Wenn Patienten mir beim Vorgespräch berichten, sie würden meditieren und wollten auch in der Therapie einen geistigen Weg gehen, so werden Sie vielleicht verstehen, dass ich zunächst skeptisch bin. Ein Zugehörigkeitsgefühl zu einer »Welterklärung« kann auch eine »Flucht in die Gewissheit« sein, also der Versuch, sich auf diese Art vor Ängsten und innerer Leere zu schützen. Vielleicht erinnern Sie sich aus dem dritten Kapitel an die Fälle, wo jemand aus seinem Misstrauen heraus gelegentlich zu gutgläubig wird. Derjenige, bei dem noch neurotische oder psychosomatische Symptome bestehen, tut wohl besser daran, erst geliehene Sicherheiten in Frage zu stellen und sich lieber seiner Neurose zu stellen, vielleicht in einer ganz »normalen«

Therapie. Joachim Ernst Behrendt, der Musikwissenschaftler und spirituelle Lehrer, sagte einmal sinngemäß: *Bearbeite erst deine Neurose – danach wird dich dein Weg schon finden!* Echtes »Mit-sich-in-Einklang-Sein« braucht hingegen keine Begründung. Es stellt sich einfach ein, beispielsweise nachdem man eine Aufgabe erfüllt hat, kurz vor dem Abschluss einer Arbeit, manchmal wenn man etwas verstanden hat, wenn ein Schmerz vergeht – oder einfach »grundlos«. Die schönsten Momente sind oft die, wenn wir uns (endlich wieder) »gesammelt« haben, unsere verschiedenen Wünsche, widerstreitenden Gefühle und vieles mehr zusammengebracht, uns mit uns selbst versöhnt haben. Das Mich-verstanden-Fühlen kann auch ganz allein in mir selbst stattfinden, ohne passende Bedingungen in der Umwelt. Und für diesen Zustand braucht es keinen Namen. Hier fließen Vertrauen, Selbstvertrauen, Gottvertrauen und Sinnerleben zusammen.

Strittigkeit und Schwebezustand

> Ist eine Fiktion, die ein Faktum lebendig werden lässt, auch ein Fakt?
>
> Robert Browning

Mögen Sie sich nun mit mir an das letzte große Geheimnis heranwagen, das ich bereits einmal angesprochen habe? An das »Strittige«, das ich für das Verständnis von Vertrauen und Sinn für unabdingbar halte. Ich meine alles, was weder beweisbar noch widerlegbar ist. Es ist wie das Wasser angesiedelt zwischen dem »Eis« der wahrnehmbaren Fakten und dem »Gas« der Lügenmärchen. So liegt z. B. der Schneemensch Yeti in seinem

»Realitätsgrad« irgendwo zwischen einem Menschen und dem Osterhasen.

Es gibt viele solche Phänomene, die zu häufig sind, als dass man sie einfach abhaken könnte, und zu flüchtig, als dass man sie beweisen könnte. Die meisten paranormalen Vorgänge gehören dazu: Kornkreise, Telepathie, Pendeln, Aura-Massage. Es gibt kaum jemand, der an alle diese Dinge »glaubt«, aber auch wenige, die sie komplett für Hokuspokus halten (s. den Vortrag von W. v. Lucadou).

Wer bei der Erwähnung von »guten Geistern«, die jemand geholfen haben, Chakren, Astrologie und dergleichen immer gleich fragt, ob es das »wirklich gibt«, verfehlt m. E. ihr Wesen. Es geht nicht darum, wie »real« sie für einen »aufgeklärten« Menschen sind, sondern welche Erfahrungen der Betroffene persönlich damit macht, was ihre subjektive Bedeutung, ihr Sinn ist. Seit wir wissen, dass wir ohnehin im Wesentlichen unsere eigene Wirklichkeit konstruieren, braucht uns das ja nicht mehr zu grämen! Im Vertrauen: Ich würde auch so manche psychiatrische Diagnose diesem Bereich des Strittigen zurechnen, ohne sie damit zu entwerten. Für bestimmte Ziele, wie jemand zu helfen, sind all diese »Theorien« (zu deutsch: »Anschauungen«) hilfreiche Denkwerkzeuge. Man wendet sie an und legt sie wieder beiseite, wie das geozentrische Weltbild.

Bei einer organischen Reifung über verschiedene Stufen geschieht der Abschied von Altem natürlich nach dem Modell der Nabelschnur: Sie darf erst durchtrennt werden, wenn kein Blut mehr darin fließt, wenn man sich also nicht mehr von den alten Ideen »nähren« muss. Aber oft ist der Übergang auch ein Gewaltakt, ein Kaiserschnitt, etwa durch eine notwendige Krise. Schließlich, wenn jemand den weiten Weg von der ursprünglichen Einbettung in seine Umwelt über Perspektivenwechsel und Ambivalenz bis zum Erahnen der »Einheit hinter den Gegensätzen« (Hermann Hesse) gekommen ist, dann stellt sich eine Art Schwebezustand ein, ohne konkrete Inhalte, ein »Sinn ohne Zweck«. Das ist eine Entwicklung von dem Identifiziertsein mit etwas zur eigenen Identität. Auf diesem Weg sind Übergänge mit Leere, Resignation und Zweifeln sicher nicht zu umgehen.

Um zu zeigen, wie heikel es sein kann, zwei gegensätzliche »Wahrheiten« stehen zu lassen, stelle ich Ihnen nachfolgend eine Liste von jeweils gegensätzlichen Vorstellungen vor und bitte Sie, sich zu fragen, wieweit Sie jeweils *beide Pole gleichzeitig samt ihrer Spannung* als für Sie gültig anerkennen könnten bzw. ab wann Sie spüren, dass Sie sich für eine Seite entscheiden müssen:

Gefühl – Verstand

Alleinsein – Zusammensein

Singleleben – Partnerschaft

Selbstbehauptung – Anpassung

Kind sein – erwachsen sein

Freiheit – Bindung

Naturwissenschaftliches – geisteswissenschaftliches Weltbild

Physik – Metaphysik

konstruktiv – destruktiv

Ordnung – Unordnung

Polytheismus – Monotheismus

persönliches Gottesbild – unpersönliches Gottesbild

Theismus – Atheismus

Zufall – Schöpfungsplan

Sterblichkeit – Unsterblichkeit

Einmaligkeit des Lebens – Reinkarnations-Modelle

Auf einer persönlichen Ebene könnte das bedeuten:

» Ich bin einer und gleichzeitig viele. (Einheit und Vielfalt)
» Ich bleibe, wer ich bin, und ich ändere mich. (Beständigkeit und Wandlung)
» Ich ändere mich kontinuierlich und sprunghaft. (Kontinuität und Diskontinuität)
» Ich suche eine Heimat und das Fremde. (Sicherheit und Neugier)
» Ich bin ganz bei mir und ganz bei dir. (Zentrierung und Beziehungsfähigkeit)
» Ich bin allein und ich bin geborgen. (Einsamkeit und Zugehörigkeit)
» Ich bin »Staub und Asche« und ich bin »Gottes Ebenbild«. (Demut und Würde)

Was auf einer Stufe als Widerspruch erscheint, erweist sich oft auf der nächsten als verträglich oder komplementär. Man erkennt den gemeinsamen Bezugsrahmen, innerhalb dessen die Gegensätze »einen Sinn ergeben«. Aber wenn sie keinen ergeben? Die Erfahrung eines Zusammenhangs ist nicht machbar; vielleicht liegt der Standpunkt, von dem aus er erkennbar wäre, außerhalb meiner Reichweite, so wie bei »sinnlosen« Schicksalsschlägen, etwa dem Unfalltod eines Kindes. Das bedeutet jedoch, Selbstzweifel, Einsamkeit und Sinnlosigkeit hinzunehmen.

Der Sinn erschließt sich, sagt Wilhelm Gauger, eher dadurch, dass man die Suche aufgibt – er will nicht gesucht werden, aber vielleicht findet er mich, wenn ich soweit bin. Vielleicht ist ja auch der Sinn mancher Depression etwas anderes als Verstehen, nämlich das Aushalten von Leere und Einsamkeit, um Sicherheiten und Glaubenssätze aufzugeben, die bisher sinnstiftend waren und jetzt nicht mehr passen. Immer wieder (er)finden wir Bilder, Systeme, die uns unser Erleben sinnvoll erscheinen lassen, und dann lassen wir sie einfach los, wissenschaftliche oder philosophische Erkenntnisse ebenso wie Gottesbilder: »Du sollst dir kein Bildnis noch Gleichnis machen ...«

Und dennoch halte ich es weiterhin für richtig, sich für etwas einzusetzen, sich mit einer Idee, einem Glauben zu identifizieren – solange es nötig ist. Ich weiß auch nicht, für wen und zu welchem Zeitpunkt eher eine solche Gelassenheit gut ist und wann man eher beherzt einen Weg gehen muss, der jetzt an der Reihe ist.

Es ist, was es ist, sagt die Liebe

> *Ich bin, ich weiß nit, wer. Ich komm, weiß nit, woher.*
> *Ich geh, weiß nit, wohin. Mich wundert, dass ich fröhlich bin.*
> *Lied eines fahrenden Gesellen des Mittelalters*

Diese Zeilen, die unter anderem Magister Martinus von Biberach und Walter von der Vogelweide zugeschrieben wurden, berühren mich immer wieder tief. Sie lassen mich erahnen, dass auf eine merk-würdige und würdige Art sogar Sinn und Sinnlosigkeit, Sein und Nichtsein miteinander verschränkt sein können. Leider werden wir durch die abendländische Geistesgeschichte nicht gut vorbereitet auf diese Ambivalenz, sondern aufgefordert, uns im Diesseits an Tatsachen und beim Jenseits an klare Glaubensvorstellungen zu halten (weshalb auch Luther das obige Gedicht ablehnte). Unser Gott wird uns als positiver Schöpfergott vorgestellt, als Bollwerk gegen Chaos, Leere, Nichts und Teufel. Der Name des ägyptischen Gottes Nefertem hingegen bedeutet »vollkommen an Sein *und* Nichtsein«. Paradox, oder? Mein Brieffreund Wilhelm Gauger schrieb mir einmal: »Um für Sinn offen zu sein, muss man sich von ihm befreien. Aber man kann niemandem predigen, seine Suche nach dem Sinn aufzugeben, weil wir Sinn suchen, solange wir leben.« Wir sind eben so gebaut, und das wird wohl seinen Sinn haben …

Die Sinnfindung des Dreibeiners besteht auch darin, nach dem Höhenflug seiner Entwicklung zuzugestehen, dass Wissen und Autonomie nicht alles sind, dass es »darunter« größere, ältere Kräfte gibt, die wir nicht beweisen können, die uns aber durchs Leben tragen und nachher wieder aufnehmen. Auch die Errungenschaften, auf die wir (individuell und kollektiv) so stolz sind, gilt es Stück für Stück und am Ende wieder ganz abzugeben. Schade drum, schade um alles, was man auf diesem Weg mühsam erreicht und gelernt hat – und doch ist dieses Abschiednehmen wohl das Ziel der Integration in der Erntezeit.[53]

Zum Schluss noch einige tröstliche Hinweise: Die Tatsache, dass wir einen Sinn suchen bzw. von ihm angezogen werden wie von einem Attraktor, die Selbstorganisationsvorgänge in der gesamten Natur und die Erfahrungen der Mystiker und in erweiterten Bewusstseinszuständen deuten alle auf das Gleiche hin: dass das, was wir in all unseren Bemühungen mit dem Sinn meinen, ein *hintergründiges dynamisches Strukturprinzip des Universums* ist, das über den Menschen in seiner Begrenztheit und Diesseitigkeit hinausweist und für das man außer »Sinn« natürlich viele andere Namen finden kann, je nach Weltanschauung, z. B. Natur, Evolution, Gott, Liebe oder auch – *Vertrauen*.

»Gott« sollte für uns eine Leerstelle sein, die wir alle brauchen und die nie mit Projektionen und Dogmen gefüllt werden sollte – eine Betrachtungsweise, auf die sich sogar Theisten und Atheisten einigen können. Wieder ein Hinweis, dass der Sinn im »unerklärten Rest« verborgen ist. (Die Christen vergessen ja auch meistens das erste Gebot: »Du sollst dir kein Bildnis noch Gleichnis machen«.)

In jedem Fall wirkt das Sinnhafte, wenn man es spürt, eher wie ein Geschenk; jedoch ist es nichts, das uns verlässlich vor der Erfahrung von Sinnlosigkeit schützen würde. Aber für einige, die Angst vor dem Erleben von Absurdität haben, ist vielleicht der Hinweis wichtig, dass praktisch alle, die den Bewusstseinsweg weit gegangen sind, berichten, dass er schließlich auf eine umfassende Liebe zustrebt. Und wir, die wir noch keine Erleuchteten sind, können zumindest ein bisschen an dieser Sinnerfahrung Anteil haben, auch wenn sie zutiefst subjektiv

> ist. Auch hier kann uns die Liebe mit ihren Gegensätzen, ihrem Chaos und ihrer Kraft eine Lehrmeisterin sein.

Anhänger der monotheistischen Religionen werden von den Vorstellungen der Religionsgründer, die direkte Gotteserfahrungen gemacht haben, am meisten angezogen: Die Idee ist wahrlich bestechend, dass eine kosmische Intelligenz die Parameter des Kosmos so gewählt hat und dass diese sich mit Hilfe der Selbstorganisation der Evolution so manifestiert haben, dass nach etwa zehn Milliarden Jahren in einem Seitenarm einer kleinen Galaxis am Rande des Virgo-Haufens (andernorts vielleicht schon früher) ein Leben tragender Planet und ein selbstreflexives Wesen entstand, das den Kosmos bewusst wahrnimmt, nach dieser Intelligenz sucht und nach seinem eigenen Sinn und seinem Platz in diesem Leben fragt.

An eine solche bewusste Teilhabe an der Schöpfung sollten wir uns angesichts des drohenden ökologischen Desasters schnellstmöglich erinnern. Sonst sind auch alle unsere Sinnfragen bald bedeutungslos. Dabei ist die eigentliche Tragik die, dass gerade unser Sinnverlust uns zu der selbstmörderischen Jagd nach Besitz, Genuss und Macht verleitet, die diese Bedrohung des Planeten zur Folge hat. Womit sich ein Teufelskreis schließt, den wir bald umkehren müssen!

So wie im unerklärten Rest, so ist auch in den Paradoxien wohl Sinnhaftigkeit eingewoben – und gleichzeitig das Absurde und Fremde, also wieder: sich im anderen erkennen und gleichzeitig dessen Anderssein annehmen und lieben. Das Rätsel der Sphinx beschreibt die conditio humana, die existentielle

Situation des Menschen: Erwachsenwerden bedeutet einerseits, meine Ablösung aus der Herkunftsfamilie zu akzeptieren, und andererseits, in meinem Eintreten in die Generationenfolge, d. h. auch in meiner Sterblichkeit, meinen Lebenssinn zu finden. Damit wird der »Gott Eros«, dem ich an der Schwelle zum Erwachsensein begegne, zum würdigen Gegenspieler des Todes, der in der Evolution der Preis für unsere Zweigeschlechtlichkeit war.

> Durch die Liebe sind wir auch »schöpferisch«: Wir können Kinder zeugen und gebären; damit haben wir – auch unabhängig von möglichen Reinkarnationen – Anteil an der Unsterblichkeit der Schöpfung. So schließt sich ein Kreis des Vertrauens in diese Schöpfung, die ihren Sinn in sich trägt.

Fritz Graßhoff verdanken wir dazu ein wunderbares Gedicht, das er 1944 in den Kriegswirren dichtete und mit dem ich dieses Kapitel beschließe:

Woher wir kommen und wohin wir gehen,
ist eins. Gelobt sei dieses Lebens Schoß.
Gelobt sei auch der Tod, mit dem wir still verwehen,
wie Hüttenrauch im Abendwind.
Doch sollen alle unsere Kräfte münden
im Werk. Gott gab uns Herz und Drang.
Die losen Halme lasst uns kräftig binden,
dass wir gelassen uns am Abend finden
und eins mit uns vor Sonnenuntergang.

Epilog

Wenn ich an das Wiederentdecken von Zuversicht denke, kommt mir oft meine Donnerstagsgruppe in den Sinn: Über die Hälfte von ihnen verloren Ehepartner, Kinder oder Brüder durch Unfälle bzw. Selbstmord. Sie sind in verschiedenen Phasen ihres Trauerprozesses, und ich bin jedes Mal tief berührt, wenn ich miterleben darf, wie sie sich gegenseitig mit Mitgefühl und großer Achtung in dieser Trauer begleiten, wie sie sich ernst nehmen, ohne sich zu »trösten«. Im Gegenteil: Sie bestärken sich darin, dass man ein Recht darauf hat, völlig apathisch, verzweifelt, ja auch suizidal zu sein, dass man sich wehren darf, wenn jemand so etwas sagt wie: »Aber das ist doch jetzt schon drei Jahre her!« Und immer wieder, wenn einer von ihnen etwas von seinem Schicksal erzählt hat und alle intensiv zugehört, nachgefragt oder Parallelen aus der eigenen Erfahrung beigetragen haben, kann man nach einer angemessenen Zeit geradezu körperlich die Wiederkehr des Lebens in die Gruppe spüren – eines Lebens, das die Trauer und die geliebten verlorenen Menschen mit einschließt, eines Lebens, in dem Einsamkeit und Hilflosigkeit eingebettet sind in viele andere wiedererwachende Gefühle und in neu aufkeimendes Vertrauen ins Leben. Und Sie werden sich vielleicht wundern: In dieser Gruppe wird am meisten von allen Gruppen gelacht!

Anhang

Anmerkungen

1 Wegen seines größer werdenden Kopfes musste im Laufe der menschlichen Evolution das Kind eine »physiologische Frühgeburt« (A. Portmann) werden und war damit extrem schutzbedürftig. Das zwang die Sippen des Homo sapiens v. a. im ersten (»extrauterinen«) Lebensjahr zu vermehrter Brutpflege und damit zu komplexen sozialen Strukturen. Das war wegen des aufrechten Gangs und der so zum *Hand*eln freigewordenen Hände leichter möglich (s. auch Hoimar v. Ditfurth).

2 Belastend waren v. a. (in der Reihenfolge der Einfluss-Stärke): emotional schlechte Beziehung zu den Eltern (negative Bindungs-Erfahrung), körperliche Misshandlung, sexueller Missbrauch, berufliche Anspannung der Eltern von Anfang an, Altersabstand zum vorhergehenden oder nachfolgenden Geschwister von 18 Monaten oder weniger, schlechte finanzielle Situation, Folgen elterlicher Trennung, chronisch physisch oder psychisch kranker Elternteil, Tod eines Elternteils (der Eltern) – (je nach Ersatz unterschiedlich).

Die wichtigsten Schutzfaktoren waren: adäquate frühkindliche Eltern-Kind-Beziehung, dauerhaft gute Beziehung zur primären Bezugsperson, Großfamilie, gutes Ersatzmilieu nach Verlust der Eltern, überdurchschnittliche Intelligenz, robustes aktives Temperament, weibliches Geschlecht und eine stabile Partnerschaft (nach Olaf Hoffmann, pers. Mitteilung).

3 Eine Erklärung lieferte schon Freud mit seiner Theorie der »Identifi-

kation mit dem Aggressor«: Weil es für Kinder und Gewaltopfer unerträglich ist, sich nur als hilfloses Opfer zu fühlen, muss sich nach dieser Hypothese das Opfer z. T. mit dem Täter identifizieren. Eine weitere Überlebens-Strategie ist von Folteropfern bekannt: Das Bewusstsein tritt gleichsam aus dem Körper heraus und beobachtet »emotionslos« die Szene.

4   Vgl. Heisterkamp 1993. Günter Heisterkamp hat sich in den letzten Jahren gründlich mit dem Thema der Freude v. a. in der Psychotherapie befasst und darüber veröffentlicht (Heisterkamp 2002, 2005).

5   Diese 1996 in Frankreich gegründete Nichtregierungsorganisation (NGO) nahm ihren Ausgang von der Forderung, internationale Finanztransaktionen, bei denen Milliarden verdient und den Volkswirtschaften weitgehend entzogen werden, mit einer so genannten Tobin-Steuer zu belegen. In dieser Bewegung gibt es unterschiedliche Strömungen und Schwerpunkte, aber allen gemein ist der aufklärerische Anspruch: die Sorge um die immer weiter auseinanderklaffende Schere zwischen Arm und Reich vor dem Hintergrund der zunehmenden Macht internationaler Großkonzerne (»Global Players«, Investoren und Spekulanten), die sich immer weniger von den Politikern der einzelnen Volkswirtschaften beeinflussen lassen.

6   Offenbar besteht eine psychologische Hemmschwelle, über solche brisanten Fragen nachzudenken oder zu reden. Und leider bestehen auch über Gegenmaßnahmen gegen die exponentiell anwachsende Staatsverschuldung sogar unter »Spezialisten« völlig konträre Ansichten, die von ihren Verfechtern jeweils als absolute Wahrheiten verkauft werden. So propagieren die einen (unter Berufung auf das »deficit spending« von J. M. Keynes) zur Förderung der Binnennachfrage höhere Löhne und staatliche Konjunkturprogramme, auch auf Kosten noch höherer Neuverschuldung. Die anderen lehnen genau das völlig ab und fordern zur Senkung der Lohnstückkosten konsequente Lohnzurückhaltung (maximal Inflationsausgleich) und eine Senkung der Unternehmenssteuern bzw. eine Förderung von Investitionen. Wem von diesen »Weisen«, die seit Jahren auf diese oder andere Art aneinander vorbeireden, soll man denn jetzt trauen?

7   Die Vermutung, dass die Beschäftigung mit Geld egoistischer macht, ist inzwischen in etlichen Studien nachgewiesen worden. So wies z. B. Kathleen Vohs 2006 mit ihren Mitarbeitern in einer Marketingschule in Minneapolis, USA, in neun Experimenten nach, dass Versuchspersonen, die vorher auf verschiedene Weise (sprachlich, optisch usw.) auf das Thema Geld »gebahnt« worden waren, weniger bereit waren, anderen zu helfen, und länger zögerten, andere um Hilfe zu bitten (Vohs et al. 2006).

8   Einen Ausweg aus der Krise beschreibt Bernard Lietaer in seinem Buch

Das Geld der Zukunft: »Die integrierte Wirtschaft hat einen integrierten Reichtum zum Ziel. Der integrierte Reichtum entwickelt sich nur, wenn alle vier Kapitalformen, natürliches und soziales Kapital, Geld und Sachkapital, miteinander im Gleichgewicht sind. Durch die Verwechslung von Reichtum mit Geldkapital erliegen wir der Annahme, dass wir unser soziales und natürliches Kapital unbegrenzt ausbeuten können. Doch bei einem erschöpften natürlichen und sozialen Kapital hat auch das Geldkapital keine Bedeutung mehr: Im sozialen Chaos oder nach einem ökologischen Kollaps ist ein dickes Bankkonto bedeutungslos ...« (Lietaer 1999).

9 Das Ziel der Ökonomie ist (z. B. nach Pareto) primär die »Nutzenmaximierung«, also der größtmögliche Nutzen für alle. Das Geld dient dazu, dass Güter und Dienstleistungen möglichst günstig vom Anbieter zum Empfänger gelangen. Wenn sich aber viele darüber beklagen, dass sie zunehmend »Stress« haben, verhalten sie sich »unökonomisch«. Bei den meisten Umfragen nach dem subjektiven Glück geben die Leute zu positive Antworten. (Auf einer fünf-stufigen Skala geben sie im Durchschnitt den zweithöchsten Wert an.)

10 Wenn Sigmund Freud diese Haltung der Gier und des »Mehr-haben-Wollens« analysieren würde, er ordnete sie wohl der »analen« Entwicklungsstufe zu, bei der es vorwiegend um Besitzen oder Hergeben und im weiteren Sinne um Status- und Machterhalt geht. Mein Freund Till Bastian, der längere Zeit Geschäftsführer der deutschen Sektion der IPPNW (Ärzte gegen den Atomkrieg) war, weist darauf hin, dass Macht im Gegensatz zu den meisten anderen Bedürfnissen keine natürliche Grenze hat (persönl. Mitteilung).

11 Siehe dazu auch den Angst-Index, der vom Infocenter der R+V-Versicherungen in einer Langzeitstudie in Deutschland gemessen wurde und alle Arten von Ängsten beinhaltet. Er betrug 1991 25% (d. h. 25% gaben an, dass bei ihnen die Angst eine größere Rolle spiele), doch 2005, 14 Jahre später, hatte er sich auf 52% verdoppelt. 70% fürchten sich vor einer schlechteren Wirtschaftslage, 68% vor einem Verlust des Arbeitsplatzes (Quelle: tagesschau.de). Ulrich Duchrow, Reinhold Bianchi u. a. haben sich gründlich mit den größtenteils fatalen Auswirkungen des neoliberalen Paradigmas auf die Psyche der Menschen befasst und ihre Ergebnisse und Lösungsvorschläge in einem sehr bewegenden Buch dokumentiert (Duchrow et al. 2006).

12 Vgl. auch den 31-mal preisgekrönten Film »The Corporation« (Achbar et al. 2005, als DVD bei Zweitausendeins).

13 Auf der »Nachtseite« unseres »Koordinaten-Systems« könnten die Arbeitnehmer und Arbeitslosen sagen: »Ich bin denen völlig ausgeliefert, ich schäme mich vor meiner Familie und meinen Freunden, ich bin wie gelähmt. Was soll ich da noch machen?« und weiter: »Die da oben sind

schuld, dass ich jetzt meinen Arbeitsplatz verloren habe, jetzt sollen sie mal mehr für mich tun!« – Die Arbeitgeber und Politiker ihrerseits sagen:»Wir können auch nichts für den Globalisierungsdruck – wir müssen unsere Firma wettbewerbsfähig erhalten, sonst werden wir feindlich übernommen!« und »nach unten« sagen sie:»Die Langzeit-Arbeitslosen sollten sich rasieren, zum Friseur gehen und konsequent auf Jobsuche gehen, dann finden sie schon etwas!«

14 »Wir sollten uns nicht so gebärden, als ob das Erkennen volkswirtschaftlicher Zusammenhänge nur den Gralshütern vorbehalten bliebe, die auf der einen Seite wissenschaftlich, auf der anderen Seite demagogisch ihre verhärteten Standpunkte vortragen. Nein, jeder Bürger unseres Staates muss um die wirtschaftlichen Zusammenhänge wissen und zu einem Urteil befähigt sein, denn es handelt sich hier um Fragen unserer politischen Ordnung, deren Stabilität zu sichern uns aufgegeben ist.« (Ludwig Erhard 1962, zitiert nach Creutz 2001)

15 Vgl. SPIEGEL 29/2007, S. 22.

16 In der Dialektik von Hegel (1807, 1987) sind These und Antithese in der Synthese »aufgehoben«, und zwar in dreierlei Sinn: 1. neutralisiert, 2. bewahrt, 3. erhöht. Vgl. auch Anm. 29.

17 Zur Entstehungsgeschichte der Komplexitätswissenschaften, v. a. Systemtheorie, Theorie nichtlinearer dynamischer Systeme (im Volksmund »Chaostheorie«) und Synergetik (Lehre von der Selbstorganisation) siehe auch Briggs & Peat 1993, Gleick 1990. Die erwähnten Anfänge in der »Allgemeinen Systemtheorie« bezogen sich bei ihrem Initiator Ludwig von Bertalanffy (1968) vor allem auf physikalische Systeme, doch bald wurden sie von Gregory Bateson (1969), Paul Watzlawick (1975) und Umberto Maturana (1987) auf Psychologie und Biologie angewendet. In den 60er- und 70er-Jahren, ausgehend von der Meteorologie, entwickelten v. a. Physiker und Mathematiker die »Theorie nichtlinearer dynamischer Systeme«, für die 1973 der Physiker James Yorke den volkstümlichen Begriff »Chaostheorie« erfand. Fast unabhängig davon entfaltete Benoit Mandelbrot seine Theorie der »Fraktale«: Muster, die sich aus einfachen Grundbausteinen zusammensetzen, mit einfachen Formeln zu berechnen und überall in der Natur in allen Größenordnungen zu finden sind, in Wolkenformationen, Dünen, in der »Selbstähnlichkeit« (also z. B. in der Wiederkehr der Form des Baumes in seinen Blättern) und vieles mehr. Ebenfalls seit den 70er- und 80er-Jahren hat der Physiker Hermann Haken in Stuttgart seine umfassende Theorie der »Synergetik« aufgebaut, die er »Lehre vom Zusammenwirken« nennt. Sie beschreibt, wie es dazu kommt, dass aus einem scheinbaren Chaos Ordnungen entstehen: durch »Selbstorganisation«. Man kann mit Hilfe dieser Modelle immer besser verstehen, wie Natur und Leben funktionieren. Inzwischen gibt es vielerlei erfolgreiche Anwendungen,

wie in der Soziologie (Niklas Luhmann), Medizin (Konzept der »dynamischen Krankheiten«) und jetzt auch in der Systemischen und Neurobiologischen Psychologie (Jürgen Kriz 1997, Günter Schiepek 1994, 2003 u. v. a.).

18 Ich erinnere an dieser Stelle nochmals an die Polarität »Erstmaligkeit« und »Bestätigung« (im Modell der »pragmatischen Information« von E. U. v. Weizsäcker): Jeder lebende Organismus braucht beides in der rechten Dosis. Zu viel Erstmaligkeit bewirkt Angst und Bedrohung, zu viel Bestätigung verursacht Langeweile und Stillstand. Zudem hat man in der neuen Dimension der Dynamik die Unterscheidung zwischen globalen und lokalen Vorgängen gefunden. Das heißt, dass durch sehr viele »Mikroprozesse« mit der Zeit oder plötzlich im Gesamtbild, also auf der »Makro-Ebene«, Veränderungen entstehen. Hermann Haken (2006) hat in seinen langjährigen Forschungen in der Synergetik einige dieser Gesetzmäßigkeiten zwischen dem Verhalten der Einzelelemente und dem des Gesamtsystems herausgearbeitet. Durch eine derartige übergeordnete Betrachtungsweise erweitert sich unser Ordnungsbegriff und schließt eine »dynamische Ordnung« bzw. ein »deterministisches Chaos« ein.

19 Es gibt verschiedene Grade von Ordnung, d. h. Vorsehbarkeit oder – umgekehrt – »Chaotizität«. Das Sonnensystem ist stabiler als unser Wetter. Schon die gegenseitige Beeinflussung dreier Körper im Raum ist, wie der Mathematiker Henri Poincaré vor 100 Jahren herausfand, mit den Newton'schen Gravitationsgleichungen prinzipiell nicht vorausberechenbar.

20 Es gibt tatsächlich ernstzunehmende Gedankenspiele von seriösen Physikern, die – bescheidener als früher – nicht mehr das ganze Universum rational erklären wollen, sondern durchaus bereit sind zu Erklärungsmodellen, die sie früher als esoterisch belächelt haben. Zum Beispiel halten manche von ihnen Quantenprozesse bei der Bewusstseinsbildung und sogar Wechselwirkungen zwischen Bewusstseinsvorgängen und physikalischen Phänomenen für möglich, bei denen nichtlineare Dynamik natürlich mit im Spiel ist, vgl. Amid Goswami (1995).

21 Laughlin polemisiert in seinem Buch *Abschied von der Weltformel* gegen die Bestrebungen der Physiker, möglichst viele Phänomene im Kosmos »unter einen Hut« zu bringen, sie gleichsam »kontrollieren« zu wollen, weit in den subatomaren Bereich hinein. Er plädiert dafür, »ein bisschen erwachsener« zu werden und Unwägbarkeiten, unvorhergesehene »Emergenzen« zu akzeptieren und den Kosmos als ein in die Zukunft hinein offenes System zu sehen. Hier ließen sich m. E. Goswamis Ideen möglicherweise sogar anknüpfen.

22 Dieses in den 60er-Jahren in den USA von Alex Osborne entwickelte Vorgehen besteht aus zwei Phasen: In der »Green light«-Phase sammelt

man ohne jegliche Realitätskontrolle alle verrückten Ideen für neue Produkte, die einem einfallen. So könnte man z. B. Kaffeetassen für Linkshänder herstellen, bei denen der Henkel links ist, oder gewellte Tischtennisplatten für Masochisten usw. Alles wird auf Tonband aufgenommen. In der »Red light«-Phase werden dann die Bänder abgehört und auf Verwertbares bzw. auf praktikable Anregungen durchforstet.

23 Wir bezeichnen die Systeme als komplex, die folgende Eigenschaften haben: Sie sind nur beschränkt prognostizierbar und beeinflussbar. Sie können nicht aus der Zusammensetzung einfacherer Systeme erklärt werden. Sie sind nicht nur lernfähig, sondern können sogar lernen, wie man lernt. Sie können sich durch geeignete Außeneinflüsse in ihrer Struktur verändern und sind deshalb meist evolutionsfähig.

24 Zur Selbstorganisation ein erstaunliches Zitat von Immanuel Kant: »Man sagt von der Natur und ihrem Vermögen in organisierten Produkten bei weitem zu wenig, wenn man dieses ein Analogon der Kunst nennt; denn da denkt man sich den Künstler (ein vernünftiges Wesen) außer ihr. *Sie organisiert sich vielmehr selbst* und in jeder Spezies ihrer organisierten Produkte, zwar nach einerlei Exemplar im ganzen, aber doch auch mit schicklichen Abweichungen, die die Selbsterhaltung nach den Umständen erfordert.« (Kant 1924, Hervorh. R. H.) Ist es nicht erhebend, dass schon der Vater und Überwinder der Aufklärung die Selbstorganisation in der Natur erkannte?

Wie hängen solche »schicklichen Abweichungen« mit der Fähigkeit eines Systems zu Selbstorganisation zusammen und warum entstehen innerhalb des nach Unordnung und Ausgleich (»Entropie«) strebenden Kosmos kleine Inseln der Ordnung und Komplexität (»Evolution«)? So lange man einem System Materie und Energie zuführt, kann sich trotz der im ganzen Universum wirkenden Entropie (Ausgleich von Unterschieden) eine »Blase« der Selbstorganisation bilden, in der immer komplexere Strukturen entstehen. Sie sind nicht fest geordnet, sondern flexibel, nicht chaotisch, aber »chaosfähig« (Prigogine & Stengers 1990). Das funktioniert so: Im Gegensatz zu »konservativen«, nahezu geschlossenen dynamischen Systemen, in denen die Energie erhalten bleibt (z. B. die »Himmelsmechanik«) tritt bei den meisten in der Natur beobachteten Systemen Reibung auf – also Energieverlust, sie sind »dissipativ« (sie verteilen und verbrauchen die zugeführte Energie). Dies hat zur Folge, dass Bewegungen nicht auf Dauer in der gleichen Form ablaufen, d. h. dass das Langzeitverhalten solcher Systeme sich nur selten auf einfache Fixpunkte oder Grenzzyklen einpendelt, sondern eine weitaus komplexere Struktur und Chaosfähigkeit aufweist. Dies ist die Domäne der »Seltsamen Attraktoren«. Es gibt nach dem Physiker und Chaosforscher H. Peitgen (1994) für sie noch keine endgültige mathematische Definition. Aber sie werden inzwischen in vielen Wissenschaften entdeckt, u. a. in der Physik, Strömungslehre, Elektrodynamik, Astronomie, Biologie, Ökonomie und Zoologie – und natürlich auch in der Psychologie!

25 Wenn es mehrere »Kuhlen« werden, wird man meist feststellen, dass sie verschiedene Tiefe haben. Beispielsweise ist beim Grenzzyklus »Inflation – Deflation« der Zustand »Inflation« in vielen Ländern wahrscheinlicher als der der Deflation, bei der manisch-depressiven Erkrankung ist die Depression häufiger als der manische Zustand. Eine Beeinflussung des Systems gelingt meist am besten durch eine Veränderung der Rahmenbedingungen (z. B. Gesetze), die die Potentiallandschaft verändern, am besten hin zu einer großen, leicht gewellten Ebene, also einem Seltsamen Attraktor, in dem die Kugeln einigermaßen »frei« rollen können.

26 In der Mythologie werden oft solche Kritischen Instabilitäten beschrieben: Jona im Walfischbauch weiß nicht, ob er jemals wieder herauskommt, und falls ja, wo – ebenso verhält es sich bei den teilweise lebensgefährlichen Prüfungen von Tamino und Pamina in der »Zauberflöte«, die sich auf diese Art aus dem festhaltenden mütterlichen Prinzip herausentwickeln. Die beklemmendste Form der Nachtmeerfahrt beschreibt ein sibirischer Schamane: Er lag tagelang bewusstlos in der »Schamanenkrankheit« und erlebte dort in einem realistischen Traum, wie ihm der Erdgott das Fleisch von den Knochen löste, kochte und ihn dann wieder zusammensetzte (Kihm 1974). Ein drastisches, auch in der Alchimie beschriebenes Bild für die »Analyse«, zu deutsch »Auflösung«, der dann die Synthese zu einem neuen Menschen folgt, zu einer neuen »Ordnung«.

27 Es gibt inzwischen einige wegweisende Versuche einer interdisziplinären Sichtweise zwischen Psychoanalyse und Synergetik bzw. Systemtheorie (Brocher & Sies, Michael Bütz, E. A. Levenson u. a.), die sich um Anwendungen der Konzepte der Attraktoren, Phasenübergänge und andere Regulationsprinzipien im Psychischen bemühen.

28 Gleichsam hautnah mitzuerleben in dem bewegenden Reisebericht einer Jungianischen Freundin von uns: *Auf den Spuren der Pilger* (Stefanie Schönborn-Aich 2006).

29 Die »Dialektik« besagt, dass These und Antithese in der Synthese »aufgehoben« sind: Ich weiß nicht, ob Hegel selbst schon auf alle Bedeutungen dieses »Aufhebens« hingewiesen hat: Es handelt sich um das Aufheben im Sinne von »wirkungslos werden lassen«, das Aufheben im Sinne von »Bewahren« und das Aufheben im Sinne von »auf eine höhere Stufe heben«.

30 Beim postmodernen ich-orientierten Menschen sind nach Rainer Funk (2005) vor allem Flirts und allenfalls »Lebensabschnittspartner« sinnvoll, während er lebenslange Bindungen vermeidet, zu denen er vielleicht auch nicht fähig ist. Wie in Kapitel 3 beschrieben, konstatiert Funk,

dass durch technische und elektronische Errungenschaften immer mehr an Realisierung von Wünschen, Flexibilität und Problemvermeidung möglich sei und jeder sich seinen virtuellen Lebensentwurf selbst zuschneiden könne (z. B. in Chatrooms und »Second life« im Internet, wo man jede beliebige Rolle annehmen kann).

31 Vgl. Peter Schellenbaums Klassiker *Das Nein in der Liebe* (1984).

32 In der *ADAC-Zeitschrift* vom August 1995 wurde dargestellt, dass ein Kreisverkehr gegenüber einer Ampelkreuzung fast nur Vorteile hat: Er braucht bis zu 30% weniger Platz als eine Kreuzung mit Abbiegespuren, sieht schöner aus, ist billiger in der Unterhaltung als eine Ampelanlage – und er verursacht weniger Schadstoffe und Unfälle (nach einer Untersuchung der Ruhr-Universität sinkt die Zahl der Unfälle mit Personenschaden um 50%, die Gesamthöhe der Unfallkosten um 60%). Der einzige Fall, wo der Kreisel nicht günstiger ist als eine Ampelkreuzung, ist ein Verkehrsaufkommen von mehr als 20 000 Autos pro Tag. Gerade seit Mitte der 90er-Jahre hat die Zahl der Kreisverkehre in Deutschland rapide zugenommen. Man lernt also dazu!

33 Viele »natürliche« Muster des Zusammenlebens wurden auch in den Religionen und moralischen Wertesystemen verankert. Ein Paradebeispiel ist die Paradiesgeschichte, bei der Gott Eva aus der Rippe Adams erschuf: Wie man aus manchen Lilith-Legenden ersehen kann (vgl. Hurwitz 1980), ist dies ein spätes Konstrukt und Zeugnis für die Entwicklung zur patriarchalischen Grundorientierung des Judentums, des Islam (siehe die Scharia) und des vom Apostel Paulus geprägten Kirchen-Christentums.

34 Nachdem die (vor dem heutigen Feminismus) letzte große Gegenbewegung der weiblichen, eher naturnahen und »ganzheitlicheren« Weltauffassung zu Beginn der Neuzeit erfolgreich in den Hexenprozessen niedergeschlagen worden war, war der Weg frei für den Siegeszug der sog. »Rationalität«, der (Natur-)Wissenschaft und Technik. Der Motor dafür ist v. a. das mechanistische Weltbild, für das besonders drei Namen stehen: Isaac Newton, René Descartes und Francis Bacon. Dieser Wegbereiter des modernen wissenschaftlichen Experiments war auch Generalstaatsanwalt von König James I. und ein berüchtigter Hexenjäger. Von ihm stammt die berühmte Aufforderung an den Wissenschaftler, er solle »sich die Natur gefügig und zur Sklavin machen« und sie »auf die Folter spannen, bis sie ihre Geheimnisse preisgibt«.

35 Allen emanzipatorischen Bestrebungen zum Trotz könnte man die heutige Gesellschaft als eine Neuauflage der feudalen Ständegesellschaft ansehen, bei der nicht mehr die Adeligen die Bauern in Abhängigkeit halten, sondern immer noch Frauen bzw. Familienmütter in – ökonomischer – Abhängigkeit von einem Mann leben (gelegentlich auch umgekehrt). Auch wenn die abhängige Partnerin selbst eine (oft ebenso

qualifizierte) Berufsausbildung absolviert hat, so wird sie doch im Allgemeinen den Beruf wegen der Kinder für viele Jahre aufgeben (wenn sie nicht schon ihre Ausbildung deswegen unterbrochen hat). Und wegen der heutigen ungünstigen Arbeitsmarktlage wird der Wiedereinstieg nach der Kinderpause immer mehr erschwert.

36 Vielleicht haben wir deshalb seit 150 Jahren als Idealvorstellung die »romantische Liebe« – am besten mit Dauergarantie. Aber alle Versuche, die Liebe zu reglementieren, auch mögliche Trennungen vorzuplanen, bewirken eher das Gegenteil. Ulrich Beck (1990) schreibt: »In den Idealisierungen der Liebesehe spiegelt sich noch einmal der Weg der Moderne. Die Überhöhung ist das Gegenbild zu den Verlusten, die diese hinterlässt. Gott nicht, Priester nicht, Klasse nicht, Nachbar nicht, dann wenigstens Du. Und die Größe des Du ist die umgedrehte Leere, die sonst herrscht.«

37 Für mathematisch Interessierte: Wenn man das X in die Klammer hineinmultipliziert, heißt der Term $X - X^2$. Das ergibt die Quadrierung und »Nicht-Linearität«!

Nun können wir sogar eine Querverbindung zu den »Attraktoren« herstellen. (Sie erinnern sich vielleicht, dass wir im letzten Kapitel drei Typen unterschieden haben: den Fixpunkt-Attraktor, den Grenzzyklus und den Seltsamen Attraktor.) Wenn konkrete Werte vorliegen, kann man rechnerisch (mit Computerprogrammen) ausprobieren, bei welchen Werten des »Wachstumsparameters« R beim vielfachen Durchlaufen der Iterationsschleife das System

1. einen Grenzwert anstrebt (Fixpunkt),
2. zwischen zwei, vier oder mehr Fixpunkten pendelt (Grenzzyklus),
3. »dynamisch-chaotisch« wird (Seltsamer Attraktor),
4. und bei welchem R es zu einem »Absturz« kommt, das heißt, dass der Wert der Variablen gegen unendlich geht oder Null wird.

38 C. G. Jung beschreibt die Notwendigkeit, dass eine Entwicklung nicht ewig in eine Richtung gehen kann, sondern von ihren Gegenkräften gebremst und schließlich in die Gegenrichtung umgelenkt wird. Bei der »Macho-Softie-Wilder-Mann-Entwicklung« konnte man einen solchen Pendelschlag gut verfolgen. Jede Entwicklung birgt in sich selbst den Keim zur Gegenentwicklung (1–x), manchmal kommt sie langsam und organisch, manchmal auch als ein echter »Gegenschlag«.

39 Der Mann hat den Auftrag, seine Gene möglichst weit zu verbreiten, während die Frau das Ziel hat, ihre Brut so gut wie möglich durchzubringen. Für die Partnerwahl sucht das Männchen ein Weibchen mit möglichst guter Fruchtbarkeit (Becken, Brust etc.). Das Weibchen kommt eher in ein Dilemma: Es sucht einen Partner, der entweder gute Gene hat (aber dann oft wieder verschwindet), oder der ihr als »Hausmann« mit der Brut hilft (aber vielleicht etwas schwächere Gene

mitbringt und sie auch nicht so anregt), vgl. Allman (1996). Manche Frauen lösen das Dilemma, indem sie einen Tarzan heiraten und zum Hausvater machen – wenn er es zulässt!

40 »Emanzipierte« Eltern haben einst den Jungen Puppenwagen und den Mädchen Feuerwehrautos geschenkt. Was passierte? Bald hatten die Mädchen die Feuerwehrautos gewickelt und in die Wiege gelegt, die Jungen veranstalteten Puppenwagen-Rennen!

41 Jung weist immer wieder darauf hin, dass jedes Geschlecht nicht nur seine eigenen Fähigkeiten entwickeln, sondern auch die des Gegenge-schlechts kennen und integrieren müsse, um erwachsen und wirklich beziehungsfähig zu werden. Natürlich lernen wir diese »fremden« Komponenten erst einmal im realen Gegengeschlecht kennen – daraus entwickelt sich ja auch unser Bild von ihm. Umgekehrt geschieht es je-doch auch oft, dass der Mann sein Bild von der Frau auf eine reale Frau projiziert und die Frau umgekehrt desgleichen beim Mann. Wir nennen das »Anima-« oder »Animus-Projektion« (siehe Professor Unrat im Film *Der blaue Engel*).

42 Zu Informationen über die wissenschaftlich gesicherten Geschlechtsun-terschiede siehe das bezaubernde Buch der Physikerin Jeanne Rubner *Was Frauen und Männer so im Kopf haben* (1996). W. Allman (1996) erklärt den Unterschied im Abstraktionsvermögen (Karten lesen, rückwärts einparken, kognitive Strukturen entwickeln) mit den un-terschiedlichen Entfernungsradien bei der Nahrungsbeschaffung der Jäger und Sammler: Die Frauen (die ihre Kinder im Auge hatten) suchten in der Nähe des Lagerplatzes Beeren, Pilze usw. Die Män-ner mussten oft weite Strecken hinter einem Wild herjagen; dazu war es nötig, eine kognitive Struktur (»brain map«) von der weiteren Umgebung im Gehirn aufzubauen. Umgekehrt mussten die Frauen die nonverbalen Hinweise auf Gefühle und Bedürfnisse ihrer Kin-der aus dem Gesicht lesen – das können die Männer im Durchschnitt heute noch nicht so gut, außer Aggression (weil das für den Kampf wichtig ist). Chaostheoretisch und evolutionsbiologisch heißt das: 1. Für den Mann finden chaotisch-deterministische Prozesse eher im Vor-feld einer festen Partnerschaft statt. Dies begünstigt eine größere Wahr-scheinlichkeit, dass Nachkommen in weiter entfernten Gebieten gezeugt werden und Arten sich mischen. Von emanzipationsfeindlicher Seite wird manchmal behauptet, der Mann sei von Natur aus polygam – das stimmt wohl, wenn überhaupt, nur im Vorfeld! Norbert Bischof (1991) meint, die Gattung Mensch sei an der Schwelle zwischen Poly- und Monogamie. 2. Für die Frau finden chaotisch-deterministische Prozesse eher inner-halb der Partnerschaft statt, d. h. wenn der Bezugsrahmen gesichert ist, soll für die Familie ein möglichst großer innerer Entfaltungsraum bereitgestellt werden, in dem sich verschiedene Beziehungsmuster ent-

wickeln können und der Nachwuchs sich optimal entfalten kann. Aber Phasenübergänge (z. B. das Flüggewerden der Kinder) werden oft von der Frau nicht gerade herbeigesehnt oder gefördert! Da ist dann wieder der Vater gefragt.

43 Die Gewalt war nach Freud insofern kulturschaffend, als sie die Schwächeren zwang, sich gegen einzelne Starke (wie gegen Naturgewalten) zusammenzuschließen. So seien Zweckbündnisse und soziale Strukturen entstanden. Sein berühmtestes Beispiel ist der »Vatermord« der Urhorde, bei dem sich die »Söhne« eines autokratischen Vaters bzw. Stammesoberhauptes zusammenrotten, um ihn zu beseitigen und die Macht über die Frauen des Stammes zu gewinnen. Diese muss nun aber geteilt werden. Das gelingt nur, indem die Nachfolger einen großen Teil des Ordnungswillens des Vaters verinnerlichen – das nennt man »Über-Ich«. Es beinhaltet alle Arten von Regeln, sozialen Ordnungen, Ritualen und Tabus. In der heutigen Zeit beobachtet man dagegen einen Wandel in der Funktion der Vaterrolle. Aus vielen Gründen wachsen Kinder heutzutage überwiegend mutter- und vaterlos auf. Daraus entsteht ein Mangelzustand im Bereich der Über-Ich-Bildung. Die Vorbildfunktion des Vaters wird ersetzt durch Klischees und äußere Vorbilder in den Medien. Dafür haben die realen Väter weniger zu bieten und meistens auch weniger zu ver-bieten! Die Bindungsfähigkeit, die Bereitschaft, einem anderen Menschen zu vertrauen, nimmt im zwanzigsten Jahrhundert ab, dafür führt die Bindung an »Lustobjekte« (auch elektronische!) zu einer Verstärkung narzisstischer Tendenzen. Jung nennt das eine »Inflation« des Ich.

44 Vgl. auch R. Funks Darstellung des »ich-orientierten« postmodernen Menschen in seinem Buch *Ich und Wir* (2005).

45 Vgl. den Bestseller von Al Gore (1992). Eines der neueren Bücher, die sich mit dem notwendigen Umdenken im neuen Jahrtausend befassen, ist *Das Ende der Egomanie* von H. E. Richter (2003). Eine wunderbare Einführung in die »weltbewegenden« Fragen der Entstehung des Kosmos und des Lebens, der Rolle des Zufalls und eines möglichen »göttlichen Prinzips« geben die Physiker Arnold Benz 2005 (*Die Zukunft des Universums*) und Lee Smolin 2002 (*Warum gibt es die Welt?*).

46 Nur ca. 5% der Galaxien sind fähig, Leben hervorzubringen, und das auch nur in einem schmalen Streifen, dem »Life Belt«, weit genug entfernt von den Gravitationsstürmen des Zentrums und weit genug weg vom Randbereich, wo andere Galaxien zerren. Ständig finden die Wissenschaftler neue Bedingungen, die für die Entstehung des Lebens auf der Erde nötig waren (Jupiter fängt Meteoriten ab, der Mond stabilisiert die Erdachse usw.). Albert Schweitzers Postulat der »Ehrfurcht vor dem Leben« erfordert nicht unbedingt eine religiöse Einstellung im engeren Sinn. Man kann m. E. angesichts des Wunders des Urknalls, der

Evolution oder der Entstehung von Ordnung aus dem Chaos in jedem Fall eine staunende und dankbare Haltung entwickeln.

Das Anthropische Prinzip und der »Sinn« des Universums: 1937 hat der Nobelpreisträger Paul Dirac als einer der Ersten auf die genaueren zahlenmäßigen Koinzidenzen hingewiesen, die zur Entstehung von Galaxien usw. nötig sind. Inzwischen weiß man, dass alle kosmischen Konstanten (wie Gravitationskonstante, Elektronenladung usw.) auf sehr viele Stellen hinter dem Komma genau den Betrag haben müssen, den sie tatsächlich haben. In jedem anderen Fall hätten sich nie die bekannten Elementarteilchen bilden können – von den vielen Bedingungen für die Entstehung der Sterne, Galaxien und Planeten ganz abgesehen. Darauf aufbauend haben die Physiker Dicke, Carter und Töpfer 1961 das so genannte Anthropische Prinzip formuliert: Seine »schwache« Formulierung drückt aus, dass die Naturgesetze und kosmischen Konstanten so zusammenpassen, dass es zur Entwicklung von Leben und Bewusstsein kommen konnte, und das »starke« Anthropische Prinzip, dass dies *zwangsläufig* war, dass also das Universum u. a. den »Sinn« hatte, ein Bewusstsein hervorzubringen, das es sehen und erforschen kann! Seitdem herrscht ein Disput zwischen den Anhängern der »Sinn«-Hypothese und der Einstellung »Der Mensch ist Zufall und Zigeuner am Rand des Universums«. Sogar der recht rationale Physiker Stephen Hawking konnte in Schriften und Interviews dem Anthropischen Prinzip einen gewissen Reiz abgewinnen (Hawking 1988, Benz 2005).

Nikolai Hartmann beschreibt den Menschen als ein Wesen, das von der Evolution durch seine Partizipation am Geist gleichsam aus der Natur »in den Kosmos entlassen« wurde wie in eine »Fremdlingschaft«. So seien wir der Natur entfremdet und doch ein Teil von ihr. Danach haben vor allem die Existenzphilosophen, aber auch Theologen wie R. Bultmann von der existentiellen Verlassenheit und vom »Geworfensein« des Menschen gesprochen und versucht, den Widerspruch aufzulösen. Die Existenzangst hat also gleichsam eine anthropologische Komponente bekommen – sicher einer der Gründe für das Anwachsen von Angstsymptomen in den westlichen Zivilisationen!

47 Als ich einmal über diesen Zusammenhang einen Vortrag hielt, stand ein Flügel im Raum, an dem sich die Bedeutung des Hintergrunds beim Hören ideal demonstrieren ließ. Wenn Sie ein Klavier oder ein anderes Tasteninstrument haben, dann können auch Sie sich davon überzeugen, dass ein ganz hässlicher Klang durch einen veränderten Rahmen, ein »Reframing«, harmonisch wird. Spielen Sie zunächst eine C-Dur-Oktave. Dann fügen Sie in der Mitte ein Fis (bzw. Ges) ein. Dieser dritte Ton, der genau die Mitte zwischen den beiden Cs ist, heißt im Jazz »vertiefte Fünfte« und ist die dritte »Blue note«. Der entstehende

dissonante Akkord, den man in der Musiktheorie »Tritonus« nennt, war im Mittelalter als Teufelsklang verboten. Er klingt auch wirklich teuflisch. Aber jetzt beginnt das Experiment:

Spielen Sie mit der linken Hand eine D-Oktave und gleichzeitig mit der rechten den gleichen Tritonus wie vorhin. Nun bedeuten die Töne etwas völlig anderes: Vorher hatte man die C-Dur-Tonart im Hinterkopf, in die das Fis schlecht hineinpasst. Doch in einen D-Akkord passt es gut hinein, und das verbleibende C ist der vertiefte 7. Ton des Dominant-Sept-Akkords. Das Verblüffende ist: Auch wenn Sie jetzt die linke Hand wieder weglassen und nur noch den vorherigen Tritonus spielen, klingt er immer noch harmonischer als vorher. Ihr Gehirn »hört« im Hintergrund immer noch die D-Tonart. Auch ein imaginärer Hintergrund kann einem Ereignis, einer Figur einen guten »Sinn« geben und sie akzeptabler machen.

48   Diese sinngebenden Gestaltungskräfte habe ich als Gymnasiast erfahren, als ich zwischen elf und fünfzehn Jahren einen Abenteuerroman im Stil von Karl May schrieb. Ich freute mich immer aufs Wochenende oder die Ferien, da ich dann weiterschreiben konnte. In diesen Zeiten hatte ich oft das Gefühl, dieses Schreiben sei – mehr als Familie oder Schule – mein »Lebenssinn«. Das Manuskript verwahre ich seitdem als Andenken.

49   Jean Piaget und Bärbel Inhelder (1977) haben dazu den berühmten Drei-Berge-Versuch entwickelt: Man setzt ein Kind vor drei verschieden große Berge aus Pappmaché. Wenn es seitlich sitzt, kann es alle drei gut nebeneinander sehen. Wenn man es aber an die Schmalseite des Tisches setzt, verdeckt der vordere Berg die anderen beiden. Kinder bis zu einem bestimmten Alter können sich nicht vorstellen, dass jemand anderer, z. B. ein Teddybär, von einem anderen Blickwinkel aus alle drei Berge sehen kann. Später gelingt ihnen das problemlos. Allerdings: In einer Übergangsphase der Entwicklung kann sich ein Kind in ein Kuscheltier, das seitlich sitzt, nur dann hineinversetzen, wenn es sein Lieblingstier ist – aber in kein anderes. In jemand, der uns sympathisch ist, können wir uns leichter hineindenken – und in den »Feind« überhaupt nicht! Beispiele gibt es genug auf der Erde. Aus der Fähigkeit zum Perspektivenwechsel entsteht im Lauf der Entwicklung die Reflexionsfähigkeit, d. h. die Bereitschaft, sich über sein Handeln selbst Rechenschaft zu geben, zuerst von außen angeregt, später aus eigenem Antrieb. Das Ziel ist so etwas wie »Einsicht« oder »Verstehen« (wissen, was Gut und Böse ist).

50   Die – uralte – Grundidee des Konstruktivismus besagt, dass wir als Menschen nie eine (möglicherweise bestehende) »Wirklichkeit« erfassen können. Dafür ist unser Gehirn nicht konstruiert, sondern für eine effektive, »sinnvolle« Steuerung unseres Verhaltens, d. h. das Überleben

unter wechselnden Umweltbedingungen. Im Rahmen dieser Aufgabe konstruiert es aus den gerade zugänglichen Umweltreizen, seinen eigenen Erfahrungen und denen unserer Stammesgeschichte Bilder und Szenen, die wir für »die Wirklichkeit« halten. Darum ist diese Wirklichkeit immer subjektiv und relativ.

51 Dass sich (v. a. durch die Paradoxa der Quantenphysik und die Heisenberg'sche »Unschärferelation«, nach der man nie gleichzeitig den Ort und den Impuls eines Teilchens genau bestimmen kann) das Weltbild der Physik in diesem Jahrhundert grundlegend gewandelt hat, hat sich in der Bevölkerung, in der Technik und in den meisten Wissenschaften noch wenig herumgesprochen. Hier herrscht immer noch der »naive Empirismus« (Klaus Holzkamp) des naturwissenschaftlichen Weltbilds im 19. Jahrhundert, und entsprechend vertraut der Normalbürger immer noch darauf, dass es eine »Wirklichkeit« gäbe, die man nur finden und erkennen müsste. Dabei stellen gerade die Kernphysiker immer mehr fest, wie verschwommen und schwer greifbar die »Wirklichkeit« ist.

52 Wenn es einem Menschen gelingt, das Gefängnis der äußeren fünf Sinne zu verlassen und zu einer »direkten« Wahrnehmung der Welt vorzudringen, kann er Zustände der frühen Kindheit, Säuglings- und Embryonalzeit, Erinnerungen »aus früheren Leben« (was immer man davon hält) u. v. m. unmittelbar erfahren. Er kann sich in einem sinnvollen, größeren Zusammenhang erleben, wo alles seinen Platz hat, auch das so genannte Böse, Leere usw., bis zu einer ganzheitlichen Sicht der Existenz von einer »höheren Warte« aus. Grof versicherte uns, dass er von Haus aus eher ein naturwissenschaftlich geprägter Rationalist war und zu diesen Erfahrungen bei sich (und später bei Tausenden von Klienten, darunter Wissenschaftlern aller Fachrichtungen) gekommen sei wie die Jungfrau zum Kind. Es hatte begonnen mit einer LSD-Sendung der Firma Sandoz für die Anwendung in der Psychosentherapie. Die außerordentlichen Bewusstseinszustände seien so eindeutig, dass für ihn kein Zweifel an ihrer Bedeutung bestehe. Vgl. auch Grof 1985, 2000, 2008.

53 Dieses Ziel ist gut vereinbar damit, aktiv zu bleiben und sich jeden Tag über das zu freuen, was man erleben darf, so wie es Carl Barks, der berühmteste, damals 94-jährige Zeichner von Walt Disney in einem Fernsehinterview ausdrückte: Er freue sich an jedem Tag, an jeder Blume, an jedem Baum.

Literatur

Achbar, Mark et al.: *The Corporation*. Dokumentarfilm, DVD, Zweitausendeins, 2005

Alberoni, Francesco: *Erotik. Weibliche Erotik, männliche Erotik – was ist das?* Piper, München 1987

Allman, William F.: *Mammutjäger in der Metro. Wie das Erbe der Evolution unser Denken und Verhalten prägt.* Spektrum-Verlag, Heidelberg 1996

Antonovsky, Aaron/Franke, Alexa: *Salutogenese. Zur Entmystifizierung der Gesundheit.* Dgvt-Verlag, Tübingen 1997

Barz, Helmut: *Männersache. Kritischer Beifall für den Feminismus.* Kreuz Verlag, Stuttgart 1984

Bateson, Gregory/Laing, R. et al.: *Schizophrenie und Familie.* Suhrkamp, Frankfurt 1969

Bauer, Joachim: *Warum ich fühle, was du fühlst. Das Geheimnis der Spiegelneurone.* Hoffmann und Campe, Hamburg 2005

Beck, Ulrich/Beck-Gernsheim, Elisabeth: *Das ganz normale Chaos der Liebe.* Suhrkamp, Frankfurt 1990

Benz, Arnold: *Die Zukunft des Universums. Zufall, Chaos, Gott?* Patmos, Düsseldorf 2005

Bertalanffy, Ludwig v.: *General System Theory.* G. Braziller, NY 1968

Binswanger, Mathias: *Die Tretmühlen des Glücks.* Herder, Freiburg 2006

Bischof, Norbert: *Das Rätsel Ödipus. Die biologischen Wurzeln des Urkonflikts von Intimität und Autonomie.* Piper, München 1991

Briggs, John/Peat, David F.: *Die Entdeckung des Chaos. Eine Reise durch die Chaos-Theorie.* dtv, München 1993

Brocher, Tobias/Sies, Claudia: *Psychoanalyse und Neurobiologie. Zum Modell der Autopoiese als Regulationsprinzip.* Frommann-Holzboog, Stuttgart 1986

Buber, Martin: *Ich und Du.* Lambert Schneider, Heidelberg 1983

Bütz, Michael: *Chaos and Complexity. Implications for Psychological Theory and Practice.* Taylor Francis, Washington D.C. 1997

Capra, Fritjof: *Lebensnetz. Ein neues Verständnis der lebendigen Welt.* Scherz, Bern 1996

Creutz, Helmut: *Das Geld-Syndrom.* Ullstein-Econ, München 2001

Ditfurth, Hoimar v.: *Der Geist fiel nicht vom Himmel.* dtv, München 1980

Dornes, Martin: *Der kompetente Säugling.* Fischer, Frankfurt 1994

Duchrow, Ulrich/Bianchi, Reinhold et al.: *Solidarisch Mensch werden. Psychische und soziale Destruktion im Neoliberalismus. Wege zu ihrer Überwindung.* VSA, Hamburg 2006

Eibl-Eibesfeldt, Irenäus: *Liebe und Hass. Zur Naturgeschichte elementarer Verhaltensweisen.* Piper, München 1970

Einstein, Albert/Infeld, Leopold: *Die Evolution der Physik.* Zsolnay, Wien 1950

Eliade, Mircea: *Schamanismus und archaische Ekstasetechnik.* Suhrkamp, Frankfurt 1975

Evers, Tilman: *Mythos und Emanzipation. Kritische Annäherung an C. G. Jung.* Junius Verlag, Hamburg 1987

Fischer, Gottfried & Riedesser, Peter: *Lehrbuch der Psychotraumatologie.* Reinhardt, München 2003

Freud, Sigmund: *Gesammelte Werke.* S. Fischer, Frankfurt 1978

Freud, Anna: *Das Ich und die Abwehrmechanismen.* Kindler, München 1980

Fromm, Erich: *Die Kunst des Liebens.* Ullstein, München 1977

Fromm, Erich: *Haben oder Sein.* dtv, München 1979

Funk, Rainer: *Ich und Wir. Psychoanalyse des postmodernen Menschen.* dtv, München 2005

Gauger, Wilhelm: *Y. Paranormale Welt, Wirklichkeit und Literatur.* Henssel, Berlin 1980

Gleick, James: *Chaos: Die Ordnung des Universums.* Knaur, München 1990

Glotz, Peter: *Die beschleunigte Gesellschaft. Kulturkämpfe im digitalen Kapitalismus.* Rowohlt, Reinbek bei Hamburg 2001

Gödel, Kurt: *Wahrheit und Beweisbarkeit.* Hölder-Pichler-Tempsky, Wien 2002

Gore, Al: *Wege zum Gleichgewicht. Ein Marshallplan für die Erde.* Fischer, Frankfurt 1992

Goswami, Amid: *Das bewusste Universum.* Alf Lüchow, Freiburg 1995

Grasshoff, Fritz: *Halunken-Postille.* Erste Ausgabe bei J. A. Keune, Hamburg 1947

Gratch, Alon: *Wenn Männer reden könnten. Und was sie fühlen, ohne es zu sagen.* Scherz, München 2001

Gray, John: *Männer sind anders, Frauen auch.* Goldmann, München 1998

Grof, Stanislav: *Geburt, Tod und Transzendenz. Neue Dimensionen in der Psychologie.* Kösel, München 1985

Grof, Stanislav: *Kosmos und Psyche. An den Grenzen menschlichen Bewusstseins.* Fischer, Frankfurt 2000

Grof, Stanislav: *Impossible – Wenn das Unglaubliche passiert. Das Abenteuer außergewöhnlicher Bewusstseinserfahrungen.* Kösel, München 2008

Gruen, Arno: *Der Fremde in uns.* Klett-Cotta, Stuttgart 2000

Gruen, Arno: *Der Kampf um die Demokratie. Der Extremismus, die Gewalt und der Terror.* Klett-Cotta, Stuttgart 2002

Haken, Hermann: *Erfolgsgeheimnisse der Natur. Synergetik: Die Lehre vom Zusammenwirken.* Ullstein, Frankfurt 1990

Haken, Hermann/Schiepek, Günter: *Synergetik in der Psychologie. Selbstorganisation verstehen und gestalten.* Springer, Berlin 2006

Hawking, Stephen W.: *Eine kurze Geschichte der Zeit. Die Suche nach der Urkraft des Universums.* Rowohlt, Reinbek bei Hamburg 1988

Hegel, G.W. F.: *Phänomenologie des Geistes.* J. A. Goebhard, Bamberg 1807 (Reclam 1987)

Heinzel, Roland:»Chaos – das Spiel der Gegensätze, Nichtlineare dynamische Systeme und Tiefenpsychologie.« Manuskript eines Seminars der Lindauer Psychotherapiewochen 1995

Heinzel, Roland/Breyer, F./Klein, Th.: *Ambulante Psychoanalyse in Deutschland. Eine katamnestische Evaluationsstudie, Gesamtdokumentation*. Konstanz 1997

Heinzel, Stephan:»Die nichtlineare Dynamik klinischer und neuronaler Veränderungsprozesse im Psychotherapieverlauf von Zwangspatienten.« Psychol. Diplomarbeit, München 2008

Heisterkamp, Günter:»Der sexuelle Handlungsdialog in seiner prototypischen Bedeutung für das Beziehungsgeschehen zwischen Mann und Frau.« DGIP-Tagungs-Vortrag, Konstanz 1990

Heisterkamp, Günter: *Heilsame Berührungen. Praxis leibfundierter analytischer Psychotherapie*. Pfeiffer, München 1993

Heisterkamp, Günter: *Basales Verstehen. Handlungsdialoge in Psychotherapie und Psychoanalyse*. Pfeiffer, Stuttgart 2002

Hilgers, Micha: *Ozonloch und Saumagen. Motivationsfragen der Umweltpolitik.* Hirzel, Stuttgart 1997

Hirsi Ali, Ayaan: *Ich klage an. Plädoyer für die Befreiung der muslimischen Frauen*. Piper, München 2005

Hurwitz, Siegmund: *Lilith, die erste Eva. Eine Studie über dunkle Aspekte des Weiblichen*. Daimon, Zürich 1980

Huth, Werner: *Flucht in die Gewissheit. Fundamentalismus und Moderne*. Claudius, München 1995

Huxley, Aldous: *Die Pforten der Wahrnehmung*. Piper, München 1975

Jantsch, Erich: *Die Selbstorganisation des Universums. Vom Urknall zum menschlichen Geist.* dtv, München 1984

Jung, Carl G.: *Gesammelte Werke*. Walter, Olten 1976

Kant, Immanuel: *Kritik der Urteilskraft*. Leipzig 1924

Kehlmann, Daniel: *Die Vermessung der Welt*. Rowohlt, Reinbek bei Hamburg 2006

Kihm, Walter: *Zur Symbolik im Schamanismus*. Univ.-Diss. Freiburg 1974

Kriz, Jürgen: *Chaos, Angst und Ordnung*. Vanderhoeck & Rupprecht, Göttingen 1997

Kohut, Heinz: *Die Heilung des Selbst*. Suhrkamp, Frankfurt 1979

Kuhn, Thomas S.: *Die Struktur wissenschaftlicher Revolutionen*. Chicago 1962

Laughlin, Robert B.: *Abschied von der Weltformel. Die Neuerfindung der Physik.* Piper, München 2007

Laszlo, Ervin: *Systemtheorie als Weltanschauung. Eine ganzheitliche Vision für unsere Zeit*. Diederichs New Science, München 1998

Levenson, E. A.:»The uses of disorder: Chaos Theory and Psychoanalysis.« *Contemporary Psychoanalysis*, Vol. 30, No 1, 1994

Levine, Peter A./Kline, Maggie: *Verwundete Kinderseelen heilen. Wie Kinder und Jugendliche traumatische Erlebnisse überwinden können.* Kösel, München 2005

Lietaer, Bernard: *Das Geld der Zukunft. Über die destruktive Wirkung des existierenden Geldsystems und die Entwicklung von Komplementärwährungen.* Bertelsmann, Hamburg 1999

Lietaer, Bernard: *Mysterium Geld. Emotionale Bedeutung und Wirkungsweise eines Tabus.* Riemann, Mönchengladbach 2000

Lucadou, Walter v.: *Psyche und Chaos. Theorien der Parapsychologie.* Insel, Frankfurt 1995

Mankiw, N. G.: *Grundzüge der Volkswirtschaftslehre.* Schäffer-Poeschel, Stuttgart 1999

Mary, Michael: *Schluss mit dem Beziehungskrampf.* Kreuz Verlag, Stuttgart 1991

Mary, Michael: *12 Beziehungskiller und wie man sie vermeiden kann.* Kreuz Verlag, Stuttgart 1999

Maturana, Humberto R./Varela, Francisco J.: *Der Baum der Erkenntnis.* Scherz, München 1987

Miegel, Meinhard: *Die deformierte Gesellschaft. Wie die Deutschen ihre Wirklichkeit verdrängen.* Propyläen, Econ Ullstein, Berlin 2001

Mitscherlich, Alexander: *Krankheit als Konflikt. Studien zur psychosomatischen Medizin.* Suhrkamp, Frankfurt 1966

Mittelstaedt, Werner: *Der Chaos-Schock und die Zukunft der Menschheit.* P. Lang, Frankfurt 1997

Moser, Tilmann: *Vaterkörper, Geburt und Symbolbildung.* Dreiland-Videofilm 1994

Moody, Raymond A.: *Leben nach dem Tod.* Rowohlt, Reinbek bei Hamburg 1977

Negt, Oskar: *Arbeit und menschliche Würde.* Steidl, Göttingen 2001

Neumann, Erich: *Das Kind. Struktur und Dynamik der werdenden Persönlichkeit.* Rhein-Verlag, Zürich 1963

Olvedi, Ulli: *Wir sind alle ganz normale Mystiker.* Pfeiffer, München 1984

Peitgen, Heinz-Otto/Saupe, Dietmar/Jürgens, Hartmut: *Bausteine des Chaos. Fraktale.* Klett-Cotta/Springer, NY; Stuttgart 1994

Perlas, Nicanor: *Die Globalisierung gestalten.* Info3-Verlag, Frankfurt 2000

Piaget, Jean/Inhelder, Bärbel: *Die Psychologie des Kindes.* Fischer, Frankfurt 1977

Prigogine, Ilya/Stengers, Isabelle: *Dialog mit der Natur.* Piper, München 1990

Radermacher, Franz-J.: *Global Marshall Plan. A Planetary Contract.* Wien 2004

Radermacher, Franz-J./Beyers, Bert: *Welt mit Zukunft. Überleben im 21. Jahrhundert.* Murmann, Hamburg 2007

Reddemann, Luise & Dehner-Rau, Cornelia: *Trauma. Ungelöste Folgen erkennen, überwinden und an ihnen wachsen.* Trias, Stuttgart 2004

Richter, Horst Eberhard: *Der Gotteskomplex.* Rowohlt, Reinbek bei Hamburg 1979

Richter, Horst Eberhard: *Das Ende der Egomanie. Die Krise des westlichen Bewusstseins.* Knaur, München 2003

Risi, Armin: *Machtwechsel auf der Erde.* Heyne, München 2007

Rohde-Dachser, Christa: »Abschied von der Schuld der Mütter.« Vortrag auf den Lindauer Psychotherapiewochen 1989

Rosenberg, Marshall B./Seils, Gabriele: *Konflikte lösen durch Gewaltfreie Kommunikation.* Herder, Freiburg 2004

Rubner, Jeanne: *Was Frauen und Männer so im Kopf haben.* dtv, München 1996

Schellenbaum, Peter: *Das Nein in der Liebe.* Kreuz, Stuttgart 1984

Schellenbaum, Peter: *Die Wunde der Ungeliebten.* Kösel, München 1988

Schiepek, Günter (Hg.): *Neurobiologie der Psychotherapie.* Schattauer, Stuttgart 2003

Schiepek, Günter/Strunk, Guido: *Dynamische Systeme.* Asanger, Heidelberg 1994

Schmidbauer, Wolfgang: *Du verstehst mich nicht! Semantik der Geschlechter.* Rowohlt, Reinbek bei Hamburg 1991

Schönborn-Aich, Stefanie: *Auf den Spuren der Pilger.* Herder, Stuttgart 2006

Smith, Adam: *Der Wohlstand der Nationen.* dtv, München 1993

Smolin, Lee: *Warum gibt es die Welt? Die Evolution des Kosmos.* dtv, München 2002

SPIEGEL 29/2007: *Sprengkraft auf Schienen*

Spitzer, Manfred: »Vom Sinn des Lebens. Alte Weisheit und neue Wissenschaft.« Z. f. Nervenheilkunde 2006; 25

Stiglitz, Josef: *Die Schatten der Globalisierung.* Goldmann, München 2004

Thurn, C./Röttgen, H. (Hg): *Die Rückkehr des Imaginären.* Trikont, München 1981

Vohs, Kathleen/Mead, N. L./Goode, M. R.: »The psychological consequences of money.« Science 2006; 314: 1154–1156

Watzlawick, Paul: *Lösungen. Zur Theorie und Praxis menschlichen Wandels.* Huber, Bern 1975

Werner, Emily/Smith, Ruth: *Vulnerable but Invincible. A Longitudinal Study of Resilient Children and Youth.* New York 1982 & 1989

West-Leuer, Beate/Sies, Claudia/Hirsch, Mathias: *Ein Kursbuch für psychodynamische Beratung. Zur Bedeutung zentraler Beziehungswünsche.* Klett-Cotta, Stuttgart 2003

Weizsäcker, Ernst U. v. (Hg.): *Offene Systeme I – Beiträge zur Zeitstruktur von Information, Entropie und Evolution.* Klett-Cotta, Stuttgart 1974

Willi, Jürg: *Koevolution. Die Kunst gemeinsamen Wachsens.* Rowohlt, Reinbek bei Hamburg 1985

Winnicott, Donald W.: *Vom Spiel zur Kreativität.* Klett-Cotta, Stuttgart 2002

Wright, Ronald: *Eine kurze Geschichte des Fortschritts.* Rowohlt, Reinbek bei Hamburg 2006

Yerkes, R. M./Dodson, J. D.: »The Relation of stimulus to rapidity of habit-formation.« *Journal of Comparative Neurology and Psychology*, 18, 459–482, New York 1908

Zinn, Karl Georg: *Wie Reichtum Armut schafft. Verschwendung, Arbeitslosigkeit und Mangel.* Papyrossa, Köln 2003

Danksagung

Die Entstehung dieses Buches ist eingebettet in einen Hintergrund von liebevollem Interesse und Wertschätzung, an erster Stelle von meiner Frau Erika und unserem Sohn Stephan, die beide die Urform des Manuskripts gründlich und kritisch gelesen und mich immer von Herzen unterstützt haben. Nicht minder dankbar bin ich meinen treuen Freunden Christa Zegenhagen, Brigitte Marx-Markwort, Angela Kasiske-Krauß und Jürgen Kasiske, Stefanie und Tilman Evers, Heilwig Müller, Wilhelm Gauger, Regina Weiser und Delf Krohm, die die Entwicklungsphasen des Manuskriptes miterlebt und mitgelesen haben und mir wertvolle Anregungen gaben. Ein ganz besonderer Dank geht zu meinem Seelenbruder Hans Gerhard Behringer, der den Kontakt zum Verlag vermittelt und Freud und Leid des Autors mit mir geteilt hat. Und was meine Betreuerinnen im Verlag betrifft, Dagmar Olzog und Heike Mayer, so habe ich mit ihnen wahrlich das große Los gezogen. Sie haben mich so herz-haft getragen und geleitet, dass ich ihnen zuliebe sogar schmerzhafte Kürzungen auf mich genommen habe. Dies alles hat meine Zuversicht in das Gelingen des Buches immer wieder bestärkt.

Zum Verfasser

Dr. med. Dipl.-Psych. Roland Heinzel, Facharzt für Neurologie, Psychiatrie und Psychosomatische Medizin, arbeitet in Praxisgemeinschaft mit seiner Frau Dr. med. Erika Heinzel als Jung'scher Psychoanalytiker und Gruppentherapeut am Bodensee. Er ist zertifizierter Bioenergetischer Analytiker, Gründungsmitglied des Deutschen Verbandes für Bioenergetische Analyse und des Deutschen Berufsverbandes der Approbierten Gruppentherapeuten (BAG), Lehrtherapeut der Psychotherapie-Weiterbildungskreise Konstanz, des Zentrums für Psychiatrie Reichenau und des »Centrum für Integrative Psychotherapie« (CIP) München sowie Mitglied und Supervisor des Deutschen Arbeitskreises für Gruppenpsychotherapie und Gruppendynamik (DAGG). Zusammen mit seiner Frau leitet er seit 1987 eine Balint- und Supervisionsgruppe für Ärzte aller Fachrichtungen und Psychotherapeuten. Arbeitsschwerpunkte: Integration von Körpertherapie in die Psychoanalyse, Psychotherapieforschung, Psychologie der Ökonomie und Ökologie, Patienten-Großgruppen, Chaosforschung, Tiefenpsychologie und Spiritualität. Das Ehepaar hat zwei Söhne.

Homepage: www.psychotherapie-heinzel.de.gg